U0450128

张志强 著

典籍翻译评价原理与评价体系构建

中国社会科学出版社

图书在版编目（CIP）数据

典籍翻译评价原理与评价体系构建 / 张志强著. --北京：中国社会科学出版社，2024.5
ISBN 978-7-5227-3674-7

Ⅰ.①典… Ⅱ.①张… Ⅲ.①古籍—翻译—研究
Ⅳ.①H059

中国国家版本馆CIP数据核字(2024)第110738号

出 版 人	赵剑英
责任编辑	夏 侠
责任校对	李 妲
责任印制	王 超

出　　版	中国社会科学出版社
社　　址	北京鼓楼西大街甲158号
邮　　编	100720
网　　址	http://www.csspw.cn
发 行 部	010-84083685
门 市 部	010-84029450
经　　销	新华书店及其他书店
印　　刷	北京明恒达印务有限公司
装　　订	廊坊市广阳区广增装订厂
版　　次	2024年5月第1版
印　　次	2024年5月第1次印刷
开　　本	710×1000 1/16
印　　张	18
字　　数	282千字
定　　价	95.00元

凡购买中国社会科学出版社图书，如有质量问题请与本社营销中心联系调换
电话：010-84083683
版权所有　侵权必究

序

日前收到河南师范大学张志强教授的书稿，请我审阅并作序。我虽已搁笔十余年，对译学发展近况疏于了解，但对他的请求还是欣然接受了。2005年，他负笈东行来宁，从我做译学研究，攻读博士学位，至今已经近20年了。读博期间，我发现他为人真诚，为学严谨，勤于钻研，善于思辨。学成离校后，他一直与我保持着联系，我们之间也渐渐由师生变为学界朋友了。他虽已年近退休，不再兼做行政，但仍承担着繁重的本科和研究生教学任务且笔耕不辍，新近又完成了一项国家社科基金项目和二十多万字的专著，其敬业精神令我感动。

作序过程也让我回忆起了自己所走过的路以及对译学研究与发展做的一些深层次的思考。一次与方梦之先生闲聊，我们都对译学发展至今有同样的感慨。他说我们当年都是凭借兴趣从微观的问题做起，逐渐从微观做到中观，最后做到了宏观研究，参与了翻译学作为一门独立学科的建设。如今，翻译学已成为了一门显学，我们都为此感到高兴。

翻译学作为一门人文学科，同样应包括理论研究、批评研究和历史研究这三个部分。在这三大领域中，理论研究在近二三十年取得了突飞猛进的发展。人们应该记得，在世纪之交的那几年，人们还在为翻译研究到底算不算一个独立学科而争论不休。到现在不过才二十多年，我们的译学研究已经经历了三次大的范式革命，从长期而古老的传统语文学范式走向了结构主义语言学范式，又从结构主义语言学范式走向了解构主义多元范式。现在，人们又从不同视角，依据不同的理论开始来建构新的译学理论。例如，谢天振从比较文学的角度提出了译介学主张，胡庚申从生态学的角度提出了生态翻译学理论，周领顺从"译者"作为人的角度提出了译者行为批评理论，吕俊、侯向群提出了建构主义翻译学理论，等等。这些都是为翻译学重新建构而做出的努力和尝试。当然，这些理论还必须经过历史的检验，在实践中被人们所选择、修改和完善。

翻译史方面的研究，可以说步履稳健，但波澜不惊，先后出现了谭载喜的西方翻译史著述、马祖毅先生的中国翻译史和汉籍外译史著作、李亚舒、黎难秋的科技翻译史论著，等等。说它是波澜不惊，是因为它们都属于按时间顺序的纪实性研究，属于历史性研究，而不是史学性质的研究。史学性质的研究需要研究者借助某史学观或理论，对历史事件的发生动因、发展状况以及结果所产生的影响进行分析和讨论，而这些才是能引起讨论和争议的所在。

在翻译批评研究方面，近年来发展趋势迅猛。这不仅仅体现在诸学术刊物上的相关文章日益增多，有关翻译批评的专著层出不穷，还体现在质量方面。所谓质量，我主要指许多论述已不再局限于单纯的文本内的字句误译、漏译、通顺与否、风格是否切近的简单批评，而是走出文本，关注译者选择译本的动机与目的以及出版后的影响等社会意义。一句话，从以往的翻译批评走向了翻译批评学的层面。翻译批评学是我与内人侯向群合著的《翻译批评学引论》一书中首次提出的，它是以价值哲学为哲学基础、以评价理论为指导的，是对翻译批评的一次理论升华，是对批评的再批评，因此具有元批评性质（meta-criticism）。该书出版后已引起一些学者的注意，如福建的王恩科教授在其启发下写出了一部名为《价值哲学路径翻译批评研究》的专著，也是让我来作序的。今天，张志强教授的这部《典籍翻译评价原理与评价体系构建》中的"评价"，也即对价值的评估，也是批评学的范畴。它涉及一般性翻译批评的讨论，但更是对典籍翻译批评的专门性论述，是对典籍翻译的评价原理和评价体系构建的深入探讨。我们都知道，典籍翻译非常重要，关系到"中国文化走出去"倡议的实施和我国国际传播能力的建设，但让什么走出去、如何走出去、走出去的效果又该怎样评估，这些问题都很值得探讨，而张志强教授的这部专著正是要给上述问题提供一个尝试性的答案。所以，从这方面看，这部专著不仅具有较大的理论意义，而且具有较大的现实意义。

在具体内容上，该书也有独特之处。例如，它不仅重新定义了翻译、典籍、批评等概念，还讨论了"范式"与"亚范式"，帮助人们进一步认清了"范式""视角""路径""转向"等前期译界讨论中含混不清的概念，这是对译学研究很有意义的基础工作。

　　我想这部倾注了作者心血的著作会对我国的译学研究做出应有的贡献！愿它早日面世，让更多译界同仁受益。

　　是为序。

吕俊

于南京龙江寓所

2024.1.20

目　　录

绪　论 1
   0.1　研究背景与动机 2
   0.2　研究目的与意义 5
   0.3　研究问题与方法 7
   0.4　各章内容提要 11

第一章　名实之辨：主要概念界定 12
   1.1　何谓典籍 12
   1.2　何谓翻译 14
   1.3　典籍翻译及其分类 27
   1.4　批评与评价 31
   1.5　范式、范式转换与范式系统 32

第二章　翻译批评的范式与次范式 39
   2.1　国内外"翻译批评"之名实 39
   2.2　翻译批评的实践范式与次范式 43
   2.3　翻译批评的研究范式与次范式 48
   2.4　本章小结 56

第三章　典籍翻译批评研究评述 57
   3.1　典籍翻译批评实践 57
   3.2　典籍翻译批评理论研究评述 70
   3.3　典籍翻译批评实践与研究的不足 79
   3.4　本章小结 83

第四章 价值学与评价学：评价的基本原理……84
4.1 价值学……85
4.2 评价学……96
4.3 本章小结……127

第五章 评价学路径的典籍翻译批评……129
5.1 典籍翻译的价值……130
5.2 典籍翻译的价值类型……131
5.3 典籍翻译批评的要素……136

第六章 评价学取向的文学典籍英译批评……179
6.1 文学典籍英译的物质价值与评价……179
6.2 文学典籍英译的精神价值与评价……180
6.3 文学典籍英译价值的综合评价……199

第七章 文学典籍英译批评案例评析……202
7.1 《水浒传》英译批评概览……202
7.2 《水浒传》英译批评个案评析……207

第八章 结言……236

参考文献……246

后记……276

表 目 录

表 2.1– 量化标准示例 47
表 4.1– 使用预设目标或目的作为唯一评价标准存在的问题 113
表 4.2– 评价要点清单（改编自 Scriven 的 2003 版的评价要点清单）.... 122
表 6.1– 诗歌英译价值综合评价体系架构 200
表 7.1–162 篇论文按发表年份列表 203

绪　　论

2013年8月19日，习近平总书记在全国宣传思想工作会议上的讲话中强调，"要精心做好对外宣传工作，创新对外宣传方式，着力打造融通中外的新概念新范畴新表述，讲好中国故事，传播好中国声音"（《人民日报》，2013年8月21日01版）。

2021年5月31日中共中央政治局第三十次集体学习时，习近平总书记再次强调，"讲好中国故事，传播好中国声音，展示真实、立体、全面的中国，是加强我国国际传播能力建设的重要任务"（《人民日报》，2021年6月2日01版）。"加快国际传播能力建设"更是写进了2021年11月11日中国共产党第十九届中央委员会第六次全体会议通过的《中共中央关于党的百年奋斗重大成就和历史经验的决议》里（《人民日报》，2021年11月17日01版），这都表明了习近平总书记和党中央对加快国际传播能力建设的高度重视。

讲好中国故事、加强我国国际传播能力建设牵涉很多方面，但翻译无疑是其中一个极其重要的因素。翻译质量的高低，特别是典籍翻译质量的高低，直接影响我们的国际传播能力建设和我国在国际社会的话语权，因为国际传播很大程度上要依赖翻译，而典籍又是一个国家各个方面最重要的文献。我们的翻译质量是否令人满意？又该如何尽可能客观全面地来评价我们的翻译质量？这一切都与我们的翻译批评密切相关，而我们的翻译和翻译批评在过去和现在又是什么状况？

1998年，时任中国翻译协会副会长的季羡林先生曾呼吁人们重视翻译质量问题和对译作的批评监督问题，他说："从古至今，从实践到理论，中国都可以算是世界翻译第一大国。然而，根据我个人的经验和观察，中国现在存在着相当严重的翻译危机。……我们中国当前的翻译质量却不能不令人忧心忡忡。……社会上，出版界，又缺乏有力的审查和监督制度"（季羡林，1998：45）。2001年，季先生再次提到翻译批评的重要性："翻译事业要发展,要健康地发展,真正起到促进中华文明发展的作用,就不能没有翻译批评。现在批评很少,担负不起应有的职责来。这方面,必须大力加强才行。……所以,我呼吁,现在要加强翻译批评,发挥批评应有的作用"(季羡林,2001:38)。

德国功能主义翻译理论家凯瑟琳娜·莱斯(Katharina Reiss)曾用整部专著来探讨翻译批评中的主客观因素以及它对译员培训的重要性(Reiss,2004),英国翻译理论家、翻译教育家彼得·纽马克(Peter Newmark)也曾经说过:"翻译批评是连接翻译理论和实践的重要纽带(Translation criticism is an essential link between theory and its practice)"(Newmark,2001:184)[1],国内外还有众多译家和学者都对翻译批评的重要性有过论述。但是,由于翻译批评(评价)是个极为复杂的问题,如何使翻译批评(评价)做到全面科学、客观公正,如何使其成为"一种建设性的批评"(许钧,2001:41),使其更好地服务于翻译质量的提高,服务于我们的国际传播能力的提升,却始终是摆在我们面前的一个重要课题。

0.1 研究背景与动机

在2005年《中国图书评论》第9期上,许钧(2005:12-15)发表了"翻译的危机与批评的缺席"一文,其中再次引述了时任中国译协名誉会长季羡林先生2001年有关翻译批评的谈话,并列举了翻译批评缺席的一些主要表现,如译界对一些翻译出版的重大现实问题、热点问题的麻木迟钝,缺少及时介入,对一些译者的不良翻译行为和劣译不敢发出批评的声音,没有切实担负起对翻译实践的监督、批评与引导的责任来,而对一些新的批评形态,如网民译评,也较少关注与研究等。上述问题在今天看来,仍然没有较大改观。

纵观我国新中国成立后至二十世纪改革开放前的翻译批评,数量和质量总体上都不尽人意。在西方现代翻译理论特别是语言学翻译理论引进之前,数量不多的翻译批评大多是对译作随感式的评论,而在语言学翻译理论

---

[1] 除作注释说明外,文中英文的译文由本书作者译出。

和各种文化学翻译理论引进之后，随着我国硕士、博士研究生数量的快速增加和翻译研究队伍的不断壮大，翻译批评在数量上有了较大增长，但多是一篇篇各种西方理论印证式的毕业论文和期刊文章，即在某种理论视域下的对某某译本的评论或研究，都是在例证某种理论特别是某种西方理论的正确性、合理性，真正全面科学又富有建设性的批评仍为数不多。所以，翻译批评看似一直在场，甚至在走向繁荣，但实际上仍然是处于"缺席"状态。在本书作者看来，今日之翻译批评的主要问题不仅仅是批评的"缺席"，更在于批评缺少应有的系统性和建设性，如仅从某一视角或某一方面的批评较多，而综合性的评价较少；指出译事、译作不足之处的多，而提供切实可行的更好解决方案和更佳译文的少。

此外，我们还应该意识到，翻译批评的本质是评价，而评价实际上是人们须臾不离的一项社会实践活动。翻译实践的形态随着时代的发展在不断变化，我们对翻译的认识、对翻译批评的认识也在不断发展变化中，比如进入新世纪后日益增多的个体或机构开展的中译外实践、发展迅速的机助翻译以及比以往更多的网络译评，这些实践活动都需要一定的理论指导才能更加健康地发展。翻译和翻译批评实践的诸多不尽如人意，是否也与我们翻译批评研究的滞后与翻译评价理论的"缺席"有关呢？

在翻译批评理论建设方面，刘云虹、许钧（2014：8）曾指出，"翻译批评的理论研究虽然已经取得了令人欣喜的进展，但研究的系统性、前瞻性和创新性在某种程度上仍迫切需要进一步提高"。的确，我们的翻译批评理论研究虽然已经起步且取得了一定成果，但由于翻译活动的复杂性和翻译批评的复杂性，我们仍需加强对各类翻译与翻译批评的系统研究，比如对中译外、对典籍翻译与批评的更为本原和更为系统的研究。

典籍翻译在传播中华文化、实现"中学西传"、解决"文化入超"、塑造中国国家形象过程中扮演着重要角色，文学典籍翻译因其具有更为广泛的读者群，在"中国文化走出去"和中国文化软实力建设中，更是起着举足轻重的作用。典籍翻译最初都出自域外人士，已有200多年的历史，典籍英译可追溯至18世纪英国著名语言学家、东方学家威廉·琼斯爵士（Sir William Jones, 1746—1794）对《诗经》《论语》和《大学》的个别段落的零星翻译，而由中国学者主导的译介活动距今仅有100多年，较早的有辜鸿铭、苏曼殊、林语堂等。中华人民共和国成立以后，则有杨宪益和戴乃迭以及孙大雨、许渊冲、汪榕培等众多学者、译者，这里恕不一一提及，他们翻译的文本以文学和哲学典籍居多。

  进入新世纪以来，作为中国文化走出去重要组成部分的典籍翻译及其研究，应该说是受到了社会和译学界的广泛关注，主要体现在以下几个方面：（1）《大中华文库》出版工程和"经典中国国际出版工程"等一系列对外出版工程的启动，标志着典籍翻译已上升为国家战略；（2）英国帕斯国际出版社接连出版了王宏教授主持英译的《梦溪笔谈》和《明清小品文》，这也是中国译者在典籍外译事业中的重大突破；（3）全国典籍翻译研讨会从2002年起，已历经十二届，会议规模不断扩大，作为会议论文集的《典籍翻译研究》业已出版九辑，对典籍翻译研究起到了积极的推动作用；（4）汕头大学、南开大学、大连理工大学、苏州大学和浙江师范大学等一批高校建立了典籍英译研究中心（所），借助于博士点和硕士点建设积极推进相关研究，呈现出良好的发展态势。

  值得注意的是，在学者们的研究中，对同一部/系列译作的评价常出现较大分歧。以《大中华文库》出版工程为例，它是全面系统地向世界推介中国文化典籍、弘扬中华优秀传统文化的国家重大出版工程，编者从浩如烟海的中国古代典籍中选出最具影响力和代表性的作品，经反复征求专家意见和严密论证，最后确定了100余种典籍。这些典籍上起先秦，下至近代，内容涵盖哲学、宗教、政治、经济、军事、历史、文学以及科技等各方面，因为其中有不少是由中国人翻译，傅惠生（2012：23-29）认为，可以借此建构中国英语的语言表达相对规范的形式和确立中国英语独立地位，它有利于集中确立中国英语的基础词汇和表达方式，展示中国传统语言文化特性。谢天振（2014：1-10）则认为其传播效果欠佳，"除个别几个选题被国外相关出版机构看中购买走版权外，其余绝大多数已经出版的选题都局限在国内的发行圈内，似尚未真正'传出去'"。典籍外译不能闭门造车，"不仅要关注如何翻译的问题，还要关注译作的传播与接受等问题"。而许多、许钧（2015：13-17，94）则认为，"评价一部书或一套书，尤其是评价像《大中华文库》

这样的具有战略意义的出版物，仅仅以当下的市场销售与读者接受情况来衡量便得出否定性的结论，是值得商榷的"。他们认为"《大中华文库》出版工程"系列出版物构建了系统的中国文化价值观基础，有利于国内高水平翻译人才和语言服务人才的培养，具有重大的历史文化价值。王燕、李正栓（2020：53-57）的"《大中华文库》科技典籍英译与中国文化对外传播"认为，该文库填补了我国系统出版英译科技典籍的空白，充分肯定了《大中华文库》在构建典籍对外翻译话语、提升我国文化软实力和中国文化对外传播方面的价值。

对《大中华文库》的其他翻译批评还有很多，但仅从上述所举译评例子就可以看出，批评者对同一个翻译项目的评价，常常是仁者见仁，智者见智，这种各行其是、莫衷一是的批评，虽然可以说是人文社科领域批评的常态，但它绝非是一种人们所期盼的全面、系统而又具有建设性的批评，它会使出版社和潜在读者感到困惑，也不利于典籍翻译人才培养。有没有一个典籍翻译批评可以共同参照的总体原则和批评分析框架呢？是否需要根据不同文本类型来确立不同的评价标准与评价体系呢（如《大中华文库》中实际包含有多种类型的文本——文学典籍、科技典籍等）？这些评价体系应该如何构建呢？典籍翻译批评遵循怎样的方法与程序才是较为科学的呢？作为一名从事翻译实践、翻译教学和翻译理论研究三十多年的翻译教师，这些问题多年以来一直萦绕于心，近几年随着"中国文化走出去"步伐的加快，"中国文化走进去"的呼声日高，本书作者更是愈加真切地感到了解决以上问题的迫切性，而这也正是本课题研究的主要动因。

0.2 研究目的与意义

中国特色社会主义进入新时代以来，我们党和政府大力倡导文化自信、理论自信和理论创新。本书作者认为，为了不断提升国家文化软实力，为了我国典籍翻译及其研究领域能不断创新发展，有必要对该领域以前的研究加以总结回顾和反思，找出我国典籍翻译研究尤其是典籍英译批评研究的成绩与不足，并对该领域研究提出一些有价值的思考与建议。本书正是

典籍翻译评价原理与评价体系构建

本着这种创新精神和反思意识，开展的一项既有较大理论意义，又具较大实践意义和现实意义的基础研究。

我们当今对创新意识的呼唤，正说明我们这方面的薄弱，这种薄弱也体现在典籍翻译研究乃至整个翻译研究领域。翻译是一门极具综合性的独立学科，翻译在人类社会发展，尤其是在当今世界大变局中，其重要性日益凸显，涉及的面也越来越广，研究领域日益细化，需要研究的问题也越来越多。作为翻译的一个特殊领域，我国的典籍翻译研究也将更加繁荣，对典籍翻译的批评研究也会日益受到重视。典籍翻译研究学者应增强自身的理论创新意识，进一步拓宽视野，广泛借鉴国内外其他学科研究成果，结合典籍翻译的具体问题，不断创立新的研究路径和方法。但是，创新绝不是"跟新"，特别是盲目跟从国外的一些新论，也不是故意标新立异，故弄玄虚，新理论、新方法的提出，必须要针对某一研究领域实际存在的"真问题"，还必须有系统的学理基础为依托，遵循该领域理论构造的内在结构和内在逻辑顺序。

对我国翻译批评以及翻译批评研究领域存在的问题，有不少学者已经有所关注并作出了一些极具价值的探索，他们的著述无疑为本书作者的进一步探究奠定了坚实的基础。例如，许钧一向注重翻译的价值与翻译批评问题，在其专著《翻译论》和"翻译价值简论"一文中，他详细探讨了翻译的各种价值，认为批评者可以根据自己的翻译观和翻译价值观来分析某一翻译现象、翻译事件或具体文本，对它们的价值与效果进行评价（许钧，2003；2004：35-39）。吕俊（2007a：125-130）在其"翻译批评的危机与翻译批评学的孕育"中指出，我国的译学研究经历了语文学范式、结构主义语言学范式，但随着接下来的解构主义翻译研究多元范式的出现，翻译批评似乎出现了危机，因为激进解构主义的意义不确定观，瓦解了人们先前持有的文本意义的客观性信念，也瓦解了翻译批评的客观性。但事实上，深层次的分析表明，在解构主义范式导致了翻译批评的危机之表象下，隐藏着的是我们对翻译和翻译批评的认识问题，我们的批评视野要么局限在了文本之内和语言形式上，要么又泛泛于各色文外因素，忽视了翻译批评应是一种与语言文化均密切相关的综合性价值评判。解构主义的译学范式实际上拓宽了我们的视野，打破了文本的封闭，使翻译批评与政治、历史以及社会文化密切结合了起来，更深刻地揭示了翻译活动的社会性与人文性本质。当翻译的知识价值、艺术价值、文化价值、道德价值等等都成了翻译批评的内容，单纯的文本批评和语言批评上升到了社会批评、历史批评和文化批评的层面，翻译批评需要的指导理论亦不再是语言分析理论和翻译理论，而是涵盖面更广、更为本原的价值评价理论，翻译批评研究或曰翻译批评学因此就必须以价值哲学为基础，以评价理论为指导。在吕俊（2007b：1-6）另一篇文章"对翻译批评标准的价值学思考"中，他对以往的翻译批评标准进行了价值学审视，指出把某一翻译理论作为翻译批评标准确立的基础是错误的，正确的做法是把翻译批评标准建立在价值论的一个分支——评价理论的基础上。他还讨论了评价理论的原则与翻译批评标准之间的关系，认为翻译批评标准是一个庞大的系统，由无数具体的标准组成，如果真的需要一个普遍的标准，那应该是一个最低标准，而不是一个最高的理想化的标准。这些论述都有助于我们对以往的翻译批评研究进行更多的反思，无疑也有助于本书作者对典籍翻译批评尤其是文学典籍英译批评的深入研究。本书作者的研究目的，就是要在前人研究基础之上，在价值学和评价理论观照下研究典籍翻译批评（评价）的各类相关因素及其相互联系，探究基于评价学的典籍翻译批评尤其是文学典籍英译批评的原则、标准与方法，探究如何构建典籍翻译批评的评价体系，为典籍翻译批评乃至典籍翻译批评学或曰典籍翻译评价学的创立贡献一份自己的力量，为提高我国的典籍翻译实践提供一些有益的启示，并借此助力于我国的文化软实力和国际传播能力建设。

0.3 研究问题与方法

爱因斯坦曾经说过，"提出新问题、新的可能性，从新的角度去看旧问题，需要创造性的想象力，标志着科学的真正进步（To raise new questions, new possibilities, to regard old problems from a new angle requires creative imagination and marks real advances in science）"（Einstein & Infeld，1938：92）。爱因斯坦所言虽然主要针对自然科学研究，但它同样适用于像翻译研

究这样的综合性学科。本研究就是尝试着从新的、更本原的视角去看典籍翻译批评特别是文学典籍翻译批评领域存在的一些老问题，一些根本性、本原性的问题。

0.3.1 研究问题

蓝红军（2018：1-6，94）在其"面向问题的翻译理论研究"一文中，对理论研究的"理论驱动"和"问题驱动"两大模式进行了较为深入的阐述，认为前者即从理论到理论，"面向本学科或相关学科经典理论原本，着眼于对既有理论的演绎、移植、继承和发展，通过细致的发掘和深入的诠释，走向理论的创造性重构"；后者是从问题到理论，"面向社会实践中的问题，在深厚的学理基础上，谨守学术规范，创新研究方法，以达成理论的开拓性建构"。作者在该文中，强调翻译研究者应该"面向问题"并搞清楚什么才是"真问题"。"面向问题"要求研究者应立足、面向翻译实践，而"真问题"则要求研究者提出的问题不应是研究者主观臆想出的假问题（比如那些预设了唯一答案的"问题"）。

吕俊（2008：55-63）也早在"范式批评与问题意识"一文中指出，"西方的译学研究是以范式批评的方式为主，而我国主要以'问题式'方式为主"。"问题式"方式侧重于在实际研究中发现问题，是"研究者以某一学科领域中的共同关注的关键性问题为中心展开讨论和研究，并在不同的解决方案之间展开批评性讨论，最终通过排除错误达成共识形成最终解决的方式"。"问题式"方法中的"问题"可以、也应该来源于实践，还可以来自现有理论，即要有一定的理论背景。其次，它也不是某个研究者随意想到的某一领域的某个问题，而应是某一学术共同体共同关注的关键性问题。再则，它不能是一个假问题、伪问题，而应是"真问题"，即该问题必须是一个开放性结构。同时，研究者还应该关注"问题"与"问题"之间的关系与顺序："问题的顺序是该领域理论构造的内在结构和内在逻辑的顺序，……不是任意的关联与无序的组合。"

本书作者认为，上引两位学者的观点，对我国的翻译研究有较大的警示意义，给本课题研究的启示是，我们的研究问题必须是"真问题"且要遵循翻译研究特别是翻译批评研究的内在结构和内在逻辑顺序。

关于"问题"与"问题"之间的关系与顺序，我们不妨重温一下经典，看一看200多年前的泰特勒（A. F. Tytler）在其《论翻译的原则》一书的开篇是如何说的："如果有可能准确定义或者更恰当地说，能够描述什么是'好的翻译'，我们就能在确立翻译的准则方面取得长足的进步，因为如果知道了什么是'好的翻译'，也就自然知道了翻译的准则（If it were possible, accurately to define, or, perhaps more properly, to describe what is meant by a good translation, it is evident that a considerable progress would be made towards establishing the Rule of the Art, for these Rules would flow naturally from that definition or description）"（申雨平，2002：166）。也就是说，关于翻译标准的探讨，应当是翻译研究的首要问题、核心问题，与之密切相关的翻译批评问题，应当也是翻译研究中的一个关键性问题。但是，反观我国的译学研究，对这两个问题的探讨，特别是在典籍翻译研究中，仍然很不充分。那么，我们又该如何知道、如何确立翻译的标准呢？这似乎是翻译研究中的一个老问题，也是翻译研究特别是翻译批评研究中的一个"真问题"。

为了触及典籍翻译评价的本原，本书拟探讨的具体问题主要有：翻译的本质是什么、何谓典籍、何谓典籍翻译评价、已有的翻译批评有哪些实践范式、翻译批评的研究范式又有哪些、我国的典籍翻译批评实践与研究的现状如何、典籍翻译有哪些类别、何谓价值、价值有哪些类别、评价及其类型又有哪些、翻译标准与翻译评价标准有何异同、在价值评价理论的观照下应该如何确定典籍翻译评价的总体原则、如何构建典籍翻译的评价体系、典籍翻译评价应该遵循什么样的方法与程序、典籍翻译主要有哪几类价值、如何从评价学视角对它们进行评判、典籍翻译评价的个性特征是什么以及如何开展典籍翻译评价之评价等。由于典籍可以分为不同种类的文本，又由于文学典籍英译与其他类型典籍及翻译相比，在世界上具有更为广泛的读者群，本书还将特意探讨文学典籍英译的评价体系建构与评价方法问题。

0.3.2　研究方法

德国翻译理论家沃尔费拉姆·威尔斯（Wilfram Wilss）早在其1982年

的《翻译学——问题与方法》（The Science of Translation：Problems and Methods）一书中就指出："现代翻译科学与之前的翻译理论所不同的是它对于方法的兴趣和比以往更为强烈的对所涉问题的意识（What distinguished the modern science of translation from previous considerations of translation theory is its interest in knowledge of methodology and its keener awareness of the problems involved）"（Wilss，2001：53）。

在确立了研究问题之后，我们还必须有探究和解决问题的合适方法。翻译问题的研究方法（视角）现实中可谓多种多样，但概括起来，不外乎吕俊（2008：55-63）所讲的"范式批评式和问题式"或是蓝红军（2018：1-6，94）所说的"理论驱动和问题驱动"两种类型。这两种类型各有所长，各有所短，前者有助于研究者对翻译与翻译批评学科发展的总体脉络的把握和对翻译学科内部结构和发展规律的认识，后者有助于对具体问题的深入探讨和精细辨析。我们应当像吕俊提倡的那样，将两者有机结合起来，兼收并蓄，取长补短。可以发挥我国学者注重"问题式"研究的特长，克服其中存在的缺点，发挥学术共同体、学会（研究会）和专业委员会以及学术期刊的引领作用，循序渐进地对译学研究中存在的理论问题或实践问题进行探讨、争论。就典籍翻译与典籍翻译评价研究而言，还要更加注重其与其他领域翻译研究的共性和个性，探讨其研究对象的特殊性带来的特殊问题，彰显其自身研究价值。

刘云虹、许钧（2017：54-60）在其"翻译的定位与翻译价值的把握——关于翻译价值的对谈"一文中指出，"要探讨翻译的作用，既可以是描写性的，也可以是探究性的。描写性的研究侧重于对历史的梳理与总结，而探究性的思考则是从一定的翻译观和翻译价值观出发，对翻译应该具备何种功能、凸显何种价值进行深入的理论研究……翻译观不同，对翻译的认识和定位就有差异，对翻译之'用'的评价也会大相径庭"。这些论述也在提醒我们，翻译研究，特别是翻译批评研究，必须重视翻译观和翻译价值的研究，而对它们的研究，不仅可以是描写性的，同样也可以是"探究性"的，两者缺一不可。

结合以上学者的观点并以他们以及其他学者的研究为基础，本书拟将

"范式批评式"和"问题式"两种类型有机结合，既从整体上考察典籍翻译评价的实践范式、研究范式，又在不同层面上考察典籍翻译评价实践与理论研究中存在的问题。鉴于长期以来人们在对诸如"翻译""典籍""翻译批评"等重要概念上认识与表述不一，本书作者也将进行大量文献梳理与评述，以便人们对我们的研究对象和与之密切相关的概念、理论有一个更为清晰的认识。由于分类及类型研究在整个翻译研究、翻译评价研究、典籍翻译评价研究中的重要性，本书作者还将采用类型学研究方法，考察典籍翻译及评价的不同种类、不同价值以及不同的评价体系。同时，作者将以价值学和评价学相关理论为依据，以描写与探究相结合的方式对典籍翻译评价涉及的主要因素进行梳理分析。此外，为了更好地将理论研究与典籍翻译评价的实践相结合，作者还将运用个案分析法对具体评价案例进行评述。

0.4 各章内容提要

本书首先是绪论，交代了本课题研究的背景与动机、研究目的与意义、研究问题与方法，接下来的第一章是对本课题研究主要相关概念——典籍、翻译、典籍翻译、典籍翻译评价、范式、范式转换、范式系统等逐一进行界定。第二章是对我国翻译批评实践和理论研究两方面的范式梳理，第三章进一步对我国典籍翻译批评的实践形态和理论研究分别加以评述，找到我们取得的成就，发现其中存在的主要问题。第四章通过对国内外价值学和评价学理论的介绍和评述，确立了本课题研究的理论框架，并在第五章中将之运用于典籍翻译评价相关因素的分析，讨论了典籍翻译评价的总体原则、标准、评价体系的构建、评价的方法与程序、典籍翻译评价的个性特征以及元批评等问题。第六章聚焦我国文学典籍英译的价值评价，讨论构建其评价标准、评价体系及评价方法问题。第七章是文学典籍英译评价的具体案例评析，进一步探讨如何在评价学理论观照下开展全面系统的、富有建设性的文学典籍英译评价。第八章是对本课题研究的一个总结，概括了本课题研究的主要发现和结论，并对今后的典籍翻译评价研究提出了自己的一些想法。

第一章　名实之辨：主要概念界定

"名"是人们对事物的指称，它是一物区别于他物的标识，是事物本质属性的最简明的反映，所以，中国古人对事物的命名极为重视。子曰："名不正，则言不顺；言不顺，则事不成"。为了将本书要研究的问题说清楚，我们首先需要对几个相关主要概念加以界定。

1.1　何谓典籍

什么是典籍？这似乎是一个不言而喻的问题，但其实不然。因为翻开一些典籍翻译研究的著作、教材和论文，你会发现人们的看法并不统一。

1.1.1　以往的典籍定义

在我国以往的典籍翻译研究中，已有一些学者对典籍作了一些界定，这里仅举几例。其一，"典籍"指"中国清代末年（19世纪中叶近现代汉语分界处）以前的重要文献和书籍"（杨自俭，2005：60-62）。其二，汪榕培、王宏（2009：1）认为，"典籍"似应界定为"中国清代末年1911年以前的重要文献和书籍"。再如王宏印（2013：1-6）对文化典籍的定义："狭义的文化典籍不包括文学，它应该偏重于理论的方面，就是哲学、思想性的东西，社会科学的很多方面，如宗教典籍等。……广义的文化典籍既包括哲学的、宗教的典籍，像儒释道三教，诸子百家等经典，也包括文学的，像《诗经》《楚辞》、唐诗、宋词、元曲等，也包括散文、小说和戏剧"。

1.1.2　本书的典籍定义

"籍"之本义为古代登记赋税、户口等的档案簿书。东汉许慎《说文解字》的释义是："籍，簿书也。"因古人之籍皆书于竹帛，故引申为图书、书籍。现代常用义就是"书册、书籍"。

至于"典",《说文解字》云:"典,五帝之书也。"此外,依据张海波(2015:50-53),"典"一可指"体裁",如先秦时期《尚书》中的《尧典》《舜典》以及"志"体典籍,如《军志》(《左传》僖公二十八年、宣公十二年、《左传》昭公二十一年)等。二可指"类编文献",学在官府时期,即春秋末年以前,孔子兴办私塾之前,图书皆由官府掌握,禁止流向民间,同一性质的档案文献在官府中经年积累,催生了以类相从的文献编纂方式,并由此产生了所谓的"类编文献"。如《周礼·天官》提到太宰执掌的"建邦之六典"——治典、教典、礼典、政典、刑典、事典等。

我们今天常说的"经典"的"经",出现时期要晚于"典",最早见于《庄子·天运》篇:"孔子谓老聃曰:丘治诗、书、礼、乐、易、春秋六经"。"经"是战国时期不同学派尊奉、阐释的学派原典,是比一般典籍更为重要的典籍。如此,"典"即治理国家恒常不变的大法,"经"乃诸子治学行事之圭臬、准则。

"典籍"二字合用最初出现在《左传·昭公十五年》中:"司晋之典籍",指古代的法典、图籍等重要文献。

依据《辞海》,"典籍"泛指"国家重要文献"(夏征农,1999:831)。经过上百名全国著名专家学者十余次修订的2020年新版《新华字典(第12版)》对"典"的释义是:可以作为标准、典范的书籍。据此,我们知道,"典籍"一词首先是指"国家重要文献",在这个意义上,它并无年代限制,并非如现在多数典籍翻译研究学者认为的仅指近现代以前的重要文献,而是指一个国家拥有的一切重要文献,包括现当代重要文献,甚至那些由外文翻译为中文的重要文献及其原文本。中国国家典籍博物馆2021年就曾举办过"《共产党宣言》专题展",展出了《共产党宣言》的多种汉译本和英、德、俄等各语种版本。在该馆的官网介绍中,可以看到其馆藏精品也包括"西文善本","时间跨度从3000多年前的甲骨到现当代名家手稿"(http://www.nlc.cn/nmcb/),可见"典籍"的时间跨度和涵盖面极广。在国内一些报刊上,也可看到对一些当代典籍的介绍,如《中国广播电视学刊》(2001年第2期第37页)提到:"大型人物典籍《中国当代播音员、主持人大典》"。而2020年5月28日

- 13 -

由第十三届全国人民代表大会第三次会议通过的《中华人民共和国民法典》，是新中国第一部以法典命名的法律文献。判断一个文献是否是典籍，主要是看文献的重要性，只要对一个国家和社会发展具有重大意义，那就是典籍，不管它是古代、近代还是现当代的。事实上，杨自俭（2005：60-62）在最初探讨典籍定义时，已经提出"清代末年以后的重要文献和书籍算不算典籍"这个问题，并认为如果要算，就要把典籍定义修改为"中国古今重要的文献和书籍"，并可按时间划分为"古代典籍""近代典籍""现代典籍"和"当代典籍"。他说不知这两种界定哪个更好些，特提出供大家思考和讨论。

从以上讨论可以看出，"典籍"有其时空维度和资质要求。本书作者认为，"典籍"指的是中国各个民族古今各个时期的重要图书、文献，不仅仅是古代的，也包括近现代和当代中国的各类具有标准和典范性质的重要文献。

1.2 何谓翻译

"翻译是什么？从事翻译理论研究的人，恐怕都避不开这个问题。追究其中的原因，我想至少有两条：首先，回答'是什么'这个问题，仿佛是一切科学研究的根本起点。……其次，只有明确了翻译是什么，才有可能明确'翻译'的界限，明确翻译关涉的重要问题，从理论上去加以探讨"（许钧，2001：5）。

由于本书要探讨的是典籍翻译评价，那么，厘清什么是"典籍"之外，搞清楚什么是翻译就显得尤为重要，因为人们对翻译的看法，很大程度上决定着他们对翻译的批评或曰评价。德国著名翻译研究学者豪斯（Juliane House）曾经说过，"在尝试创建一个翻译质量评估模型之前，我们首先必须更精确地定义翻译（Before attempting to develop a model for translation quality assessment, we first have to be more precise about what we mean by translation）"（House，1981：25）。我国也有不少学者谈到过翻译界定对翻译批评的重要性，如杨晓荣（2005：8）认为，一个人对翻译的定义决定了他如何评价翻译。"我们甚至可以这样说：你认为翻译是什么，和你认为怎样评价翻译，实质上就是一回事"。廖七一（2020：72-88）认为，"翻译的界定改变了我们对翻译'本质'的认识或哲学假设。……翻译界定的变化同样改变了翻译批评的模式、方法与标准"。

然而，我们很难给翻译下一个令所有人都满意的定义，古今中外概莫能外。哈特曼（R.R.K. Hartmann）在评论2004年出版的《国际翻译研究百科全书》(An International Encyclopedia of Translation Studies)时，称自己想寻找一个可靠的翻译定义（a secure definition of translation），但却一无所获（Hartmann, 2006）。事实上，世界上根本不存在一个所谓的"可靠的翻译定义"，因为翻译作为一项社会活动，其内容和形式是不断地随着社会的发展变化而变化，人们对它的认识，也是随着实践的变化和研究的深入不断变化。翻译的定义问题，在中文里变得更为复杂，因为"翻译"这个词既可以指翻译的结果（translation or version），也可以指翻译本身的过程（translating），还可以指做笔译或口译的人（translator or interpreter）。以下讨论古今中外一些有代表性的翻译定义。

1.2.1　国内翻译定义

国内译者和学者给翻译所下定义甚多，有的较为正规严谨，有的较为随便松散。以下分古今和类型加以阐述，以今人的论述为主。

1.2.1.1　古人的翻译观

翻译，古时叫做"象寄"或"通事"，严复在《〈天演论〉译例言》中说："海通以来，象寄之才，随地多有"。《礼记·王制》上记载："五方之民，言语不通，嗜欲不同。达其志，通其欲：东方曰寄，南方曰象，西方曰狄鞮，北方曰'译'"。《杨子·方言》上说："译，传也"。《说文解字》对"译人"的解释是："传译四夷之言者"。宋僧法云编著的《翻译名义集》里说："译之言，易也；谓之所有，易其所无"。唐朝贾公彦所作《义疏》里提到："译即易，谓换易言语使相解也"（周仪、罗平，1999：1）。事实上，古时的"翻"与"译"有时是两个不同的范畴，当玄奘论说佛经翻译中的"五不翻"时，他的"不翻"不等同于"不译"，只不过是要音译，不是将梵文原文用汉语加以翻转式的、解释性的"翻"。在"翻"和"翻译"出现之前，古人使用"传"和"译"或"传译","传"者,"传达"也;"译",除具有"传译"之意外,还特指音译。"翻译"一词最早见于道安佚名弟子的《僧伽罗刹集经后记》中("佛图罗刹翻译,秦言未精")(王向远,2016:138-156)。"若非要考证'翻译'二字联袂始于何时,我们可以这样说:据有文字记载的资料,早在公元384年(前秦建元二十年),中国人就开始用'翻译'二字来指称翻译活动了"(曹明伦,2011:53-60)。综上,中国古代视翻译为一种交流方式,目的是使说不同语言的交流者相互理解。

1.2.1.2 今人的翻译观

20世纪以来,人们对翻译给出了更多的定义,从这些定义中我们可以看到人们对翻译看法的变化。

林语堂认为翻译是一门艺术,也是一种创造。从事文学翻译的人必须首先努力捕捉原文的风格和精神,然后充分发挥他们的主体性,再现原文的艺术美(陈福康,1992:332-333)。

余光中与林语堂一样,也认为翻译是一门艺术,是"变通的艺术",尤其是诗歌翻译、文学翻译。他说,"翻译如婚姻,是一种两相妥协的艺术"(余光中,2002:55)。

在西方语言学翻译理论盛行中国之前,上述关于翻译的观点在中国相当典型,尤其是对于文学翻译家而言。比如,许渊冲把翻译视为"美化之艺术",萧乾和文洁若认为它是"艺术创造"和"再创造",而叶君健认为翻译是"一种文学创作",因为它具有"再创造"的特征(许钧,2001)。

上述译者与学者对翻译的看法,可以概括为翻译的艺术观。

受语言学翻译理论的影响,与上述观点不同的是将翻译视为语言转换。在张培基等人(1986:1)编写的《英汉翻译教程》中,翻译被定义为"翻译是运用一种语言把另一种语言所表达的思维内容准确完整地重新表达出来的语言活动"。冯庆华(1997:1)的《实用翻译教程》把翻译定义为"翻译是许多语言活动中的一种,它是用一种语言形式把另一种语言形式里的内容重新表现出来的语言实践活动"。

另一种观点则是把翻译视为一种语言文化活动。如王克非(1997:47-

50）认为，"翻译是将一种语言文字所蕴涵的意思用另一种语言文字表达出来的文化活动"。

黄忠廉（2000：14-15）认为："翻译是译者将源语文化信息转换成译语文化信息并求得二者相似的思维活动和语言活动"。他将翻译又分为宽式与窄式两种，"窄式翻译是指译者将原语文化信息转换成译语文化信息并求得风格极似的思维活动和语言活动。宽式翻译是译者将原语文化信息转换成译语文化以满足读者特定需要的思维活动和语言活动"。

以下几个定义有一些共同点，都将翻译视为一个过程，但每个定义都关注了这个过程的不同方面和不同特点。

方梦之（1999：4-5）推荐的定义是，"翻译是根据社会需要，在不同的符号系统和不同的规则之间传递信息的过程"，要传递的信息不仅包括语义和文体信息，还包括文化信息。这一定义的优点在于它包括了语际翻译和符际翻译。

谭载喜（2005：7）将翻译定义为"把一种语言文字的意义用另一种语言文字表达出来的过程，它主要是一门技术，但同时也具有许多艺术特征"。

张今（1987：8）认为，"翻译是两个语言社会（language-community）之间的交际过程和交际工具，它的目的是要促进本语言社会的政治、经济和（或）文化进步，它的任务是要把原作中包含的现实世界的逻辑映像或艺术映像，完好无损地从一种语言移注到另一种语言中去"。

吕俊、侯向群（2006：30）对翻译的定义为："一种人类文化间借助符号所进行的交流活动。它包括了对信息的接受、译解、加工、创制这样的复杂过程"。

许钧（2001：5-6）曾对翻译的定义作过比较全面的论述，认为在本体论上，翻译的定义应该说明翻译活动的性质；在功能上，它应该说明翻译的目的或任务；从形式上来说，要说明翻译的类型。在其《翻译论》中，许钧（2003：75）对翻译的定义是："翻译是以符号转换为手段、意义再生为任务的一项跨文化的交际活动"。在"翻译的定位与翻译价值的把握——关于翻译价值的对谈"一文中，他再次重申"把握翻译的本质，首先必须对翻译的符号转换性有明确认识，它是翻译活动最根本的特征"（刘云虹、许钧，

2017：54-60）。吕俊（2004）认为，许钧的翻译定义虽然简短，但它不仅包含了翻译的本质，而且包含了翻译活动的手段和目的，同时也触及了翻译的主要因素：语码、意义和文化。

在哲学层面上，翻译又是什么呢？

辜正坤（2003：305；312）将广义的翻译定义为"生命的存在方式之一""一种理解行为"，而将狭义的翻译定义为"以语言和文字作为媒介与对象的翻译行为"。

蔡新乐（2005：198）的《翻译的本体论研究》是对翻译的一种形而上的思考，认为"翻译就在于人的自我生成之中"。翻译就是翻译本身，当我们用"翻译是……"这个模式来定义它时，除了"翻译是"之外，跟在"翻译是"后面的任何其他词都不能说明纯粹本体论意义上的翻译是什么（同上：239）。在本体论意义上，翻译作为一种现象，只是一种对"存在"的模仿或对它的"形式"模仿（同上：244）。

蔡新乐的观点让我们想起了德里达对翻译的讨论，他认为不可能用语言来定义翻译（Munday，2001：162-174）。

从上面提到的所有各种定义我们可以看出，人们对翻译的界定来自不同的角度，存在于不同的层面上。这林林总总的定义反映了人们对翻译认识的变化——从静态到动态，从理想主义到现实主义，从规定性到描写性。翻译性质的多面性也在其中得以呈现：翻译是艺术，翻译是语言转换，翻译是文化交流，翻译是语际和跨文化交流的过程，翻译是人类生存的方式之一。翻译的本质究竟是什么呢？让我们再来看一看国外的一些代表性定义。

1.2.2 国外翻译定义

国外译者和学者给翻译所下定义同样甚多，也是有的较为正式严谨，有的较为松散不严。以下也分古今和类型加以阐述，同样以今人的论述为主。

1.2.2.1 西方古代翻译界定

像中国古代一样，在西方我们同样找不到许多翻译的正式定义，西方译者或学者对翻译的界定散见于道格拉斯·罗宾逊（Douglas Robinson）的《西方翻译理论：从希罗多德到尼采》（Western Translation Theory：from

Herodotus to Nietzsche）、勒菲弗尔（Andrew Lefevere）的《翻译/历史/文化》（Translation/History/Culture：A Sourcebook）和其他翻译研究词典中，较有代表性的翻译定义如下：

依据勒菲弗尔（2004：86），法国主教和教育家彼得鲁斯·达尼埃尔乌斯·休提乌斯（Petrus Danielus Huetius，1630-1721）提出的两种翻译中的一种的定义是，"用一种众所周知的语言写成的文本来指代用一种不那么众所周知的语言写成的文本"。

勒菲弗尔（2004：50）还介绍了另外两个翻译定义。一个是西班牙人胡安·路易斯·维维斯（Juan Luis Vives，1492-1540）的："翻译是将词语从一种语言转换成另一种语言并保留其意义"；另一个出自法国诗人兼语法学家雅克·佩尔蒂埃·杜芒（Jacques Pelletier du Mans，1517-1582）："翻译是一种最真实的模仿"（2004：52）。

1.2.2.2　西方现当代翻译界定

现当代西方的翻译定义较多，以下是其中一些较具代表性的：

加切奇拉泽（G.R. Gachechiladze）认为翻译是一门艺术，是艺术创作的一种特殊形式，遵守艺术的一般规律，就像用母语创作一样。为了达到艺术上的对等，译者必须具有创造性（杜建慧等，1998：5）。

美国小说家、诗人、文学评论家兼新闻记者马尔科姆·考利（Malcolm Cowley，1898-1989）给翻译的定义是："为另一背景的读者用另一种语言对某个作品进行再创作的艺术（an art that involves the re-creation of a work in another language for readers with a different background）"（Cowley，1978：831）。

以上两个定义可以视为国外持"翻译是艺术"观点的代表，其表征是定义中使用"艺术""创造"和"再创造"等词语。

卡特福德（Catford，1965：20）认为，翻译是"一种语言中的文本材料被另一种语言中的对等文本材料所取代"，翻译研究是"比较语言学的一个分支"。

维尔斯（Wilss，2001：112）将翻译定义为一个过程，是"源语文本到最佳对等目的语文本的一个过程，其间译者需要对原文的句法、语义、文体和语篇语用的理解"。

纽马克（Newmark，2001：7）认为，"翻译是一种试图用一种语言的相同信息和/或陈述代替另一种语言的书面信息和/或陈述的技巧（a craft consisting in the attempt to replace a written message and/or statement in one language by the same message and/or statement in another language）"。

奈达和泰伯（Nida & Taber，1969/2004：12）认为："翻译就是用通顺的译语再现源语信息，首先是意义上尽可能对等，其次是风格上（translation consists of reproducing in the receptor language the closest natural equivalent of the source language message, first in terms of meaning and secondly in terms of style）"。这里需要说明两点：一是这在形式上就不是一个严格意义上的定义应有的形式，二是奈达只是在强调翻译首要的是意义对等，其次是形式对等，本句话绝非奈达对翻译本质的全部认识，众所周知他更注重翻译的功能对等。

哈提姆和梅森（Hatim & Mason，1997：1）认为，翻译是"一种试图跨越文化和语言界限传达另一种交际行为的交际行为（an act of communication which attempts to relay, across cultural and linguistic boundaries, another act of communication）"。

以上六个定义的共同点，是它们所持的"翻译是语言转换"、是"寻求对等"的观点。这种观点是基于现代语言学理论的，这种语言学翻译观的特点是以原文为中心，表述方式或隐或显，多使用"对等""相同""复制""再现"等术语。它通常是规定性的，而不是描述性的，它不仅告诉我们什么是翻译，而且还告诉我们应该怎样做翻译。

上述两种翻译观之外，还有综合了两者的翻译语言艺术观或翻译语言美学观。捷克翻译理论家吉里·列夫（Jiří Levý）在他的《翻译的艺术》一书中说："翻译是超越一元的组合，是两种结构的相互渗透和融合。一方面是原文的语义内容和形式特征，另一方面是译语的整个美学特征系统"（Bassnett，2004：15）。列夫认为，文学翻译"既是一种再生产劳动，也是一种创造性劳动，其目标是达到同等的美学效果"（Munday，2001：62）。

第二代德国功能主义翻译理论代表人物克里斯蒂安·诺德（Christiane

Nord）的翻译定义如下："翻译是根据目标文本的预期或要求的功能，在保持与给定的源文本的关系的情况下，产生一个功能性的目标文本（Translation is the production of a functional target text maintaining a relationship with a given source text that is specified according to the intended or demanded function of the target text）"（Shuttleworth & Cowie，1997/2004：182）。这一定义表明，虽然翻译是一种语言活动，但它主要受目的语文化系统的影响和制约，因此，翻译是一种语言文化活动。这种翻译观可称之为翻译的语言文化观。

与上述观点不同的是，吉迪恩·图里（Gideon Toury）认为，翻译是"文化事实"（cultural facts），翻译是"在目的语文化中以翻译之名呈现的或被认为是翻译的任何目的语话语，不管人们基于什么理由（taken to be any target-language utterance which is presented or regarded as such within the target culture, on whatever grounds）"（Shuttleworth & Cowie，1997/2004：182）。

安德鲁·切斯特曼（Chesterman, 1997：59）持有相同的观点。在谈到什么是翻译时，他说："翻译是在目标文化中被接受为翻译的任何文本。或者说，翻译是在目标文化'翻译'产品规范偏离范围之内的任何文本（a translation is any text that is accepted in the target culture as being a translation. Alternatively, we might say that a translation is any text which falls within the accepted range of deviance defined by the target-culture product norm 'translation'）"。

勒菲弗尔（Lefevere，2004）在他的《翻译、改写和文学声誉的操纵》"序言"中声称，"翻译当然是对原文的重写（translation is, of course, a rewriting of an original text）"。根据勒菲弗尔（2004：9），翻译、史学、文集、批评和编辑都是重写的形式，其中翻译是一种最明显的重写。

安东尼·皮姆（Anthony Pym）认为，翻译是一个产生和选择不同文本的过程。"翻译可以被视为一种解决问题的活动，其中原文本的某个元素可以由目标语言中的一个或多个元素来呈现"（Pym，2007：44）。这一定义表明，翻译不是纯粹的语言问题，而是涉及社会各因素的一个选择性活动。

上述四个定义的共同点是主要将翻译视为社会文化活动。它们更多的是描述性的，而不是规范性的。视翻译主要为社会文化活动的学者们对翻译给出了许多不同的松散的定义，更关注翻译过程中的各类影响制约因素和翻译在现实社会中的实际形态。

此外，还有其他一些不同的定义。例如，赛杰（Jean Sager）给出了如下定义："翻译是一种外部驱动的工业活动，由信息技术支持，并因其交际形式的具体需要而呈现多种样态（translation is an externally motivated industrial activity, supported by information technology, which is diversified in response to the particular needs of this form of communication）"（Shuttleworth & Cowie，2004：182）。与上面提到的定义不同，这个定义是从社会职业的角度谈论翻译。

在形而上层面，对翻译的界定有三个最为人所熟知，芒迪（Munday，2001：162-174）在其《翻译学导论:理论与应用》中对它们有所介绍。

一个是乔治·斯坦纳（George Steiner）的"阐释运作"（hermeneutic motion），也有译为"阐释运动"的（李德凤等，2014：232），笔者认为此译文在中文语境中学术性不足且表意不够准确，因为斯坦纳关注的是译者的思维在心智层面的运作机制。斯坦纳将翻译视为阐释，认为"真正的理解和翻译发生在语言相互渗透的时候"，翻译过程可以分为四个步骤：（起始阶段的）信任、进攻、容纳、补偿。从这几个步骤里，可以看出明显的哲学阐释学的影响。

另一个是沃尔特·本雅明（Walter Benjamin）的"纯语言"（pure language）这一抽象概念以及翻译是原作"延续的生命"说。本雅明认为，翻译并不是为了让读者理解原文的"意义"或信息内容而存在的。翻译是独立于原文但又与原文相互联系，它诞生于原文的"后起的生命"（after life），给了原文"延续的生命"（continued life）。译文既有助于其自身语言的成长发展（通过在目标语中出现的新文本），又追求了一种"纯粹"的且是更高级的语言的目标（李德凤等，2014：241-242）。

再一个就是雅克·德里达（Jaques Derrida，1930-2004），他认为本雅明的"纯语言"就是"延异"（différance），由于意义的不确定性，人们不可能用语言来完全描述和解释翻译过程。德里达还解构了源文本和目标文本之间的区别，认为原文和译文相互亏欠、相互依存。

在这里，我们可以看到，在上述从形而上学层面思考翻译本质的学者眼中，翻译要么是"理解与阐释"，要么是原文"延续的生命"，要么是某种"超越语言"的东西，翻译成了某种带有较大主观色彩和神秘色彩的存在。

但是，毫无疑问，上述每一个定义都抓住了翻译的一个特定方面，然而，它们中的每一个又都以这样或那样的方式遗漏了翻译的一些本质。

1.2.3　本书对翻译的界定

鉴于古今中外对翻译的认识和界定各异，又鉴于翻译定义对整个翻译研究，包括本书讨论的重要性，以下本书作者将在考察正式定义的要求及对中外学者观点的借鉴与综合的基础上，结合自己对翻译的思考和认识，尝试给出一个较为严谨的翻译定义。

1.2.3.1　正式定义的要求

根据《现代汉语词典》，定义是对一个物体的本质特征或一个概念的内涵和外延的简明扼要的描述。一个定义通常由被定义的事物所属的类属（家族）和它区别于同一类属（家族）中其他成员（种类）的特征组成。因此，正式定义的要求如下：首先，定义必须阐明事物的基本属性，即被定义事物的类属的本质特征；第二，明确其与其他种类的区别性特征；第三，定义应避免循环，不能出现循环定义；第四，定义不能太宽或太窄；其次，定义一定不能晦涩难懂，晦涩难懂的科学和哲学术语除外；最后，定义通常采用肯定陈述的方式。

1.2.3.2　翻译定义的困境

对照上述对正式定义的要求，我们发现古今中外现有许多翻译定义都是非正式的。

实际上，社会科学和人文科学领域的定义很少符合正式定义的要求。主要原因可以概括为三个。第一，要定义的对象通常是复杂的，人们对它们的理解是困难的、不同的和动态的。第二，人们不太遵守做出正式定义的规则。第三是某些词语作为日常普通语汇使用已经有很长时间了，人们已经习惯于其日常"定义"，就比如"翻译""交流""文学""语言"等词，实际上很难再将它们作为学术研究的"术语"加以定义使用。关于翻译的复杂性，最著名的论述就是理查兹（I.A.Richards）的"翻译可能是在整个宇宙进化中迄今为止最复杂的一种活动（may very probably be the most complex type of event yet produced in the evolution of the cosmos）"（Richards，1953：250；转引自Gentzler，2004：14）。事实上，翻译是什么的问题，既是翻译研究的起点，又可以说是翻译研究的终点，很难有终极性答案。

"翻译是什么"是一个本体论问题，也是一个认识论问题，在本课题研究中还是一个价值论问题，与社会学、语言学、心理学、评价学等密切相关。本体论是对"存在"的系统描述，具体涉及一系列问题，如"存在"的哪些类别是基本的，在什么意义上是基本的，什么特征是研究对象的本质属性，什么是其偶然属性等等。认识论有广义、狭义之分，狭义认识论主要关注主体如何认识外部世界这一问题，而广义认识论同时还关注主体如何认识自我的问题和主体间性，而主体间性问题又使得原本就十分复杂的翻译问题，变得更加扑朔迷离。翻译活动随着人类社会的发展进步，其形式和内容从古至今都在不断变化中，内涵和外延极难固定，而人们对它的认识也在不断更新，所以，在历时维度上，不可能有定于一尊的翻译定义。即便在共时维度上，求得一个世人皆能接受的定义，也是极其困难之事。不过，我们不能因此就放弃努力，人们也不会因此而放弃去定义翻译的努力，因为求知是人类的本能，共识的达成也绝非毫无希望，至少在一定范围内是可以做到的，这也是一个学术共同体能够形成的基础，是一种范式可以形成的根基。

1.2.3.3 本书对翻译的界定与说明

虽然我们充分意识到没有一个单一的翻译定义能说明翻译的所有基本特征，但对翻译批评（当然包括典籍翻译批评）的研究又要求我们必须说明什么是翻译。正如吕俊所说，"如何定义翻译涉及一个人对翻译本质的理解，同时也决定了他科学研究的出发点"（吕俊，2004：61-64）。

许钧（2003）曾对翻译的特征做了比较全面的总结，认为翻译活动具有社会性、文化性、语际性、创造性和历史性。著名美国社会语言学家海姆斯

（Dell Hymes）在他的文章"言语的民族志学（Ethnography of Speaking）"（1962）中首次提出了"言语事件"（speech event）这一概念，在其后的《交际的民族志学》（1964）中，呼吁人们将语言（包括口头和书面）的产生与特定社会交际情形密切联系起来，并给出了几个研究的基本单位，分别是言语事件、交际行为（communication act）、交际情景（communication situation）、言语社区（speech community）等。本书作者认为，以上两位学者的观点，对我们认识翻译很有帮助，后者虽非直接谈论翻译，但翻译也可视为"言语事件"的一种。

一个言语事件也称为交际事件，它通常由几个交际行为或言语行为组成（祝畹瑾，1992：182）。它涉及许多种类的行动，这些行动受到社会文化的限制，有始有终，是完整的更大序列的社会互动的一个组成部分。

参照正式定义的要求，我们首先需要明确我们想要定义的事物是什么。"翻译"被用来指许多事物，在物理、化学、计算机科学和医学领域人们都用"翻译"一词，但它们指代的是完全不同的事物，都非社会语言学意义上的言语事件。

当今时代信息化和智能化的迅猛发展，特别是近几年人工智能研究的迅猛发展，给翻译技术插上了腾飞的翅膀，也给翻译业态带来了巨大变化，同时在一定程度上影响了翻译研究的关注点。有人开始谈论翻译研究的技术转向，呼吁并尝试重新定义翻译，将机器也视为翻译主体。但是，机器在社会层面和法律层面上，都是不具备主体地位的，它只是主体实施翻译活动的工具而已，它不会为了某一特定目的去自己主动进行翻译，也不会对翻译结果负任何法律责任。因此，虽然先进的机器翻译（软件）或是语言大模型也具有一定的"学习能力"或"能动性"，但那实际上都是程序设计师赋予的，还是不宜将它们视为有主观能动性的主体。

在翻译学领域，"翻译"一词也有多种所指。根据罗杰·贝尔（Bell，2001），术语"翻译"有三层含义：翻译过程；翻译产品；抽象的概念。汉语中，"翻译"还用来指译员。在本课题研究中，我们是把翻译作为一项社会活动来看待的，目的是要对这项活动及其结果进行批评，所以，我们这里要定义的事物（也即翻译），实际上包括了"翻译过程"和它的结果"翻译产品"。

　　本书作者认为，作为一项社会活动，翻译可界定为一种以语内、语际、符际意义转换生成为表征的言语事件，是具有主体地位的个人或机构在特定文化语境中以某种方式将一种语言/符号生成的文本/话语转换为另一种语言/符号的文本/话语的社会行为。

　　本书对翻译的上述定义，可以在很大程度上满足正式定义的要求和本研究的需要。首先，它有明确的对象：翻译行为（过程和结果，过程又包括翻译主体的运作机制、策略选择、方法运用等，结果则包括译品和其功用、影响）；其次，它简明扼要，明确描述了定义对象的内涵与外延：它是翻译主体实施的以语内、语际、符际意义转换生成为表征的社会言语事件，包括各种形式的语内翻译、语际翻译和符际翻译；再者，它具有鲜明的描写性，不规定活动完成的标准和方式方法，承认以各种方式（包括个体译者独立翻译、机构组织翻译、机助翻译等）进行的各种具有意义转换生成特征的言语事件都是翻译；最后，它清晰表明了该项活动的语境性、社会性。"语言/符号"表明了"文本/话语"赖以生成的材料——语言和非语言符号，这里的"语言/符号"，指的是人们在实际交际中使用的语言或符号，它实际体现为各种语言变体。卡特福德（Catford.）在其《翻译的语言学理论》一书中称，"'作为整体的语言'是一个太过宽泛、纷杂的概念，它对于语言描述、比较或教学等的研究都不实用，必须有一个分类框架来划分出一种语言的'次语言'或曰若干语言变体分别加以探讨才行（The concept of a 'whole language' is so vast and heterogeneous that it is not operationally useful for many linguistic purposes, descriptive, comparative and pedagogical. It is, therefore, desirable to have a framework of categories for the classification of 'sub-languages', or varieties within a total language"（Catford, 1965：83）。从社会语言学的视角看，语言在时间和空间上永远处于变异和变化中，语言的各类变体才是语言的真实存在形式。哈提姆和梅森（Hatim & Mason, 1990）把语言变体分为方言与语域两类：前者与语言使用者相关，包括地域方言、时代方言、社会方言、（非）标准方言及个人语言，后者与语言使用相关，包括语场（field）、语式（model）和语旨（tenor）。时代或曰时间方言（temporal dialect）是指语言使用者因时间差异而表现出的语言变体，比如英语的古英语（450—1100）、中古英语（1100—1500）与现代英语（1500至今）在语音、词汇、语法、语义等方面都有较大变异，汉语也有上古汉语（殷商到西汉）、中古汉语（两晋到隋唐五代，东汉为上古与中古的过渡期）和近代（宋元到鸦片战争）与现代汉语（五四运动以后）之别，它们在语音、词汇、语法、语义等方面同样存在较大变异，尤其是年代距离较远的上古汉语与现代汉语之间，尽管没有古英语和现代英语之间的差异那么大。而定义中的"文本/话语"表明了"语言/符号"转换的常见形式和结果——笔译和口译及其产生的各个语篇或话语。

　　本定义明确了翻译是发生在"特定文化语境"中的"社会行为"，表明了它具有"社会性"和"文化性"。翻译这种言语事件常常涉及两种文化，因此许多时候不是两种语言之间的纯语言转换。在转换过程中，有许多社会文化规范需要遵守，译者要经历社会文化因素的制约和反制约。"言语事件"一词指广义的社会行为，表明翻译是社会生活的一部分。其中"言语"一词，表明了翻译是语言符号的运用，是一个动态过程，在一定程度上揭示了翻译的生成性、语境性和历史性。"言语事件"是语言学与社会学相结合的产物，是从社会语言学的角度来看待翻译，它能帮助解决翻译研究文化学派对语言和文本的忽视，也能克服翻译研究语言学派对社会文化因素的忽视，有助于让翻译研究特别是本课题的翻译批评研究回归社会生活，回归到实践理性和价值哲学，让实践理性和价值评价之光照进我们的翻译研究领域。

　　最后，还需要说明的是，辩证地看，本书给出的这个翻译定义，虽然可以说是描述性的，但它同时又隐含着一定的规定性，因为它在描述什么是翻译时，同时也告诉了我们什么不是或不应该被视为翻译，如一些属于原创却假冒翻译之名的伪翻译。

1.3　典籍翻译及其分类

　　前边我们讨论了什么是翻译，可以说已经对翻译的内涵与外延有了一个较为清晰的认识。我们说翻译包括各种内容和形式，其中就包括各种形式的典籍翻译。那么，作为翻译的一个种类的典籍翻译，它与其他种类的翻译又有什么不同呢？要搞清楚这个问题，我们还是先了解一下翻译类型学与翻译分类，这对于典籍英译批评也很有助益。

1.3.1 翻译类型学

对于类型学（typology），韦氏词典的释义是：基于类型或范畴的分类研究（study of or analysis or classification based on types or categories）。美国新墨西哥大学语言学名誉教授William Croft认为，类型学"大致等同于分类学，即把研究对象归纳成不同的类型，尤其是不同的结构类型"（陈大亮、陈婉玉，2015：17-23）。德国吉森大学英语系名誉教授Viveka Velupillai（2012：15）的著作《语言类型学导论》对类型学的描述是："The term typology is, as many other linguistic terms, borrowed from the field of biology and means something like 'taxonomy' or 'classification'（Croft, 2003：1），or, to be precise, 'the study and interpretation of types'（Pearsall & Trumble, 1996：sv）"。这个表述告诉我们，类型学借自于生物学领域，其更确切的含义是"对于类型的研究与阐释"。类型学自创生以来，已被运用到建筑学、考古学、心理学、语言学、文化学、比较文学等等众多学科领域，且产生了丰富的研究成果。但在翻译学领域，虽然许多研究都牵涉到了类型研究，也取得了不少成就，如文本类型上对文学翻译和实用翻译的划分、翻译方法上直译与意译的划分，但长期以来，翻译类型研究不仅存在不少分歧和争论，而且也远不够全面系统。

由于之前译界对"翻译类型学"并无一个明确定义，在我们本节讨论之前，有必要先对"翻译类型学"稍加界定。从我们上段对"类型学"的介绍可知，"类型学"是基于类型或范畴的分类研究，是一种研究方法，它同时也是对于类型的研究与阐释，一种将类型作为研究对象、研究内容的学术行为，其中必然涉及分类方法。"翻译类型学"可界定为对翻译领域各个层面存在的各类现象、各类相关因素依据某一标准的类型划分与阐释，如依据翻译材料主题可划分出科技翻译、文学翻译、公文翻译等不同类型的翻译并对之加以研究和阐释，依据翻译方法可划分出音译、直译、意译等，它是人们从事翻译研究的一个视角和方法，也可称之为翻译类型研究或基于类型的翻译研究。

1.3.2 翻译的分类

我们都知道语言是一种非常复杂的现象，前文我们引用了卡特福德关于语言的看法，他认为"作为整体的语言"是一个太过宽泛、纷杂的概念，对语言研究与教学等来说都不实用，我们需要对语言进行分类，进而研究具体的"语言变体"。对于翻译和翻译研究而言，分类同样重要。与语言相比，翻译更为复杂，因为它至少涉及两种语言（变体），很多时候还涉及两种甚至两种以上的文化。翻译有许多不同的形式/类型，不做类型区分就无法开展具有实际意义的研究，因为这些形式/类型各有其特征，翻译和翻译批评时必须对这些特征有所认识和把握才行。

在翻译研究领域，学者们根据多种多样的参数来区分翻译的类型，如依据翻译的方向（译入或译出）、翻译的媒介（笔译、口译或机译等）、翻译方法（直译、音译或意译）、原文或译文的功能（表现型、信息型、感召型等）、译文的完整性（节译或全译）、原文的内容或主题（科技翻译、文学翻译）、原文的体裁（信函、通知、报告、教科书、广告）等。如果我们改变分类的依据，我们还可以划分出许多不同的类别，通常，人们倾向于依据所要研究的问题，对翻译进行分类并加以阐释。但是，现实当中，并非所有的分类和阐释都是科学的。德国功能主义翻译理论的主要开创者莱斯（Katharina Reiss）在其经典著作《翻译批评——潜能与局限》（Translation Criticism — The Potentials and Limitations：Categories and Criteria for Translation Quality Assessment）中总结分析了以往各种文本分类方式，认为学者们在定义不同文本类型时所采用的原则缺乏一致性，区分这些不同类型文本的理由也缺乏说服力。同时，在翻译方法的分类与选择上，人们总是纠结于直译与意译之间的区别，却从未界定过直译的合理区间和意译的限度（Reiss, 1971/2004）。在我国，有学者曾经将翻译按照"翻译活动本身在性质方面的差异"，将翻译分为"研究型和非研究型"两种，并认为典籍翻译属于研究型翻译，科技翻译属于非研究型翻译（卓振英，2011）。这种分类和阐释就不够精细，因为典籍翻译中可以包括科技典籍翻译。一个更为合理的分类，应该是有助于人们更好地认识所研事物的个性特征，在这个意义上讲，区分一下典籍翻译和非典籍翻译无疑是十分必要的。

1.3.3　典籍翻译

"典籍翻译"，顾名思义就是对"典籍"的翻译。正如研究文学翻译需要区分文学翻译和非文学翻译一样，研究典籍翻译也需要首先区分典籍翻译与非典籍翻译，搞清楚典籍翻译与其他翻译间的共性与个性。我们前边已经界定了"典籍"，这实际上也就区别了典籍与非典籍，区分的依据或标准是一个文献对于一个国家和社会发展的重要程度。因为不同的人在不同时期对于某一文献的重要性在认识上存在分歧，所以，某一文献是否是典籍也不是绝对的，我们对典籍的认定，也只能采取某一历史时期人们普遍持有的观点。也就是说，我们需要意识到，"典籍翻译"其实也是一个历史性概念，参考我们对翻译的定义，典籍翻译可以界定为一种以语内、语际、符际意义转换生成为表征的言语事件，是具有主体地位的个人或机构在特定文化语境中以某种方式将中国社会重要文献转换为另一种语言/符号的文本/话语的社会行为。

1.3.4　典籍翻译的分类

典籍翻译的分类，首先是典籍的分类。但对典籍的分类，出版界和译界都还没有一个统一的标准与方法。《中国科学技术典籍通汇》中收录先秦至1840年前具有代表性的541部中国古代科技典籍，并将科技典籍分为数学（90部）、天文（82部）、物理（19部）、化学（47部）、地学（59部）、生物（42部）、农学（43部）、医学（26部）、技术（73种）和综合类（60种）。收录的部分文献与历史、文学和哲学典籍重复，如天文卷的《晋书·天文志》，综合卷的《老子》《楚辞》等。此类文献共计56部（许明武、王烟朦，2017：96-103）。

由于典籍是中国社会历史发展进程中各个民族、各个时期、各个领域的重要图书、文献，一个消除人们对典籍和典籍翻译分类混乱不一的较为可行的做法，就是首先搞清楚什么是"类"、什么是图书分类和依据的标准是什么。"类"是具有某种共同属性的事物的集合。图书分类就是按照图书的内容特征，把具有相同或相近属性的放在一起。区分与类集是图书分类的本质涵义，决定划分为类所采用的某种属性或特征，称为分类标准，分为主要标准和辅助标准。按照图书的学科内容分类是它的主要标准；按照图书的著者国别、著作体裁、著作体例、文字、版次等方面分类是它的辅助标准。其次，采用《中国图书馆分类法》（原名《中国图书馆图书分类法》）规定的分类。《中国图书馆分类法》是我国建国后编制出版的一部具有代表性和权威性的大型综合性分类法，是当今国内图书馆使用最广泛的分类法体系，它初版于1975年，历经多次修订完善，2010年9月由北京图书馆出版社出版了第5版。参照第5版《中国图书馆分类法》，我们可以将典籍分为哲学、宗教、政治、法律、军事、经济、文化、科学、体育、语言、文字、文学、医药、技术、综合性典籍（如辞书、年鉴）等类别，每一类下面又可再细分为若干类。此外，还可以依据原文本的语言特征将各类典籍划分为广义古文典籍、狭义古文（先秦古文）典籍和白话典籍，包括各种少数民族语言写成的典籍。这样一来，我们就有了较为清晰的典籍翻译分类，可以较有条理地开展各类典籍翻译的系统研究。

1.4 批评与评价

王宏印（2006：15）在其《文学翻译批评论稿》中，对"批评"（criticism）一词进行了词源考察。从词源上讲，单词"krites"在希腊语中的意思是辨别和价值判断。在英国评论家罗杰·福勒（Roger Fowler）的《现代批评术语词典》中，我们看到，"批评"一词的意思最初是"分析"，后来变为"判断"（凌晨光，2001：47）。依据《朗文词典》，"批评"一词有以下意思：1）通常指给出负面评价的行为；2）批判性的观察或评论；3）评价或分析艺术或文学作品的艺术；4）表达这种评价或分析的作品；5）对文学性文献（如《圣经》）的科学研究，涉及诸如起源、文本、篇章组织或历史等问题。《柯林斯Cobuild英语词典》告诉我们，"批评"可以表示对某事或某人的不赞同，也可以是对文学作品的严肃审视和评判。《韦氏新同义词词典》（1978）将"批判、评论、大肆宣传、吹捧"列为"批评"的同义词，并认为"批评"与上面说到的这些词语相比，是最接近中性、最不可能带有贬义的一词。

在我国刘勰的《文心雕龙·论说》里，"评"字义为"评价和判断"，"论"字义为"分析和解释"。"评论"一词最早出现在《颜氏家训》和《狱中致甥侄书》。而"批评"一词，通常被认为是"批注评释"的缩写，最早出现在宋代的科举考试中，指的是对一篇文章的批注和评论。但是，"批评"的含义，在我国逐渐又衍生出了两种含义：一是文艺美学领域运用一定（理论）方法对艺术作品进行的意义阐释和读解与评判，此类"批评"日常生活中常用"评论"代之，书面著述中"批评"更常用（李国华，1999：16-17）；其二是日常工作生活中对某人某事的不当言行、错误和缺陷提出意见，给出负面评价，比如人们常说的"批评与自我批评"。

"评价"，顾名思义，就是对价值的评判，指的是评价主体对评价客体（价值主体与价值客体之间的价值关系）价值大小、优劣的分析判断。对"评价"的本质，本书后文还会有详述。由于传统上我国学者在对翻译进行评价时习惯于使用"批评"一词，所以，本书许多地方也会使用"批评"来指称"评价"，尤其是当本书作者对过去我国学者在这方面的实践与研究进行评述时。

本书作者之所以倾向于使用"评价"来代替"批评"，一是因为"批评"一词如上文所示含义多样，不利于人们对问题的讨论；二是因为人们在使用"翻译批评"时，多数时候是在行"评价"之实。

1.5 范式、范式转换与范式系统

范式与范式转换也是本研究中要用到的两个重要概念，对这两个概念的正确理解，对于我们准确把握典籍翻译批评研究、翻译批评研究乃至于整个翻译研究的发展脉络有着极其重要的意义。

1.5.1 范式

"范式"一词是当代哲学家和科学历史学家托马斯·库恩（Thomas S.

Kuhn）使用的一个术语。范式的概念是在1962年库恩的《科学革命的结构》（The Structure of Scientific Revolution）中发展起来的，但库恩在该书中并没有给"范式"这个术语下一个准确的定义。在库恩提出"范式"概念后，有人充分肯定库恩对科学革命和科学结构认识上的全新探索，也有人批评他的"范式"概念模糊。面对这些质疑和争论，库恩曾在1969年提出了"学科基质"（Discipline Matrix）的概念来取代此前的"范式"，但未被普遍接受。在这本书1970年的第二版中，库恩又增加了一个"后记—1969"，并在其中称"范式是一个科学共同体（scientific community）成员共享的东西"，包括信仰、价值观、技术和行为模式（Kuhn，1970：175-176）。因此，范式具有格式塔特征，包含了一个科学共同体的世界观和与之相应的一切，它为科学共同体提供典型的问题和解决方案（1970：176）。范式与科学共同体共生共荣，它需要"空前地吸引一批坚定的拥护者，使他们脱离科学活动的其他竞争模式"（1970：10）。因此，"'范式'一词无论实际上还是逻辑上都很接近于'科学共同体'这个词"（库恩，2004：288；转引自胡庭树，2017：115-120）。从某种意义上，我们可以说，范式就是科学共同体，科学共同体就是范式，两者相互成就，彼此相依。

尽管库恩对"范式"有许多说明，但仍旧缺乏一个清晰的定义，不过通过这些说明，我们已经能够较为清楚地了解什么是范式了。此外，"范式"定义的模糊性，一方面是其缺点，但另一方面却也给了人们更大的解释和应用空间。

美国著名学者、社会学家肯尼思·贝利（Kenneth Bailey）认为，范式在社会科学中就是观察社会的一种视野和参照框架，它由一整套概念和假定组成。无论在自然科学还是社会科学，"范式"关涉一个科学共同体的世界观，是比学科内的方法论和研究方法更高层次的东西，是一个科学共同体内的"逻各斯"（Logos）体系。但是，我们应当注意到，范式构建更趋向于在小范围的科学共同体内（蔡骏，2013：11-14）。

维也纳大学库克（Kaiser Cooke）教授认为，库恩的范式是一种对本体论、认识论和方法论的基本承诺，是研究者共同接受的一组假说、理论、准则和方法的总和，是研究者的一种共同信念（武光军，2008：106-

108）。

文军（2004：51-55）认为，范式是一种世界观，是最高层次的方法论。它包括三个方面的内容：一是共同的基本理论、观点和方法；二是共有的信念；三是某种自然观（包括形而上学假定）。

吕俊（2008：55-63）对"范式"的理解是，范式是某种理论模式，是研究者以某种科学观（真理观、理性观、语言观等）建立起来的用于解释或解决该领域中的具体问题的科学概念系统和模型体系（scientific model），而以这种范式工作的人就形成某个"学派"。例如奈达把当代西方翻译理论研究划分为语文学派、语言学派、交际学派、社会符号学派。根茨勒（Edwin Gentzler）则划分出北美翻译培训班学派、翻译科学学派、早期翻译研究学派、多元体系学派、解构主义学派等等；陈德鸿、张南峰等人又把西方译学分为语文学派、诠释学派、语言学派、目的论学派、文化学派、解构学派等六大学派。学派的不同是他们所遵守的范式的不同。

廖七一（2015a：16）也认为，不同的学派反映了不同的研究范式，语文学派和语言学派的研究是基于模仿论范式；交际学、多元系统、社会符号学、目的论等学派是基于行为论范式；而女性主义、后殖民主义等学派则是基于文化论范式。

蓝红军（2015：72-77）在对"范式"概念的国内外解释和运用情况做了较为全面的考察后，认为"范式"可定义为：科学共同体在某一专业、学科或研究领域中所共有的理论背景、框架和传统。这种知识背景规定了他们共同的基本理论、观点和方法，从而形成该学科的共同传统，并为该学科的发展规定共同方向和历史路径。

刘性峰、王宏（2016：87-91）将翻译学研究范式定义为：某个时期，翻译研究共同体所共有的理论传统、理论模型、理论框架和信念。

1.5.2 范式转换

在库恩看来，"……通过革命从一种范式到另一种范式的连续过渡是成熟科学的通常发展模式"（Kuhn，1970：12）。这一转变过程被称为"科学革命"或"范式转换"，指的是任何科学从正常（常规）状态到异常状态再到正常状态的过程，只是新形成的正常状态通常显示出与前一状态有根本性变化，典型例子是从托勒密的"地心说"到哥白尼的"日心说"。

库恩将"范式转换"一词的使用局限于自然科学，并认为在人文科学中，人们可能会不断地面对一个问题的许多竞争性和不可通约的解决方案。虽然库恩不赞成在人文科学领域使用"范式"概念，但上述这种说法，等于承认人文科学领域也有范式，且不止一种范式。实际上，自20世纪60年代以来，"范式"和"范式转换"已被人文和社会科学广泛采用，且被赋予了新的意义。

翻译研究知名学者赫曼斯（Theo Hermans）将库恩的"范式"理解为"对某一问题进行研究的方式，一种解决问题的机制"（黄继勇、邹俊平，2005：42-44）。他将"范式转换"描述为：日益增多的似是而非的问题、矛盾冲突和未解之题可能导致的一场危机、"一场革命，当一个全新的看待问题的方式被提出、被激烈争论并最终被一个科学共同体的至少是一部分人接受为一个富有前途的解决问题的方式时（a revolution, when a radically new way of looking is proposed, hotly debated, and finally accepted by at least part of a scientific community as a promising way forward）"的一场革命（Hermans，1999：9；转引自廖七一，2015b：4-9）。

由于人们对范式的理解和运用不同，有时候很难区分"范式转换""视角变换"与研究"转向"，一些人会将研究视角的转变认定为范式转换，斯内尔-霍恩比（Mary Snell-Hornby）就曾在其著作《翻译研究的转向:新范式还是视角转变？》谈到这一点，并认为翻译研究中没有发生认知转向和社会学转向，它们都只是一种视角。视角仅仅是看待问题的方式，而范式是整个系统或者模式，它需要我们以"后顾式"的方式来意识到它的存在和形成。至于"转向"，是指一种趋势；路径或途径，是指解决某种问题的方法，比如将语言学和文学研究结合起来的做法就是一种研究途径（张汩，2017：86-91）。虽然斯内尔-霍恩比有上述仔细区分，但她的理解也并非其他人都同意，现实当中，人们仍是各行其是，各种"转向""范式"大有让人晕头转向之势。廖七一（2020：103-110）认为，"转向"（turn）实际上是指研究的范式、观念、视角或方法的转变。芒迪（Jeremy Munday）在评论文化学派的翻译研究时，就把"路径"等同于了"范式"。他指出"这些新的文化学路径的研究，虽然拓宽了翻译研究的视野，给翻译研究带来了许多新见，但它们彼此之间也有强烈的冲突和竞争（To be sure, these new cultural approaches have widened the horizons of translation studies with a wealth of new insights, but there is also a strong element of comflict and competition between them）"，如对于同一种翻译现象，西蒙（Sherry Simon）从女性主义视角（from a gender-studies perspective）的解读就完全不同于阿罗约（Rosemary Arroyo）从后殖民主义视角（postcolonial angle）的解读（Munday, 2001：139）。但是，不管是女性主义翻译研究还是后殖民主义翻译研究，它们主要都是将翻译视为一种文化现象，有着同样的价值观，大体一致的行动纲领，都是要描写和解释翻译与政治文化之间的互动关系，所以都属于文化学路径的翻译研究范式，或曰翻译研究的文化学范式/文化学范式的翻译研究。

1.5.3 范式系统

系统理论是由生物学家贝塔朗菲（Ludwig von Bertalanffy, 1901-1972）提出的，他认为系统是相互联系、相互作用的诸元素的综合体。系统具有整体性、关联性、层次性、动态性、开放性、有序性、目的性、统一性等诸多特征。系统观就是所有现象都可以被看作是相互作用的元素构成的关系网，或是一个场域。因此，从系统论的观点来看，范式也可以是一个系统，特别是在人文社科领域。自然科学领域通常是"不可通约"的范式的转换、更替，但现代人文社会科学的一个显著特征，就是各种不同的"范式"的并存、交叉与对立，并由此形成一个不同竞争范式组成的系统，其中某个范式处于主导地位，另一些则处于边缘地位。人文社科领域的"主导范式"，指的是在一个社会中，在某个特定时期，最具影响力的范式。一个范式能否成为主导范式，取决于很多因素，成为主导范式也不必然意味着该范式比其他范式更正确或更先进。由于系统的动态性和开放性等，一个范式也不可能一直是主导范式。

事实上，在库恩的范式理论中，已经隐含了一个范式系统的概念，因为库恩认为，某一当前流行的主导范式可能会受到挑战并陷入危机状态，人们可能会去尝试新范式，甚至是人们以前抛弃过的旧范式，直到一个新的范式最终确立。库恩甚至如是说："每一个学派的早期竞争都是由一种很像范式的东西来指导的；有些时候，虽然我认为很少有这种情况，两种范式可以在后期和平共处（each of the schools whose competition characterizes the earlier period is guided by something much like a paradigm; there are circumstances, though I think them rare, under which two paradigms can coexist peacefully in the later period）"（Kuhn，1970：ix）。

　　从库恩的话里我们可以看出两点：其一，范式高于学派，学派基于范式，一个范式下面可能会有多个学派；其二，即便是在自然科学领域，也会在同一时期存在着不同的范式。自然科学崇尚实证主义，但在自然科学研究领域，通常也会有许多未被证明的假设，在人文社科领域，这种假设性质的理论更多，所谓的"科学共同体"（考虑到人文社科领域，我们也可以称"学术共同体"）的范围会更小，范式共存现象会更明显。而由于系统具有层次性，这些共存的范式也会形成层次，也就是说，在某个主范式下，还会有一些次范式、子范式。比如在翻译研究领域，图里（Gideon Toury）在讨论翻译"目的论"和他自己的翻译"规范"研究时指出，这两种同是目标语取向的研究范式，实际上也存在着很大不同，来自于不同的假设。主流目的论者认为他们的理论是应用性的，提出的参照框架主要目标是用于解决问题，以更"现实"的方式去"改进"（"改变"）经验世界，而他本人的研究则是以描述和解释翻译为目标，提供在目标文化中被认为是翻译的任何事物的详尽描述，希望通过这些描述来得出一些理论性的翻译法则（Toury, 2001：25）。同样被归为文化学翻译研究范式的韦努蒂（Lawrence Venuti）其实也与图里的翻译观和研究路径有较大不同。他不同意图里等学者提出的描写翻译学以总结出"不具有任何价值色彩"（value-free）的翻译规范和翻译法则的目标的说法，认为完全客观的翻译规范和翻译法则是不存在的。一切规范都是特定意识形态的体现，蕴含着特定的政治目的。而且，一切与翻译活动相关的人，如出版商、编辑、评论家等在他们所属社会中也都有各自的文化和政治目的。"规范可能起初包括语言规范或文学规范，但它还包括广泛范围的本国价值观、信念和社会表征，它们均含为特定的群体服务的意识形态力量"（Venuti，1998：29；转引自李德超，2005：54-59）。因此，韦努蒂的异化策略翻译论也应视为文化学翻译研究主范式下的一个次范式。

目前国内外译界，尤其是国内，常有对"范式""视角"或"路径""学派"的混用，这导致了人们对翻译研究的一些认识困惑，但我们也不能因噎废食，弃之不用。只要运用得当，"范式"是翻译研究中一个很好的描写、分析工具。为了更好地开展翻译研究，在综合了库恩本人和国内外学者对"范式"的界说后，本书中作者使用的"范式"是指：某一"科学共同体"或曰"学术共同体"以及该共同体成员享有的共同的世界观、价值观与真理观、对研究对象本质的相同认识、大致相同的行动纲领和解决问题的方案。本书还会在系统论观照下，引进使用"次范式/子范式"概念，用以指称某一"科学共同体"或曰"学术共同体"以及该共同体成员享有的共同的世界观、价值观与真理观、对研究对象本质的相同认识、大致相同的行动纲领但不同的研究模式（视角或路径）。

范式、范式转换、范式系统以及主范式、次范式这些概念，可以帮助我们获得更广阔的视野，也可以帮助我们确立翻译研究的整体观，也有利于廓清历史及当下翻译研究和翻译批评研究领域出现的各种理论、假设、视角之间的关系。"范式转换"有助于我们更清晰地认识某一领域科学研究的发展历程。范式的核心是科学共同体共享的信仰、信念、价值观、真理观等，如果发生了科学共同体成员信仰和价值观的改变，通常就会有范式的转换，但一般不会有新旧范式的替代，而是旧范式的居于边缘地位。就翻译批评而言，一旦我们的"翻译批评"观、我们的"翻译观"发生改变，就会孕育一场翻译批评研究的"革命"或"变革"。翻译研究是众多社会系统中的一个系统，一直以来就是一个多种范式并存的系统，在系统论观照下，我们更有可能对翻译原则、翻译标准、翻译方法、批评方法等问题，有一个更清晰、更全面、更系统的了解。

第二章 翻译批评的范式与次范式

上一章我们对与本研究密切相关的几个概念做了界定，基本廓清了"典籍""翻译""典籍翻译""批评""评价"以及"范式""范式转换""范式系统"等的含义。由于典籍翻译评价是整个翻译评价的有机组成部分，又由于我国学者习惯于用"翻译批评"来指称翻译评价，本章我们对国内外整体上的翻译批评及其研究作一简要回顾，以便搞清楚国内外的翻译批评都经历了哪些范式、关注了哪些问题又存在哪些问题。

首先来看人们对"翻译批评"是怎样认识的。

2.1 国内外"翻译批评"之名实

在明确了何谓翻译和何谓批评之后，何谓翻译批评似乎自然就清楚了。然而，由于多数人对"翻译"和"批评"持有自己的一贯看法，也由于中外现有翻译批评的不同形态，我们却发现对于什么是"翻译批评"，人们实际上并无统一的认识。

2.1.1 西方对翻译批评的认识

众所周知，在霍姆斯（Holmes，1988：78）的翻译研究框架中，翻译批评是应用翻译研究下的一个独立领域。然而，对于什么是翻译批评，霍姆斯并没有给我们下定义，事实上西方也很少有翻译学者给它下过定义。

莱斯（1971/2004：3）认为，以往的翻译批评是以不同的名义进行的。我们看到的与翻译批评有密切联系的词语有：翻译质量评估、翻译质量控制、翻译评论等，而且这些评估、评论的方式也是多种多样。依据诺德（Nord,1991），书评人实际上很少评论翻译的质量，因为他们通常会像评论原著一样来评论译本。哈提姆和梅森（Hatim & Mason，1997：197）曾经呼吁人们将翻译质量评估、翻译质量控制与翻译批评区分开来，因为它们各自都有其特定的目标。

在西方有影响的词典中，人们找不到"翻译批评"（translation criticism）这一词条。在莫娜·贝克（Baker，1998/2004：205）主编的《劳特利奇翻译研究百科全书》中，有一个由卡罗尔·梅尔（Carol Maier）撰写的"Reviewing and criticism"（评论与批评）条目，其中写道：

> 评论和批评是对已出版的文学翻译（广义上的文学翻译，不仅包括想象性虚构作品，还包括非虚构作品和其他人文学科的文献）提供不同但又有联系的反应的评价实践。……与文学评论和批评不同，文学翻译的评论和批评都还没有发展成为一门艺术。（Reviewing and criticism are evaluative practices that provide distinct but inseparable response to published literary translations (translations of literature in the broadest sense of not only imaginative writing but also non-fiction and other materials in the humanities) ….neither the reviewing nor the criticism of literary translations has developed fully as an art—unlike the reviewing and criticism of literature.）

可以看出，该词条作者这里所谈的翻译批评，主要是针对文学翻译批评而言的，而且认为它是一种"评价实践"。

在论述如何开展翻译批评时，斯内尔—霍恩比（Snell-Hornby, 2006：109-110）说"……基于适当的理论模型（应用扩展）的翻译批评（评价）不仅是可取的，而且是必要的（…translation critique (evaluation) based on an adequate theoretical model (applied extension) is not only desirable but necessary）"。维尔斯（Wilss, 2001：216）的观点是，"翻译批评的任务是尽可能客观地对翻译进行整体质量评估，兼顾其优点和缺点（it is the task of TC[①] to make quality assessment of a translation as a whole as objectively as possible, thereby taking into account both positive and negative factors）"。

以上两位在西方较有影响的翻译研究学者，都将翻译批评视为翻译评价

---

① TC：Translation Criticism.

或翻译质量评估。

2.1.2 国内对翻译批评的界定

国内学者在著作、文章中给出的翻译批评定义数量巨多，这里仅列举若干较有代表性的：

"翻译批评就是对译品的评价。评价的内容包括：1，译文是否忠实于原作；2，译文是否流畅；3，译文是否再现了原作的艺术手法和风格"（周仪、罗平，1999：146）。

"翻译批评即依据一定理论，对译者、翻译过程、译作质量与价值及其影响进行分析与评价"（文军，2000：65-68）。

"翻译批评，就其本质而言，首先是具有实践性，是针对翻译活动展开的评价性、反思性活动"（许钧，2016：432-441）。

"常规意义上比较完整的翻译批评应是：依照一定的翻译标准，采用某种论证方法，对一部译作进行分析、评论、评价，或通过比较一部作品的不同译本对翻译中的某种现象做出评论"（杨晓荣，2005：3）。

"翻译批评是一门实证性的知性审美认知活动"（王宏印，2006：46）。

"翻译批评是以一定的翻译理论和翻译批评理论为背景和基础，对各种翻译现象、翻译作品和翻译思潮进行分析、阐释和评论的科学认识活动"（温秀颖，2007：38）。

吕俊和侯向群（2001：332）认为，翻译批评是基于翻译理论或其他相关领域的理论对具体译文进行欣赏、比较和评价的实践。

再看一下译学词典给出的两个定义：

依据《中国翻译词典》，"从广义上讲，翻译批评即按照一定的标准，对翻译过程及其译作质量与价值进行全面的评价"（林煌天，1997：184）。

依据《译学词典》，翻译批评"是从基本的价值观念出发具有实践手段和理论目的的精神活动，是对一些具体的翻译现象的评析的一种学术活动，是一种评价、审美与科学、判断的统一"（方梦之，2004：245）。

从以上各个定义中可以看出，虽然人们对翻译批评的表述有所不同，但多数人都认为其核心意义是"评价"。

2.1.3 对翻译批评界定的评述

纵观上两节国内外对翻译批评的看法，我们发现就翻译批评的内容或范围而言，有些学者认为翻译批评的对象仅仅是翻译文本，另一些学者则认为译者、翻译过程、翻译产品、翻译影响甚至翻译理论都应该包括在内；至于翻译批评的性质，大多数学者认为它是一种评价活动。就翻译批评的方法而言，有些人认为翻译批评应该依据一定的翻译理论，有些人则认为应该依据特定的标准或翻译理论以外的某种理论。

显然，人们对翻译批评的理解是不同的和不断变化的，这一方面与翻译批评的复杂性有关，但另一方面也因我们的研究仍然不够系统。为了更好地认识翻译批评，本书作者认为有必要对翻译批评做广义和狭义之分。此外，用"翻译评价"来取代"翻译批评"也不失为一种解决办法。狭义的翻译批评是指对译作或译事的负面评价。广义上讲，它是一种与对译作或译事以及与之密切关联的译者或机构的翻译理念、译本选择、翻译策略和方法的运用以及翻译产品在传播知识、丰富读者审美体验和促进社会进步诸方面所具有的正负价值的评价。然而，在最广泛的意义上，翻译批评包括对任何与翻译有关的事物的研究——翻译政策、翻译环境、翻译教学、翻译伦理、翻译技术、翻译理论等等的认识活动。

在本体论和方法论上，评价几乎涵盖社会实践、认知、定量和定性描述与解释、比较、求证、分析、鉴别和价值判断等诸多因素，且具有描述和规定并存、主观和客观并存、科学性与艺术性相结合的特点，因此，在评价论视域下的翻译批评可以是依据隐含或明确的标准对任何与翻译活动相关因素（包括翻译的动机和目的、翻译文本的选择、翻译政策、翻译的实施、译者、所采用的策略和方法、翻译语境、翻译结果与效能等）进行定量和/或定性的描述、解释、比较、鉴别和价值判断的评价性实践。

结合本书前文对翻译的定义，相对广义的翻译批评（评价）可定义为：翻译批评（评价）是指在特定的语境中，根据隐含或明确的标准，对以语内、语际、符际意义转换生成为表征的言语事件的过程、结果和影响等诸因素进行评价，包括定量/定性的描述、解释、比较、鉴别和价值判断。

以下我们从翻译批评实践及对实践的研究两个层面，分别对它们以往的范式加以评述。

2.2 翻译批评的实践范式与次范式

我国的翻译批评有着悠久的历史，可以说几乎一直伴随着翻译实践。罗新璋（1984）的《翻译论集》、马祖毅（1984）的《中国翻译简史》、陈福康（1992）的《中国译学理论史稿》，这些书都给我们提供了许多翻译批评实例。文军（2006）的《科学翻译批评导论》中也有一章专门介绍了中国翻译批评实践和理论的发展。

中国的第一个翻译高峰期是佛经翻译，对于佛经翻译人们古时就有很多评论，如重达旨、重文体的鸠摩罗什（344—413）关于翻译的评论："天竺国俗，深重文藻，……但改梵为秦，失其藻蔚，虽得大意，殊隔文体，有似嚼饭与人，非徒失味，乃令呕哕也"（陈福康，1992：26）。又如道宣（596—667）评论宋代以前的佛经翻译，指出了其中的许多误译，也对鸠摩罗什和玄奘（602—664）译文的忠实通顺大加赞赏（同上：47）。

在现代，颇值一提的是关于日本学者小畑薰良（Shigeyoshi Obata，1888—1971）1922年在美国出版的英译《李白诗集》（The Works of Li Po, the Chinese Poet）的讨论。该译本在英语读者中很受欢迎，初版1500册旋即售空，1923年与1928年又出了第二版、第三版，1923年与1935年还分别在英国和日本再版。闻一多在1926年6月3日《晨报副刊·诗镌》第10号上发表了"英译的李太白"一文，对该译本的选材、翻译方法和风格等方面提出了批评，如批评译者将"风流"译作 wind and stream，"燕山雪大花如席"的"席"译作 pillows，"青春几何时"译作 Green Spring and what time 等（黄焰结，2014：605-615）。事实上，徐志摩、朱自清等人也参加了这场讨论。小畑薰良的《李白诗集》是李白诗集的第一部英文译本，闻一多在其文章开头和结尾都肯定了小畑薰良总体上做的"是一件很精密，很有价值的工作"，中间则指出该译本不妥的地方,主要有掺杂伪作、取舍不当和个别误译及原作浑璞的气势丢失等问题,其间实际上还涉及诗歌的可译性与不可译性(邬国平、邬晨云,2009:192-198)。当然,人们也不会忘记1932年鲁迅在《二心集·风马牛》里批评赵景深将"Milky Way"误译为"牛奶路"以及以后其他人的诸多相关评论(张志强,2002:22-25),还有为人熟知的鲁迅与梁实秋之间关于翻译的论争。

在当代,众所周知的是钱钟书对林纾翻译的评论,他说相较于原文,他更喜欢林纾的译文,因为林纾的翻译读起来轻快流畅,而原文则显得沉重、僵硬(陈福康,1992:425)。令人难忘的还有20世纪90年代对《红与黑》不同中译本的读者调查和大讨论以及许渊冲与江枫之间关于诗歌翻译的论争。

进入新世纪以来,特别是近十年,更有关于冯唐译《飞鸟集》和一些文学名著、社科著作翻译的网络热议、对葛浩文翻译莫言等中国作家作品的评议、基于各类语言学、文学、文化学的理论或翻译理论(接受美学、女性主义、后殖民主义、食人主义)的对各个译家、译品的评论以及日渐增多的基于语料库统计分析的对某一译作的风格评析等。

我国的翻译批评虽然缺少范式意识,但在批评实践中客观上也形成了一些范式。"范式"在形式上看似一个个"学术共同体",但实质上是这些共同体成员共享的一些观念和行动方案,既体现在他们共有的理论话语上,也体现在他们的实践形态中。吕俊和侯向群(2001)曾经列举了中国翻译批评实践的几种模式:以原文为导向的科学批评,以译文为导向的印象主义批评和理论或假设检验批评。考察我国的翻译批评史,尤其是进入新世纪以来的翻译批评,我们基本同意吕俊和侯向群的看法,认为我国的翻译批评实践范式大致可以概括为三种:(1)原语语言文化取向的批评;(2)译语语言文化取向的批评;(3)以理论/假设验证为取向的批评。这几种主范式下,我们还可以发现一些次范式。

第一种范式又可以分为基于"忠实观"的以原文为中心的主观感受式批评和基于"忠实观"的以原文为中心的主客观混合式分析批评,这两种次范式都认为并相信译文应当与原文尽可能对等,但采用的批评方式不同,前者常见于现代语言学出现之前，或对译文的忠实大加赞赏或对译文的不忠大肆鞭挞，张三认为忠实对等的译文，李四常有截然相反的意见，因为全凭批评者的自我感受，批评者之间争论较多；后者多基于现代语言学理论和方法（包括结构主义语言学、系统功能语言学、篇章语言学、语料库语言学等）或语言学取向的翻译理论，对译文和原文进行语法、语义或文体、功能层面的对比分析，籍此判断译文的忠实、对等与否，批评的客观、"科学"成分大大增加。说它是主客观混合式，是因为这种批评虽然是以语言分析对比乃至以语料库统计数据的定量分析为主要手段，但因为批评者对"忠实"、对数据的理解不同，对译文的评价难免就掺杂了批评者的主观感受和主观判断，如基于奈达功能对等理论或借助语料库语言学研究方法的批评。

第二种范式也可以分为两个次范式，即单纯以读者（批评者）译文阅读感受为依据的印象式批评和基于某种文化学或社会学翻译理论，如德国功能主义翻译理论的译文功能批评。两者都将译文在目标语社会文化中的适用性作为译文好坏的评判依据，前者将译文视为目标语文化中的语篇，以目标语文化中文章的美学标准为标准，更多关注译文的可读性；后者以译文在目标语文化中的各种预期功能为标准，检视译文是否实现了预定目标。文化学或社会学翻译理论比较多元，有的（如"操控"理论）只是对翻译现象进行描写解释或揭示其中蕴含的权力关系，有的则具有较强的目的性和规约性，隐含了某种译文好坏的评判标准，如韦努蒂（Lawrence Venuti）的"异化翻译策略"理论及其后来的"因地制宜的伦理"，韦努蒂认为，译者应该通过译文达到削弱英美文化霸权主义的目的，能够实现这一目的或有助于实现这一目的的译作就是好的译作。

第三种范式常见于很多硕士论文和期刊文章中。这种范式严格地说只是一种模式，因为批评者接受的是各种不同的理论或假设，表现形式是基于某一学科理论，对译作或译事进行评析，目的只是要说明该理论的合理性或正确性，通常缺乏批评应有的建设性。

这几种范式共同构成了我国翻译批评实践的范式系统，多数情况下它们在我国的翻译批评实践中并存。

原语语言文化取向的批评范式，认为译者应该并且能够忠实于原文，无论是原作者的意图还是原文的意义，重视忠实再现原文的意图、意义或形式与精神，以原作为标准，强调译文应该与原文形式对等、语义对等或效果对等或相似。此类范式在历史上曾经长期占据主导地位，以下都是这一范式下的第一个次范式的代表性评判标准：

生活在三国时期的佛教徒和翻译家支谦（223—253），在其《法句经序》中称，"其传经者，当令易晓，勿失厥义，是则为善"（陈福康，1992：14）。

东晋时期负责佛经翻译工作的道安（314—385）为翻译的梵文经书写了许多序言，其翻译标准常在这些序言中有所体现，主张通过直译来忠实于原文。

唐代博学高僧和翻译家玄奘（602—664）也主张忠实，但同时也注重译文的易解，所谓"既须求真，又须喻俗"。

《马氏文通》的作者马建忠（1845—1900）认为，好的翻译应该是准确的，并使目标读者的反应与原文读者的反应相同（陈福康，1992：102）。

严复（1854—1921）在他的《天演论》译例言中说，"译事三难：信、达、雅"。一百多年来，"信达雅"一直被中国的许多译者和评论家视为翻译的原则和衡量翻译质量的标准。严复认为这三个要求是一个有机的整体，都是为了更好地表达原作的思想，即"达旨"，达原文之旨。虽然严复自己的翻译实践常被许多人批评为"不忠实"，但他自认为"颠倒附益"都只是为了更忠实地表达原文的意思（陈福康，1992：128）。

林语堂（1895—1976）的"忠实、通顺、美"，陈西滢（1896—1970）的译文应在形式、意义和精神上与原文相似，鲁迅（1881—1936）的"一当然力求其易解，一则保存着原作的丰姿"，傅雷（1908—1966）的"神似"说，钱钟书（1910—1998）的完全保留原作风味的"化境"说（陈福康，1992：323—421），刘重德（1914—2008）的"信、达、切"（刘重德，1991：24），许渊冲（1921—2021）的"信、达、优"（许渊冲，2003），所有这些译界耳熟能详的翻译标准，无一不以原文为中心。

值得一提的还有辜正坤，他于1989年提出了翻译标准的多元互补理论，认为对于翻译、译者和读者（包括批评家）来说，并不存在一个绝对的"放之四海而皆准"的标准。他发展了一套翻译标准体系，该体系由绝对标准、最高标准和具体标准组成，具体标准理论上数不胜数，因具体情景而异。翻译的绝对标准是原文本身，最高标准是"最大近似"，即译文在内容和形式（深层结构和表层结构）上与原文的最理想的近似。之所以用"最大近似"来代替"忠实"或"对等"，是因为它更客观、更符合实际。具体标准也被称为分类标准，可以根据翻译的不同功能、不同层次的读者和译者以及人类不同的审美情趣等来建立。但不管翻译批评的标准有多少，"多元互补论"仍然认为源文本是衡量翻译质量的最终标准，所以也属于以原文为中心的范式。

原语语言文化取向的批评范式的第二个次范式的批评标准，多来自现代语言学理论和语言学取向的翻译理论，比如吴新祥、李宏安（1990）的《等值翻译论》，作者认为评判译文好坏的标准是看译文在语义、语用、句法层面上与原文的对等程度，对等程度越高越好。他们还尝试给出了一个衡量对等程度的量化标准，下表即是一个示例：

表2-1　　　　　　　　　量化标准示例

Equivalent degree distribution	Referent (semantic level) (50%)	Interpretant (pragmatic level) (30%)	Sign (syntactic level) (20%)	Equivalent degree
Version 1	0.4	0.2	0.2	0.8
version 2	0.5	0.3	0.2	1
等价度分布	指称对象(语义层面)(50%)	解释者(语用水平)(30%)	符号(语法级别)(20%)	等效度
版本1	0.4	0.2	0.2	0.8
版本2	0.5	0.3	0.2	1

（吴新祥、李宏安，1990）

黄国文（2006）和司显柱（2008）基于系统功能语言学理论，认为衡量翻译优劣，必须看译文在概念功能、人际功能和语篇功能方面是否与原文对等。

特别需要指出的是，在第三种范式的翻译批评中，存在着各种不同性质的文化学和社会学理论，许多人对这些理论的运用，显示了他们对理论的误解、误用。程爱华（2002）曾经指出，一些此类批评将一些并不成熟的理论

- 47 -

机械地移植过来，将之应用于翻译批评，存在"为方法而方法"的不良倾向。蓝红军（2020：84-88）也指出，"随着现代西方翻译理论的引介，各种理论术语在翻译批评中纷繁呈现，一些人开展翻译批评时，见到哪种理论时髦，便抢着套上那种理论"。这种倾向应竭力避免。

值得一提的是，近年来，变译理论、生态翻译批评和译者行为批评等本土理论也逐渐被运用到了翻译批评实践中，特别是译者行为批评理论，翻译内部批评与外部批评兼顾，表现出了强大的活力。

2.3 翻译批评的研究范式与次范式

吕俊和侯向群（2009）区分了翻译批评和翻译批评学，认为批评可分为两种或两个层次，一种是实践（指向的）批评，一种是理论（指向的）批评。前者是"一种实践性活动，它是以具体译文文本或具体翻译现象为客体对象的"，而后者则是对批评的批评，是对这种实践活动的研究，是"以翻译批评为客体对象的"翻译批评学，"是对翻译活动及翻译批评活动的本质、内在联系与发展的一般规律进行的总体性和整体性的探讨并为翻译批评活动提供一般性的准则的理论活动"。

正如上一节我们对我国翻译批评实践的回顾总结所示，人们的翻译批评活动有多种方式，包含众多因素，是一项像翻译活动本身一样复杂的社会现象。翻译批评研究正是要对翻译批评开展研究，它关涉的因素更多，具有"元批评"性质。因此，翻译批评研究主要关注以下几个问题：（1）翻译批评的现实情景是什么，即人们实际上是如何进行翻译批评的，依据什么标准，采用什么方式；（2）现有的翻译批评存在什么问题；（3）翻译批评的本质是什么，主要相关因素有哪些，批评标准应如何确立，评价体系应如何构建，又该遵循什么样的方法程序；（4）翻译批评研究作为一个相对独立的研究领域或学科，该如何发展完善。

有不少学者都曾谈论过翻译批评的缺席或危机，如杨自俭（2006：52-54）认为，翻译实践、人才培养、翻译学科建设都需要翻译批评，而我们的翻译批评很弱，文学翻译批评似乎更弱。但"翻译批评的危机实际上不是广义上翻译批评的缺失,而是具有批评精神的翻译批评的缺失,是翻译批评失却了自身应有的话语力量"(蓝红军,2020:84-88)。本书作者认为,翻译批评(实践)的乏力,与我们翻译批评研究的薄弱直接相关。比如对翻译批评最核心的问题,翻译批评的标准是什么,它与翻译标准有何异同,确立翻译批评标准的依据是什么,评价的原则是什么,价值主体与评价主体等问题,我们的研究都还较为欠缺。但客观地讲,经过一代代翻译研究学者的不断努力,我国的翻译批评研究,总体而言还是取得了一些成果,特别是进入新世纪以来。

韩淑芹(2021:46-50)以"翻译批评"为篇名或关键词,在"中国知网"检索2011至2021年8月有关翻译批评的文章,共找到349篇;以"翻译批评"为关键词在中国国家图书馆网站(www.nlc.cn)检索2011至2021年十年间出版的著作,共找到31部。其中翻译批评实践类7部,理论性著作24部。

进入21世纪以来,我国在最广泛意义上的翻译批评,也即翻译研究,确实有了很大发展。影响较大的专著有黄忠廉(2002)的《变译理论》、许钧(2003)的《翻译论》、张南峰(2004)的《中西翻译理论批评》、蔡新乐(2005)《翻译的本体论研究》、刘宓庆(2005)的《中西翻译理论比较研究》、赵彦春(2005)的《翻译学归结论》、吕俊与侯向群(2006)的《翻译学——一个建构主义视角》、黄国文(2006)的《翻译研究的语言学探索》、胡开宝(2011)的《语料库翻译学概论》、王克非(2012)的《语料库翻译学探索》、胡庚申(2013)的《生态翻译学——建构与诠释》等一批专著(恕不一一列出)。

相对广义的翻译批评(评价)研究专著有杨晓荣(2005)的《翻译批评导论》,王宏印(2006)的《文学翻译批评论稿》,文军(2006)的《科学翻译批评导论》、胡德香(2006)的《翻译批评新思路:中西比较语境下的文化翻译批评》、司显柱(2007)的《功能语言学与翻译研究:翻译质量评估模式建构》,温秀颖(2007)的《翻译批评——从理论到实践》、吕俊与侯向群(2009)的《翻译批评学引论》、肖维青(2010)的《翻译批评模式研究》、许钧(2012)的《文学翻译批评研究(增订本)》、周领顺(2014a)

的《译者行为批评：理论框架》、周领顺（2014b）的《译者行为批评：路径探索》、刘云虹（2015）的《翻译批评研究》和廖七一（2020）的《20世纪中国翻译批评话语研究》等等。这些著作对翻译及翻译批评的概念、原则、方法和标准等方面进行了有价值的探索，提出了许多富有启发性的见解。

翻译批评（评价）研究论文集也有三本值得推荐，一本是文军（2006）主编《中国翻译批评百年》，一本是刘云虹、许钧（2015）主编的《翻译批评研究之路：理论、方法与途径》，另一本是刘云虹（2020）主编的《批评之批评：翻译批评理论构建与反思》，这三本论文集收集了我国百余年的翻译批评实践与理论研究的代表性文章，是读者了解我国翻译批评实践及理论研究历史进程的较好文献。

关于翻译批评（评价）专著和论文集，这里还要提及的是二十世纪90年代吴新祥、李宏安（1990）的《等值翻译论》，许钧（1992）的《文学翻译批评研究》，姜志文、文军（1999）主编的《翻译批评论》。《等值翻译论》对翻译批评量化研究做了十分有益的尝试，《文学翻译批评研究》对翻译批评进行了颇具开创性的理性探索，而《翻译批评论》则帮助我们了解了上个世纪的翻译批评研究的概貌。

专著和论文集之外，更多的是期刊和集刊论文，其中也有一些不乏真知灼见的，这里也恕不一一评析。

李明（2006）的《翻译批评与赏析》虽然是教材，但它对翻译批评标准与方法的论述，也体现出了一定的理论研究性质。

前文已经多次提过，最广泛意义上的翻译批评等同于翻译研究，那么，翻译研究的范式也就是最广泛意义上的翻译批评研究的范式。本书第一章中论述"范式"界定时我们曾说过，当前译界对"范式"这个术语的使用有一些混乱，诸如功能范式、操控范式、认知心理范式、社会学范式、生态范式、意识形态范式、本地化范式、翻译技术范式、语料库翻译研究范式等等，由于国内外从来就没有一个绝对权威的范式定义，所以我们不能说使用者是错的，从系统论的视角看，在任何一个领域，包括翻译研究领域，都存在着系统和子系统，翻译研究系统也应该有一个范式系统，人们之所以感到混乱，是因为我们没有将这些范式依照主导范式、边缘范式、主范式和次范式区分开来。依据本书作者对范式的理解和界定，它们有的是主范式，有的是次范式。比如语料库翻译研究范式，它不仅仅是语料库的方法在翻译研究中的应用，而且还有自己独特的研究课题和定量、实证、描写为主的研究方法，如翻译共性、翻译语言特征、译者风格、语料库翻译教学与翻译成绩测评等。此外，它在国内外已经拥有了相对稳定的研究群体，即学术共同体，形成了一种范例，这就基本符合了一个主范式成立的条件。

国内学者对翻译研究的范式划分，因为参照系和标准的不一而不同，依据刘性峰、王宏（2016：87-91）的综述，较有代表性的有以下几个：

傅勇林、朱志瑜（1999）较早依据历史时期以及研究特征，将翻译学研究范式分为古典译学范式、近现代译学语言学范式、当代译学文化整合范式。吕俊（2006：54）认为，我国的翻译研究经历了三种研究范式的变化，即语文学范式，结构主义语言学范式和解构主义多元范式。周晓梅（2011）以"知识论"为依据，将翻译研究范式分为结构主义译学范式、解构主义译学范式和建构主义译学范式。司显柱（2011）将翻译研究范式分为：语文学范式、结构主义语言学范式、文化范式。陈伟、廖美珍（2012）在考察意义理论的基础上，将翻译研究范式分为：语文学研究范式、结构主义语言学研究范式、解构主义研究范式、基于语料库的研究范式。

刘性峰、王宏（2016：87-91）在以上范式划分基础上，将翻译学研究范式分为四个时期：萌芽期（语文学范式）、形成期（结构主义语言学范式）、繁荣期（即解构主义/文化范式）、瓶颈期（21世纪初至今，无具有支配地位的翻译学研究范式），并提出要"构建多元化的翻译学研究范式"。

蓝红军（2015：72-77）认为，翻译研究范式划分的混乱，主要是学者们没有一个统一的划分标准，而区别范式的标准应该是学术共同体的哲学观，因为对人们的研究与实践起总的指导作用的"基本理论"就是哲学。本书作者认为，除此之外，还因为大家对范式的理解不同以及缺少范式系统的概念。

依据本书作者对范式的理解和界定，范式是指某一"科学共同体"或曰"学术共同体"以及该共同体成员享有的共同的世界观、价值观与真理观、对研究对象本质的相同认识、大致相同的行动纲领和解决问题的方案。"次范式/子范式"是指某一"科学共同体"或曰"学术共同体"以及该共同体成员享有的共同的世界观、价值观与真理观、对研究对象本质的相同认识、大致相同的行动纲领但不同的研究模式（视角或路径）。据此，我们可以将我国的最广泛意义上的翻译批评研究分为如下几个范式：(1) 将翻译视为语言转换的研究范式；(2) 将翻译视为社会文化活动的研究范式；(3) 语料库研究范式；(4) 将翻译视为阐释与意义建构等的哲学范式。

将翻译视为语言转换的研究范式认为翻译是两种语言之间的文字转换，相信两种语言间在各个层面上（形、神、意、功能）有对等而且可以大致对等，认为对等或大致对等的翻译就是好的翻译。该范式又可以分为前语言学范式和现代语言学范式，前者相信原文作者和原文有较为明确的固定的意图和意义，译者和批评者能够通过一遍遍阅读原文达致原文作者和原文的意图和意义并能够在译语中加以再现；后者同样相信原文作者和原文有较为明确的固定的意图和意义，译者和批评者能够通过句法结构、语义成分和篇章组织分析，获得原文作者和原文的意图和意义并能够通过译文和原文的句法、语义和篇章比较，知道原文信息是否在译语中得到了再现，是否实现了对等以及实现了何种程度的对等。

将翻译视为社会文化活动的批评范式是一种涵盖了多种次范式的翻译研究。该范式认为翻译从本质上讲更多的是一种文化活动，要受社会文化系统和翻译在译语中的预期功能等众多因素的制约，同时，译者主体性也会在翻译活动中发挥自身的作用，译文与原文是否需要对等和能否有对等，都受社会文化因素的影响。周晓梅、吕俊（2009：93-98，104）撰文指出，我国的译学研究中存在着解构主义的多元范式，本书作者认为他们所说的多元范式其实都是将翻译视为社会文化活动的研究范式下的各种次范式。在各种社会文化理论的冲击下，一元论的普遍性"忠实"标准被多元标准所取代，原文的客观性被意义的生成论所取代，标准的多元必然带来范式的多元，图里的描写性翻译研究、女性主义翻译理论、后殖民主义翻译理论、国内的译介学、生态翻译学、译者行为批评研究等，都可以视为这些多元中的一元。

第三种语料库翻译研究范式前文已有提及，它基于语料库统计数据，或开展双语间的比较，或仅对译文的内容与风格进行量化分析，以定量为主、定性为辅的方式对译作与原作以及不同的译作进行比较评析。王克非、胡开宝等人的相关研究较具代表性，这里不再赘述。

第四种范式是哲学范式，它视翻译为一种阐释活动、意义建构、生存方式、"后起的生命"等，也包含若干次范式，国外的如斯坦纳的"阐释步骤"理论、本雅明的"纯语言"理论等；国内的吕俊、候向群（2009）的社会建构主义译学研究，以实践哲学为基础，秉持共识性真理观，以交往理性代替了前语言学范式的神秘主义非理性、语言学范式的工具理性和基于解构主义意义观的文化学批评中的反理性，注重意义的主体间性、对话性和社会性，以具有主体社会性的"复数主体"克服了解构主义的意义生成的任意性，寻求建立基于实践理性和交往理性的翻译伦理和翻译规范，属于一种吸收了前几种范式的合理性又摒弃了其不合理性的较为综合的实践哲学范式。

至于对本课题的主要研讨对象，即相对广义的翻译批评（评价）的研究，由于学者们对评价宗旨、批评目的与标准以及批评体系的研究相对较弱，能够观察到的研究范式不多，可以说几乎还未形成有范式特征的翻译批评（评价）研究学术共同体。造成这一局面的原因主要有以下四点：第一是从事翻译批评（评价）研究的人数较少。杨自俭（2006：6）在他为《文学翻译批评论稿》一书写的序言中指出，随着翻译批评范围的扩大，出现了两个问题，一个是从事翻译批评的队伍太小，没有专业人员，一个是翻译批评标准研究很薄弱。第二是从事翻译批评研究难度大，费工夫。第三是翻译批评作为一个学科尚处于初创期，每两年一次的全国翻译批评研究高层论坛至今只召开过四届。第四，中国翻译批评研究学者缺少范式意识和学术共同体意识，大多是各自为政。这也是为什么本书作者认为我们的翻译批评理论研究尚不系统、不发达的原因。

现有对翻译批评的研究大都集中在批评标准上，但翻译批评标准问题是个极为复杂的问题。一些翻译批评研究者认为，翻译评价的标准就是译者遵循的翻译标准，另一些认为，翻译评价的标准是某种翻译理论所给定或蕴含的标准，还有一些倾向于要采用译者自己提出的标准或是批评者自己制定的标准。

许钧（1992）的《文学翻译批评研究》以及《文学翻译批评研究（增订本）》（2012）是国内文学翻译批评的首部专著，作者从翻译价值、翻译层次、译者风格、译本整体效果、原作风格的传译、隐喻翻译、再创造的度、译本比较、自我评价等方面，多层次、全方位地探讨了文学翻译批评的基本范畴、原则、方法和规律。

李运兴（2001）曾从系统论角度出发，认为翻译质量应该以译者在处理源文本系统和目标文本系统时，以翻译语境（translational context）系统为支点所达到的平衡程度来判断。一个全面的翻译评估模式应该包括原文、译文和翻译语境三个系统。要评价一篇译文，评论者应该首先收集每个系统中所有方面的数据和样本并对它们进行描述，这一数据收集和描述的过程无疑将为批评者提供一个全景式的视角，批评者可以据此观察判断系统的平衡程度。

杨晓荣（2005）的《翻译批评导论》全面梳理了翻译批评的基本概念，从技术层面和学科层面阐述了如何开展翻译批评，对中西方关于翻译标准的研究进行了详细的回顾，并对翻译标准和翻译批评标准进行了区分。她认为前者是译者有意或无意遵循的标准，而后者是批评者所遵循的标准。由于时间、空间和主体的不同，两者会有所不同，但也会有许多重叠之处，因为评论者也应该从译者的角度来看翻译。好的译文应该达到一种协调、平衡、和谐的状态，这种状态可以作为翻译评判的标准，它隐含着一种中庸思想。

王宏印（2006）的《文学翻译批评论稿》借鉴文学批评的研究成果，从翻译批评的性质、类型、功用、主体、原则、标准、方法与操作程序等方面，探讨了翻译批评学科构建诸问题，是翻译批评学科建设方面的一个十分有益的尝试。

吕俊（2002：41-45）认为，传统的"忠实"或"对等"的翻译标准来源于人们对意义的确定性的信念，即相信文本或文本作者的意义和意图是固定的，读者、译者和评论者可以通过他们的直觉或语言分析加以追溯。但是解构主义以其意义不确定性理论解构了"忠实"或"对等",使得译者和评论者没有标准可循。吕俊接着指出,"信"和"忠"只能作为译者的一种态度,而不宜作为翻译批评标准,但在社会建构主义视域下,翻译作为一种社会行为,又绝非是无章可循的"怎么都行"。他们认为,解构主义者过分夸大了个人的主观性,而忽视了知识的客观性和个人的社会性。由于不同文化的人有不同的价值体系,所以寻求和建立翻译的最高标准是不合适的,但可以设立一个后现代文化语境下的标准来说明合格翻译的最低要求,即:(1)符合知识的客观性;(2)理解的合理性与解释的普遍有效性;(3)符合原文的意向性。本书作者认为这种标准体现了社会建构主义的意义观,表明了在翻译实践中存在着对同一文本的不同解释,而这一现象是不可避免的且存在着不同解释均为有效的可能。同时,它寻求批评的客观性,但不否认批评中主观判断的有效性。当然,这一标准只是翻译批评多维标准中的一维,即识解维,全面系统的翻译批评仍然需要其他维度的标准。

吕俊和侯向群(2009)的《翻译批评学引论》以价值哲学为基础,以评价理论为指导,首次全面论述了翻译批评的理论基础、标准体系,论述了翻译活动诸要素批评的主体原则与客体原则、主体原则与规范原则以及翻译活动的诸要素批评,包括翻译活动的主体、客体、中介、环境、思想等因素的批评,是对翻译批评学科建设的一大贡献。

周领顺(2014a;2014b;2022)译者行为批评理论是为了实现翻译批评客观性和科学性等目标而建构的,它聚焦于译者,兼顾了翻译批评的语言性和社会性,文本内与文本外,在"行为—文本视域"内,批评者可借助"求真—务实"译者行为连续统来评价;在"行为—社会视域"内,译者及其各相关方的意志又与各种社会因素有互动关系。该理论在译者行为批评方面表现出了较强的解释力,也产生了较大的影响力。

刘云虹(2015)的《翻译批评研究》较系统地论述了翻译批评的本质、批评的类型、价值目标、标准与原则、批评的基础、功能、批评的建构力量等,重点探讨了基于意义论与解释学的翻译批评研究途径。

王恩科(2022)的《价值哲学路径翻译批评研究》沿着吕俊、侯向群提出的翻译批评学建构思路,将价值评价的两条基本原则和评价标准移植到翻译批评之中，从哲学的高度阐释了翻译批评的方法和功能。

2.4 本章小结

以上对我国翻译批评实践和翻译批评理论研究的梳理，较清楚地勾画出了我国翻译批评研究的现状，与最广泛意义上的翻译批评的丰富成果相比，相对广义上的翻译批评（评价）研究仍较为薄弱，仍有较大的开拓空间。正如刘云虹、许钧（2014：8）所言，"翻译批评的理论研究虽然已经取得了令人欣喜的进展，但研究的系统性、前瞻性和创新性在某种程度上仍迫切需要进一步提高"。傅敬民（2016：14-19）在谈到我国翻译研究的不足之处时认为，当今的翻译研究虽然已经是一门独立学科了，但它显然并不成熟，还缺乏学科自身的问题意识，诸如："学科边界模糊，学科自身的独立性漂浮不定；借鉴与应用其他学科研究成果和理论方法时急于求成，心浮气躁，缺乏系统性和传承性……"如果我们把翻译批评（评价）研究也作为一个新兴学科看待，我们会发现，上述问题在这一领域同样存在。

第三章 典籍翻译批评研究评述

典籍翻译涵盖了从汉语和少数民族语言翻译为各种外语的翻译，其中以译为英语的居多，而且在对典籍翻译的批评实践和理论研究中，也是以典籍英译批评居多。上一章我们讨论了翻译批评研究的范式与次范式，了解了我国的翻译批评实践和翻译批评研究的整体状况，本章我们拟对典籍翻译批评、主要是典籍英译批评研究加以评述，以较为全面地了解其成就与不足，找准该部分研究存在的主要问题。本章的评述也将分为典籍翻译批评实践和典籍翻译批评理论研究两部分。

3.1 典籍翻译批评实践

在典籍翻译批评实践层面，随着国家对中国文化走出去和对我国国际传播能力建设的重视程度的日益提高，加之高校翻译专业人才培养的扩容，一大批年轻学者开始涉足典籍翻译批评领域，其成就可概括为以下三点：

一是成果数量快速增长。在中国知网输入"典籍翻译"作为主题，查询到1488篇论文；输入"典籍英译"查询，显示2002年仅4篇，而到2022年9月，总量已达1541篇（包括硕士、博士、期刊和会议论文，但不含2002年至今中国典籍翻译研究会收录在各辑《典籍翻译研究》中的论文），其中大多数是对各类译本和译者的批评，当然也包括一些专门探讨典籍英译理论的文章，这些成果为我国典籍翻译批评学科的构建和发展奠定了良好的基础。

二是批评范围不断扩大。典籍翻译的批评范围已从传统的哲学、文学典籍扩展到了医学、科技等多种类型文本，越来越多的国内外译者、译本进入批评者视野。值得注意的是，少数民族典籍批评较少的问题，近几年已有较大改观。此外，部分批评还涉及了典籍翻译教学、教材编写和词典编纂等问题。

三是批评视角日趋多元。"典籍翻译研究已成为一门显学,且研究成果不断呈现纵深化和学科多元交叉的特点"(董明伟 2018：51)。国内典籍翻译的批评视角涉及到了功能语言学、符号翻译学、认知语言学、语料库语言学、语境理论、文化心理学、哲学阐释学、社会学、比较文学的变异学、目的论和图式理论等等。多视角的解读使我们对典籍英译的复杂性有了一个相对清晰的认识。此外,语料库技术的介入使典籍翻译批评呈现出定量与定性相结合的面貌,一定程度上增强了批评的客观性。以下从5个方面对典籍英译批评实践取得的成就,特别是发展较快的近十几年的成就加以分述。

3.1.1　多种范式与视角的批评

刘性峰（2015：107-111）认为,中国典籍翻译有四个批评范式——语言学范式、文化批评范式、认知范式、传播范式,其中前两者较为系统、成熟,后者则相对较弱。本书作者基于其对"范式"的理解认为,我国的典籍翻译批评实践作为整体翻译批评实践的一部分,基本上与后者有着同样的范式和次范式（视角）,"认知范式"可视为语言学范式下的一个次范式（视角）,"传播范式"可视为文化批评范式下的次范式（视角）。

语言学范式一直是翻译研究中的一个重要范式,也是典籍翻译批评的一个主要范式,其下具有多种次范式（视角）,包括语用学视角。姚志奋（2010：122-124）研究了辜鸿铭《论语》《中庸》和《大学》英译本中的语内显化和语用显化（以西释儒）特征,指出语用显化虽有一定的历史合理性,而要保持原文文化自身特性,则应该避免语用显化的过度。

屠国元、吴莎（2011：187-191）对《孙子兵法》33种英译本进行了历时描写分析,总结出了各个历史阶段的译本的共性、译者选用翻译策略的变化情况。屠国元、许雷（2012：211-215）在转喻视角下,从"文化适应""文化共核"和"文化缺省"三方面审视了辜鸿铭《论语》英译过程中出现的有意改写,着重分析了特定社会历史语境下译者为彰显民族文化所做的翻译策略选择及其所取得的文化传播效果。

何伟、张娇（2014：78-84）借助于功能语言学中的语旨变量,以《论语·为政篇第六》的四个译本为例,探讨了"隐性语旨"和"显性语旨"在典籍翻译中的重要作用，指出译者不仅要关注"显性语旨"，也要关注"隐性语旨"，译文是译者对两者反复权衡后所做的选择。

张新民（2018：67-73）运用现代符号学和符号翻译学之理论，从语形学、语义学和语用学之角度探讨《周易》三个英译本中语言符号和非语言符号的翻译策略，认为把该理论应用到《周易》英译中具有重要的学术价值。

钟书能、杨康（2019：157-164）从认知语言学视角出发，运用"压制"这一概念对比了话题压制现象在现代英语、现代汉语以及古代汉语中的句法特征，并在此基础上探讨了三种涉及中华文化典籍中话题压制的汉译英技巧。

计算机技术的发展促进了语料库语言学的发展，也给典籍翻译提供了新的批评范式。刘泽权、田璐（2009：106-110）借助语料库，以系统功能语法为评价手段，对《红楼梦》叙事标记语及其在三个英译本中的体现进行定量、定性分析，发现并分析了各译本在体现原文叙事特征方面的异同与得失。

刘泽权、刘超朋、朱虹（2011：60-64）基于《红楼梦》中英文平行语料库，应用语料库检索软件，将《红楼梦》的四个英译本在词汇和句子层面的基本特征进行数据统计和量化分析，发现四个译本都有各自独特的风格，或多用复杂长句，或简明易读，或紧跟原文，或归化特征明显。此外，刘泽权还有多篇论文，基于语料库技术，分析了《红楼梦》中的习语、熟语、称谓语等的翻译。

李文中（2017：1-10）借助语料库分析了《道德经》首章的意义构建过程与英语复译的共性与个性特征及其呈现方式。指出复译中高频重复的、或接受性强的翻译不一定是"好"的翻译，"错误"的翻译也会被重复采用，复译的动因可能需要从更为宏阔复杂的文化影响及市场需求等方面进行考量。

文化批评范式则借鉴了各类社会学和文化学理论，更关注典籍翻译中的政治、文化因素。徐珺、霍跃红（2008：45-48）提出，在把中国文化典籍翻译成英语时，应该在文化翻译观指导下，采用异化的策略，适度运用中国英语，以期使中国文化尽快走向世界，真正成为世界多元文化系统中的一员。

张志强（2010：44-48）在后殖民翻译理论观照下对赛珍珠《水浒传》

译本的翻译策略进行了详细分析，认为赛珍珠《水浒传》译本是一个较为典型的杂合文本，译文兼具汉语语言文化与英语语言文化的双重特质，对消解西方文化霸权具有积极意义，对当下的中外文化交流特别是中国文化文学的对外传播具有较大启迪意义。

许明武、潘育彤（2022：19-24）在周领顺的译者行为批评理论框架下，对英国著名汉学家和陶瓷鉴藏家卜士礼（Stephen W. Bushell）在中国最早一部陶瓷史《陶说》英译中的翻译行为进行了分析。文章认为，卜士礼既确保了原文信息的准确传达，实现了对作者和原文的"求真"，又照顾了目标读者的阅读和理解，完成了对读者和社会的"务实"，表现出了较高的合理度，符合译者行为的一般性规律。依据周领顺，译者行为可分为语言性翻译行为和社会性非译行为。"求真"指"译者为实现务实目标而全部或部分求取原文语言所负载意义真相的行为"，"务实"指"译者在对原文语言所负载的意义全部或部分求真的基础上为满足务实性需要所采取的态度和方法"（周领顺，2014a：76-77）。近年来，采用译者行为批评的"求真—务实"连续统评价模式对典籍英译进行评析的文章日渐增多。

张娟（2014：72-75）从生态翻译学的视角，分析了理雅各如何在《孝经》英译中，通过对生态环境选择性适应，对译本适应性选择，通过适当的转换手段，取得了较好的翻译效果。

李虹（2015：70-74）从哲学阐释学视角，对比了李照国《素问》译本与美国医史学家Veith《素问》译本在翻译方法与策略等方面的差异，认为这些差异与中医典籍英译过程中译者的前见和主体性密不可分。《内经》众多的中文注释本存在这一现象凸显了中医典籍也具有文本的开放性。译文是译者自身视域和作者视域的融合，其融合程度与方式受译者前见的影响。不同译者的译文赋予了原著以鲜活的生命，为读者欣赏原著提供了不同的视角，也使得中医典籍重译有了其存在的合理性。

典籍翻译批评的视角还有其他许多，这里不一一评述。

3.1.2　问题取向的批评

此类批评多聚焦翻译中遇到的各种问题，如文化语境与文化立场、翻译策略与方法、形式与内容的关系、译作的接受度等。

3.1.2.1 翻译策略与方法的批评

对典籍翻译策略与方法的批评，一直是典籍英译研究的热点。

夏婉璐（2016：49-53）对林语堂在《孔子的智慧》一书中采取的编译策略进行了考察，认为该书在宏观层面上，可概括为对儒家思想的主题提炼、对儒家思想的分流与筛选以及对儒家思想的重构及体系化；微观层面上，主要以适时增删、以西喻中和强调异质为特点。她肯定了林语堂对孔子思想的编译和重构，并指出我们在翻译典籍时，应重视译语文化的诉求，加强文化自觉意识。

邓联健（2019：92-97）通过对马礼逊一生汉籍英译事业的梳理和分析，认为其翻译主要采用了"直译"，综合了直译、意译、逐字译以及"翻译加注释"等多种方法，肯定了译者为中国文化在英语世界的传播做出的开创性贡献。

赵彦春、吴浩浩（2017：100-106）的论文"音译的尴尬——《庄子》英译中专有名词的处理及译学思考"，以《庄子》的 4 个英译本为例，从认知符号学角度讨论音译带来的问题，如译名不一、词义空缺、词义变化等，提出了译者可以挖掘源语和译语的认知系统资源，采用符形替换法、移植借用法、编码重构法来解决音译带来的问题，以确保译文文化自足和文本自足。作者指出音译只是源语言的语音转写，在带来便利和"保真"的同时也会引发诸如转码时符形、符指、符释之间的关系割断，导致文化信息丧失，甚至造成译文的悖谬和读者的误解，而事实上，一种文化独有的专名对另一种文化并不是不可译的神秘之物，而是可以交流的符号，译者可以在认知符号学的观照下，使原符合在译语中获得再生，从而实现有效的文化交流。

费周瑛和辛红娟（2017：82-89）探讨了陈荣捷向世界传播中国哲学典籍的比较哲学路径，结合他的《传习录》译本，分析了他在翻译过程中遵循的"有词必释，有名必传，有引必溯其源"的原则。

除了常见的对归化、异化等策略和直译、意译、音译方法的探讨外，对"深度翻译"（thick translation）的研究进入新世纪以来也有不少。"深度翻译"作为一种翻译策略,是指通过注释、评注等方法将文本置于丰富的文化和语言环境中,使源语文化的特征得以保留,目的在于促进目的语文化对他者文化给予更充分的理解和更深切的尊重(Appiah, 2000: 427)。

王雪明、杨子(2012:103-108)对《中国翻译话语英译选集》(上)一书中作为副文本的注释进行了类型学和功能分析,划分出包括专有名词解析、背景信息、文言句法英释、译名解析、文内互文和文外互文六种注释类型,认为"深度翻译"是文化交流的一个重要途径,对今天弘扬中华文化、向世界译介中国文化典籍具有积极的借鉴价值。

宋晓春(2014:939-948)对《中庸》三个英译本中的"深度翻译"现象进行了考察,验证了"深度翻译"阐释性和工具性的双重性质,认为三个译本分别呈现出哲学、诗学和史学不同的阐释取向,结合中国阐释学的境域论,将这种多样化阐释解释为译者与其最为切近层次存在境域之间张力的产物。

蒋辰雪(2019:112-120)从"深度翻译"角度对《黄帝内经》文树德译本进行了剖析,认为"深度翻译"策略的阐释作用、跨文化交流能力和学术本质有助于推动中医典籍的译介与传播。

桑仲刚(2021:94-102)则认为如果过多采用"厚译"或"深度翻译",势必会降低目标语读者的认知连续性。基于叙事典籍翻译,他提出"声音"策略,即一种通过在目标语叙事文本增添叙述评论,介入译文叙述者和受述者的交际行为,对叙述内容或话语进行解释、概括、判断或评价的翻译策略,可作为译者维持目标语叙事连贯性的一种途径。

黄海翔(2014:85-89)认为,在典籍英译史上,深度翻译常被西方译者采用。然而有些译者的深度翻译不仅无助于目标语读者更好地理解原语文化,没有填补文化空缺,没有成为捍卫源语文化真实性的有效手段,有时译者添加的情境语境与语言语境等注解反而会导致读者的误解。他举当代美国著名汉学家梅维恒(Victor H. Mair)的《孙子兵法》英译为例,来说明不当的深度翻译产生的文化负迁移。

其实,所谓的"深度翻译"或"厚译",也就是汪榕培和王宏(2009:10)所说的"学术性翻译"。两位学者认为,典籍翻译的基本策略有两种,一是"学术性翻译",目标读者是研究汉学的汉学家,译者"在翻译原文之外还需旁征博引,解释典故,考释出处。这种翻译突出的是译文的叙述价值和文化价值";另一种是"普及性翻译",目标读者是普通大众,译文要"注重文笔的生动传神,注重可读性、大众化"。

文化语境是多数学者共同关注的一个问题,汉英两种语言分属高低语境文化,汉语的隐性特征显著,句法结构具有柔性特点;英语的信息传达相对明确,句法结构具有刚性特点。汉英语言和文化的巨大差异导致汉语典籍英译时出现信息不对等或信息空缺,这决定了译者在翻译过程中需要对语境信息进行补缺。韩孟奇(2016:73-76)提出明晰化是语境补缺的重要手段,通过增补、转换、释义、具体化、归化等方法,可使译文更符合目的语受众的阅读习惯。

汉语典籍中的修辞是另外一个值得关注的问题,范祥涛(2017:84-88)探讨了汉语文化典籍中的链式转喻及其英译方法,发现汉语典籍中的链式转喻在英译中单独保存的程度很低,绝大多数链式转喻的翻译需要译出喻体,以明确意义。何立芳和李丝贝(2017:99-103)以道教典籍中的隐喻现象为研究目标,认为借助"中国英语"可有效传播原汁原味的中国文化,为世界英语注入中国元素。

赵彦春(1996:31-36)在"论中国古典诗词英译"一文中指出,一些中外学者认为用韵体译诗根本行不通。这种经验性偏见和结论是极其有害的,且是站不住脚的。在经过自己多年的翻译实践后,赵彦春以外文出版社2016年出版其《英韵:三字经、弟子规、千字文》为契机,考察了《三字经》《弟子规》《千字文》这几部蒙学经典国内外英译的成败得失,认为马礼逊、裨治文和翟里斯翻译的《三字经》,裨治文翻译的《千字文》,麦都思翻译的《三字经》《千字文》,王宝童翻译的《三字经》《千字文》,顾丹柯、郭著章翻译的《弟子规》,虽然各有千秋,但都不无遗憾,一个简单的事实是:《三字经》的译文不是每行三"字",《千字文》的译文不是千"字",思想内容与文化内涵对等方面也不理想。作者认为,国学经典外译仅就文本而言可以从三个方面考察,即语言形式、思想内容和文化内涵。译者应遵守"忠实"与"对等"原则,做到形神兼备。而"忠实"与"对等"是两个动态的概念，是辩证的而非机械的（赵彦春、吕丽荣，2016a：96-99）。

3.1.2.2 传播与接受批评

译作的传播与接受是个较为复杂的问题，对传播效果的研究一直是典籍翻译研究较为薄弱的一项。谢天振（2014：3）认为典籍外译不能闭门造车，"不仅要关注如何翻译的问题，还要关注译作的传播与接受等问题"，要关注选择什么样的文本来翻译以及谁来出版等与传播接受密切相关的问题。中国文学和文化典籍的翻译，从《熊猫丛书》到《大中华文库》系列出版物，都未能真正"走出去"。

《大中华文库》是新世纪国家宏观文化战略的重大译介工程，殷丽（2017：33-43）的调查显示，以《黄帝内经》英译本为例，无论从海外图书馆馆藏情况、海外权威期刊上发表的异域同行专家书评，还是亚马逊网站海外普通读者发表的评论来看，该译本在海外的接受度不容乐观。为此，她提出了应加强与海外知名译者和出版社合作、拓宽推广渠道，并争取更多异域同行专家的评荐等建议。

一套书的出版，如果没有读者的广泛接受，自然就达不到传播的有效性，其译介与出版的价值就值得质疑。针对这些质疑，许多、许钧（2015：13-17）认为评价像《大中华文库》这样具有战略意义的出版物，仅仅以当下的市场销售与读者接受情况来衡量便得出否定性的结论，是值得商榷的。他们认为《大中华文库》的出版顺应了世界文化发展的潮流和趋势，构建了系统的中国文化价值观基础，对于国内高水平翻译人才和语言服务人才培养也有积极的作用，具有重大的历史文化价值。

王亚光（2015：85-90）简要介绍了刘殿爵典籍英译的成就，并结合译例对其在原作理解上坚持"知人论世"，在语义选择上秉承"正本清源"的译者行为给予了高度评价，认为刘殿爵译本之所以能够享誉西方汉学界，得益于其扎实的语文功底、深厚的学术修养和严谨的工作态度，这也是后人需要学习和借鉴的地方。

谭晓丽、吕剑兰（2016：81-87）讨论了在国内大受好评的安乐哲（Roger T. Ames）译作的接受情况。安乐哲的译作注重还原中国文化特色及彰显中国哲学之独特性,被誉为"让中国哲学讲中国话"的翻译。安乐哲译作在亚马逊图书网上的销售排名情况如下:《论语》英译排第53377位,《孙子兵法》英译排第61804位,这两部译作的销售排名均位列十万名之内,实属不易。但其他几部译作的销售排名则不容乐观:《孝经》英译本的销售排名为第143524位,SUNY版《孙膑兵法》排名为第912264位,《中庸》第1050465位,《淮南子·原道篇》第1183406位,Ballantine版《孙膑兵法》第2463469位。后几部译作惨淡的销售数据与原作在西方大多不为人知,尤其不为大众读者所知有很大关系。对安乐哲与郝大维合译的《道德经》,网上评论中反对派的意见是:"译者似乎故意在写作中使用一些晦涩难解的所指,并选择了最复杂的词汇和句型来表达其思想";安氏译本"让'道'变得更难理解"了等。安乐哲把《道德经》中的"道"翻译为"way-making",对于"天",安乐哲采用了音译"tian",因为他知道"天"的涵义与基督教神学中"heaven"所产生的联想意义不同,"道"也并不等同于"way",但他的苦心显然并未得到一些读者的理解。

张智中(2015)曾在其著作《汉诗英译美学研究》中提出"但为传神,不拘其形;散文笔法,诗意内容"的诗歌翻译主张(理想),认为就汉诗英译而言,当下比较明智的做法是采用自由体,将汉语诗歌翻译成地道的、纯正的、优美的英语诗歌,让英语世界的广大读者,感受到中华民族引以为傲的精美诗歌的风采与魅力。中国译者中,格律派译者占压倒性多数,注重原诗形美(诗歌行数、诗行长短、诗行尾韵等)的传达;海外译者中,多为自由诗体译者,注重原诗意象的再现与诗歌内蕴的传达,而不太关注诗歌的形美。就效果而言,西方读者更喜欢海外译者的版本。国内译者的译作诗歌,多在国内出版,为国内读者所欢迎,并未得到西方读者的认可。在汉诗英译过程中,译者作为传播主体,要以取得良好的传播效果为最主要目标。张智中(2021)多年来一直坚持上述主张,建议并践行先以散体分行将中国古诗内容借英语散文体呈现出来,再通过分行处理为不拘尾韵和行数的分行诗体,使之符合西方诗歌主流形式。

刘明、范琳琳、汪顺等(2017:1182-1185)选取《黄帝内经》中五段经文的Ilza Veith、李照国和课题组的三个英译本,以调查问卷的方式,获得了美国就诊患者在通晓这五段经文含义前后形成的对三个译本的悬殊的评价。绝大多数被调查者认为中医经典著作的英译本不仅需要英语语言流畅，更需要知识信息准确。该研究表明，在中医经典译文质量评价的研究中，问卷调查对象对原文的理解与否直接影响调查研究的结果的可信度，中医知识信息翻译的准确性和英语水平是评价译文质量的两个基本要素。

3.1.3 典籍翻译的分类批评

我们在第一章里对典籍和典籍翻译分类进行了界定和说明，并认为这是非常必要的，因为现实研究中，人们也在不自觉地开展着典籍翻译的分类研究，只不过分类标准不甚明确、不甚统一。中国英汉语比较研究会典籍翻译研究专业委员会编辑的几辑《典籍翻译研究》，也没有统一的分类。已有论文作者多是各行其是，把典籍分为哲学、文学、文化、科技、医药、航海、少数民族等各类，如刘迎春、刘天昊（2015）的"中国航海典籍中专有名词的分类与翻译研究"、卢军羽、刘宝才（2017）的"中国陶瓷典籍中窑名的分类及英译"。对科技典籍翻译研究较为详尽的有张汨、文军（2014）的"中国科技典籍英译本概况研究：现状与建议"，许明武、王烟朦（2017）的"中国科技典籍英译研究（1997—2016）成绩、问题与建议"，刘性峰、王宏（2016）的"中国古典科技翻译研究框架构建"和刘性峰、王宏（2017）"中国科技典籍翻译研究：现状与展望"。但我们发现，这些研究将太多内容归入了科技翻译，科技典籍既包含了农学、医学，又包含了天文、地理、数学、物理、机械、土木、军事、纺织乃至于炼丹术等等，大大减弱了分类的意义。

安乐哲和郝大维（Hall David）认为哲学典籍的翻译应以承认差异性为前提，为目标语单一文化内部一直无法圆满解决的问题提供另一解答方案。为抵御文化简约主义倾向，他们反对将中国典籍基督教化和西方哲学化，避免用西方哲学的超越概念、二元论、目的论来代替中国哲学的主体性、关联性、过程论。他们强调中国哲学典籍的翻译必须由哲学家来承担，采用比较哲学的方法，强调"对比"和"差异"，采用了保持差异的翻译策略，将《道德经》作为中国哲学典籍来翻译，将"无为"译作"noncoercive action"和"non-assertive action"（谭晓丽，2016：1-13）。

在众多典籍英译分类批评中，对儒学典籍英译的批评，一直是占比较多的一类。杨平（2008：130-149）认为，西方传教士的《论语》翻译、将翻译当作传教工具，以基督教代替儒学，西方汉学家的《论语》翻译、多数是学术性翻译（厚翻译），注重文化差异的表达，但仍有一些归化译法；海内外华人的翻译，因其生活背景、中英文水平、对原文和原作的理解和翻译目的的不同，译文呈现出不同特色，与汉学家的相比，学术性稍差。

赵彦春（2014：19-24）以自译《三字经》中构造三词偶韵体的尝试为个案，阐述了典籍英译的本质、原理、技巧及其他问题，通过对不同译文的对比分析，说明了翻译绝不是任意妄为，对译文的评判亦不乏客观标准，翻译质量是可论证的，因为虽然诗无达诂，译无定法，但意义是可以根据语境推导出来的。在翻译方法上，译者应深入探究中西文化之源，根据诗体特征，瞻前顾后，左右逢源，采用增词、减词或适度引申，力求使译文圆满调和，在形式、内容、含义诸方面逼近原文。而"因译语之宜，以可拓逻辑的类比方式进行脱胎换骨的转世（transmigration）则属于译之为易的升华"。

蔡新乐近年来发表了一系列《论语》英译批评文章，以其深厚的学养、翔实的考证，在其典籍英译的阴阳之道观指导下，分析了《论语》英译中存在的大量误解误译，并给出了富有建设性的新译。如在"'行有余力，则以学文'译解的阴阳之道观"一文中，指出了《论语·学而》中"行有余力，则以学文"的"行"和"文"具有特定的因果关系："文"为因，"行"为果；前者主内，后者显于外。此前的解释都因为将作"充裕"之解的"余"误读为"剩余"，致使"文"与"行"分隔开来，蕴含在原文当中的德教功能未能彰显出来。只有以阴阳之道作为解经大法，才可使原文精义得以正确呈现（蔡新乐，2016：52-58）。

蔡新乐（2017a：93-98）探讨了以 Heaven 取代"天"所导致的种种问题。指出这不仅将道家哲学中的宇宙论转换成了基督教的创世说，而且也将孔夫子视为可以效仿的"天"转换成了"上帝"。正确的做法应以"近取诸身"为原则，仿造康德"头上的星空"的英文表达，将"天"直接译为"the overhead"，以便再现它"颠"的意义，同时突出其"至高无上"的形而上意味。

在另一篇题为"'圣人气象'如何再现?"的文章中,蔡新乐(2020:83-93)对《论语·公冶长》中表述孔子之"志"的"老者安之,朋友信之,少者怀之"后世12个今译和18种英译提出了较具说服力的批评并推出自己的新译,说明了如何以再造文辞之法来彰显儒家思想的真谛以及其与目的语文化的不同。

此外,蔡新乐还有多篇文章对《论语》其他章句的误释误译,做了分析指正,如对"说"(悦)和"乐"的意义的混淆、对"不愠""一以贯之""素以为绚"与"绘事后素"以及"忠""恕""仁"等重要儒学概念的理解与翻译。

3.1.4 民族典籍翻译批评

民族典籍的翻译实际是指少数民族典籍的翻译,因涉及不同的少数民族语言文化,其翻译具有较强的特殊性。但是,我们的民族典籍英译,在实践和理论研究方面起步都较晚。刘艳春、赵长江(2017:140-145)总结了我国典籍英译的现状和存在的问题,认为国人已经代替西方译者成为民族典籍英译的主力军,许多少数民族典籍,包括壮族、藏族、侗族、土家族、东北各地少数民族典籍都有了英译本,但许多译本是由汉语转译,而这样经过汉语"过滤器""过滤"后的译本,难免会有民族文化特色的丢失或变形。

王宏和曹灵美(2017:45-52)将图式理论引入民族典籍翻译研究,指出译者应尽量选择"民译英"翻译途径,最大程度保留少数民族典籍的"活态"特征,采用深度翻译引介异质民族文化。该文还阐述了图式理论视域下少数民族典籍英译过程,即包含少数民族典籍图式入库、源语图式解码、译语图式编码的三步骤。

朱晓烽(2019:19-24)借助美国民俗学的表演理论,对《苗族史诗》本德尔译本的副文本进行了解读,他肯定了副文本在语境重构过程中的重要作用,认为副文本的使用是英译过程中的核心环节。他强调口传文学外译不仅涉及"原作—译本"的单一对应关系或文本层面的等值关系,更应注重文本内容、文化语境与表演语境的多重再现。

冯丽君、张威（2021：100-103）在生态翻译学本体理论视域下对民族典籍译介的基本问题进行了探讨，认为在文本选择上，可优先选择文化或生态价值较高的民族典籍；在译者选择上，可依靠精通民族语言的本地译者和国外译者合作翻译；在策略选择上，可采取异质化的文化翻译策略与流畅的语言翻译策略相结合的翻译方法，通过多形式、多媒介推动民族典籍译作在译入语国家的传播和接受，促进民族典籍译作在译入语环境的生态生存和长存。

3.1.5 典籍教材与教学批评

与典籍翻译所形成的热潮相比，典籍翻译教材与教学及其批评似乎未受到应有的重视，相关文章较少。

王宏（2009：41-44）认为，《中国典籍英译》作为本科翻译专业教材，有必要进一步丰富其内容。该教材在体裁方面，囊括了古典小说、古典散文、古典诗歌、古典戏剧，但没有涉及中国古典科技作品的英译。此外，对有关理论阐述与译作分析的比例以及翻译练习长度和难度是否适中等问题，也有待进一步研究。

韩子满（2012：76-80，85）认为，从国家建设文化软实力的现实需求和典籍翻译的现状来看，许多典籍的翻译还是需要由中国译者来做，而国家目前没有足够多的合格典籍翻译人才。典籍翻译教学一直未能引起专业翻译教学的重视，典籍翻译理应成为专业翻译教学的一个重要的方面。典籍翻译教学的作用体现在以下三个方面：首先是可作为学生熟悉传统文化、提高学术素养的重要渠道；其次是可作为语言学习，包括英语学习和汉语学习的手段；再次是可作为培养学生汉译英能力的重要途径。专业翻译教学可以开设两类典籍翻译课程：实践课与赏析课。赏析可选取现有的典籍译文，采取翻译方向硕士教学中传统的翻译批评课的形式，让学生对译文的得失进行分析，从中总结典籍翻译的规律性问题，最好能运用所学的相关理论知识，总结典籍翻译中的理论问题，对不同的典籍翻译现象加以合理的解释。针对典籍英译教材，他指出王宏印的《中国文化典籍英译》中列出的典籍，只在文学和哲学作品之外，加上了军事作品、宗教经典和书画论文等，缺少了科技方面的作品。

　　王宏（2013：77-83）认为，典籍英译实践要求译者具有高超的汉译英能力。汉译英能力可分为4种：一是双语能力（英语表达能力和汉语理解能力）；二是知识能力（百科知识、相关专业知识）；三是资料查询能力（查找语言工具书和利用网络资源查询资料的能力）；四是翻译技能（转换能力、选择能力、译文修订能力）。其中英语表达能力具体又可分为：英语词语搭配、英语造句和英语语篇能力。好的英文一定是"长短交错，简洁，明白，畅晓的"。本书作者认为，上述第四种能力，其实完全可以包括在"英语表达能力"当中。就当前信息技术和传播技术的发展情形看，译者还必须具备一定的翻译技术运用能力。

　　王宏（2016：1-5，31）指出，典籍英译是一项高投入、低产出的事业。现在从事典籍英译的译者多为年长学者，年轻人极少，这使得典籍英译事业后继乏人，须引起我们的高度重视。他建议有关部门大幅提高典籍英译稿酬支付标准，高校职称评定要认可高水平的典籍英译译作，以便吸引更多年轻学子投身到这项具有重大意义的事业中来。

　　以上是本书作者对典籍翻译批评实践所取得的成就的总体评述，由于相关文献数量庞大，很难覆盖所有相关著述，难免挂一漏万。即便是以近十几年的成果为主的综述，相关文献也难以穷尽，只能是摘取其中作者认为是较有代表性的加以评论了。以下是对典籍翻译批评的理论研究所作的梳理。

3.2　典籍翻译批评理论研究评述

　　对典籍翻译的宏观层面和翻译理论的研究，在我国总体上应该说还较为薄弱，这与该方面的研究起步较晚有关，也有其他方面的因素。说它起步晚，是因为直到2005年，杨自俭才提出了典籍如何定义的问题和典籍翻译的标准和过程问题；直到2010年，在第六届全国典籍翻译学术研讨会上，才首次将对典籍翻译理论层面的宏观思考作为主要议题提出。王宏印（2013：5）对此的解释是，"……国内做理论研究的人本来就不多，而把典籍翻译作为选题进行理论研究的人就更少，因为这需要古文基础和对中国文化典籍本身有认识,而外语界从事这方面研究的人比较少。"王宏印这一说法是切合实际的,造成这一局面的原因,在很大程度上也与典籍翻译的难度较大有关,一般没有相应的双语知识与大量翻译实践的人是很难提出有见地的理论的。

虽然我国的典籍翻译批评在理论层面的研究还不够,但也取得了一些可喜的成就。在实践经验与理论提升方面做得较好的,除了许渊冲、汪榕培、王宏印等一些老一辈学者外,也有一批像赵彦春、王宏、蔡新乐、李正栓、张智中等这样的中青年学者。

许渊冲(2006:41-44)在其"中国学派的古典诗词翻译理论"一文中说,"我把文学翻译总结为'美化之艺术',就是三美,三化,三之的艺术。三美是诗词翻译的本体论,三化是方法论,三之是目的论,艺术是认识论"。许先生对"美化之艺术"几个字的来源作了详细说明:"美"字取自鲁迅的三美论(意美以感心,音美以感耳,形美以感目),"化"字取自钱钟书的化境说,"之"字取自孔子的知之,好之,乐之;"艺术"取自朱光潜的艺术论("从心所欲而不逾矩"是一切艺术的成熟境界)。在该文中,许先生还对他提出的"创优似竞赛说"作了详细解释:"创"字取自郭沫若的创作论,"优"字就是翻译要发挥译语优势,要用最好的译语表达方式;"似"字取自傅雷的神似说,"竞赛"取自叶君健的竞争论。由于许先生总结出的这些翻译理论都来自中国的翻译大家,所以他称之为中国学派的文学翻译理论。对于典籍翻译,尤其是古典诗词翻译,许先生认为因为原文是写得最好,又安排得最好的文字,而目的语和源语对等的文字并不一定是最好的译语表达方式,所以译者就要选用译语最好的,而不是对等的表达方式,来再现原作的内容,传达原作的意美、音美、形美。译者选用的翻译方法可有等化、浅化、深化三种,目的是使读者知之(理解),好之(喜欢),乐之(愉快)。对此观点,许先生也有进一步的解释:如果对等的译文是最好的译语表达方式,那就可以采用对等的译文。如果不是,那就要用最好的,而不是对等的译语表达方式。本文作者花了大量篇幅介绍该文,是因为这篇文章是许先生对自己的翻译理论论述得较为全面的一篇重要文章,也是我国典籍翻译领域和文学翻译领域,特别是文学典籍翻译领域十分重要的理论研讨,对我国的古典诗词翻译有着重要的指导价值，许先生自己的翻译实践成就证明了其理论的合理性，对一些后来者如赵彦春、李正栓、卓振英、杨成虎等学者的古典诗词翻译实践都产生了较大影响。

汪榕培（1994：11-15）在其"传神达意译《诗经》"一文中，提出了古典诗词翻译的"传神达意"标准。他认为"传神"就是"译作应该给人生动逼真的印象"，要做到这一点，译者就"需要尽可能保持原诗的风貌，也就是通常所说的'以诗译诗'"。但是，保持原诗的风貌并不是非要字对字、句对句，而是要让译作在精神实质上与原作对应或相似；所谓"达意"就是"表达思想的意思，字词句章各个层次都存在达意的问题"，因此，字词的字面意义的理解和修辞格的合理使用，对于达意都有重要作用。在汪榕培、王宏（2009：9）合编的《中国典籍英译》教材中，"传神达意"再次被作为典籍英译的总标准提出，并有了更为详细的解释："首先，'达意'是典籍英译的出发点，译者在自己的译文中必须准确地体现自己对原文文本的理解和阐释。其次，单纯'达意'还不够，必须是'传神地达意'。'传神'既包括传递外在的形式，也包括传递内在的意蕴，如语篇背景、内涵、语气乃至关联和衔接等"。

王宏印（2015：59-68）在其"关于中国文化典籍翻译的若干问题与思考"一文中，对典籍翻译的范围、理想译者、"顺译""逆译"及翻译途径等问题，做了详细阐述，并论述了自己的古典诗歌翻译原则，即"中诗西化、古诗今化、含蓄美化"，他对该原则的解释是旨在于比较文学的层面上，将中西诗歌逐渐打通，让古典诗歌朝现代的方向转化，"把古诗转化成当下中国汉语诗歌创作的一个依据，一个资源。同时用英语阅读的时候，也能够和英语诗自由地衔接，就是朝西化的方向转化"。与此同时，译诗也要保持原诗的含蓄品质，不要丢掉原诗的含蓄美。王宏印（2017：19）还对我国典籍翻译和传播史进行了较全面梳理，将其划分为三个阶段，即汉族汉籍阶段，民族典籍阶段和海外汉学阶段。

卓振英（2002：32-36）在"汉诗英译方法比较研究"一文中，建立了一个基于原作美学价值的评价体系，采用定性与半定量分析相结合的方法，从诗学、翻译学、文艺美学和模糊数学等视角，对《登鹳雀楼》的几个英译本在节奏美、结构美、音韵美、意象美、意境美、模糊美、语言美、风格美等模糊子集中的隶属度进行了比较，衡量了译文的得失利弊，认为非诗化译法是一种减值翻译的方法，会造成许多原诗美学特征的缺失。卓振英（2011：32）在其《汉诗英译论纲》中，提出汉诗英译应该遵循以诗译诗的原则，认为诗歌翻译必须兼顾内容与形式，以形神兼似作为翻译标准。

刘泽权、张冰（2012：96-100）认为，无论是定性还是定量准则的翻译质量评价，还是一些西方译学理论与评价模式，特别是功能语言学理论的翻译质量评价模式，都为典籍翻译批评提供了强大理论基础，而语料库研究为翻译批评提供了可资借鉴的实证研究路径，将语料库途径与原有的批评模式相结合可以为典籍翻译批评提供一条新路。

罗选民、杨文地（2012：63-66）探讨了文化自觉之于典籍翻译的意义，认为文化自觉的最终目的就是要在不损害中国文化精神的前提下，以最合适的方式来解读和翻译最合适的典籍材料，从而达到消解分歧，促进中外文化的交流，极大地满足西方受众阅读中国典籍的需要。罗选民、李婕（2020：83-88）讨论了典籍翻译的本质属性，认为"典籍"一词的定义经历了一个不断拓宽的过程，"今天的'典籍'，我们可以理解为中国古代流传至今的重要文献，是一个国家的文化基因和最深层次的智慧结晶"。但是，文章认为典籍是由中国古代语言写成的似有不妥，因为典籍也有用近代汉语写成的，有用现代汉语写成的现当代典籍，且也有现当代人用古汉语写成的篇章（杨自俭，2005：60-62）。

赵彦春（2005）以关联理论为观照，对翻译的本质、翻译过程、原则与标准、运行机制与方法等做了微观和宏观的全面分析，书中绝大多数例子都是中国古典诗词的英译，对定量与定性相结合的译作评价模式也做了很有价值的探索。如从语句关联和译作的语篇织综两个方面对译作质量进行考察，分别设置两个参数。此外，从总体效果方面着眼再设置两个总体衡量参数。语际关联的两个参数是语义"再现"和表现手法"再现"；语篇织综的两个参数是衔接和连贯；整体衡量的两个参数是风格和"三美"（音美、形美、意美）。前4个参数分别为两个采分点，共8个采分点：（1）精确信息；（2）模糊信息；（3）修辞手法；（4）织综；（5）韵；（6）韵式；（7）句内逻辑关系；（8）句间承接关系。后两个参数分别是1个采分点。分数设置：1-10采分点分别算1分。如不理想，适当扣分；如不达意，则判作0分。满分共10分（赵彦春，2005：195-196）。作者举出实例，对上述评价模式进行了详细说明，这对于我们克服典籍英译批评的主观随意性大有裨益。

赵彦春、吕丽荣（2016b：95-100）发现近年来的典籍英译研究中存在对翻译本质与机制的偏离现象，认为典籍英译研究应突出"形式"的意义与制约，将文本的形意张力作为核心问题来研究，典籍英译应以关联与趋同为原则，以其他语篇因素为可调配的参数。翻译不是静态的代码转换，而是以关联为准绳，以顺应为手段，以意图为归宿，尽量使译文向原文趋同的动态行为，是涉及诸多变量或参数的动态交际行为。译者应以原文为根本，准确传达原文的交际意图，尽可能多地关照各种参数，尤其是形意张力参数。中国典籍通常语言凝练，其文体形式本身就是我国独特文化的体现，典籍英译的本质决定了译者必须形神兼顾，否则就会失去经典的价值而沦为普通的语义阐释，译犹不译。在"以经译经"的原则下，译者应遵循关联与趋同两大原则，打破语言壁障以表现或表征原文的形意张力，增强意义潜势。典籍英译的核心任务之一就是诗性的再现，必须"形译"（形式的翻译）与"意译"（语义内容的翻译）相结合，使译文的形意张力达到最大化，只有这样才能使译语与原文等值，达到跨文化交际的目的。类比（analogy）是译者操作的基本手段，它是以不同类但相似的方法来解决矛盾，使译文在整体上相似于原文，成为自主自足的文学文本。类比是一个开放的空间，译者可以采用不同的类比，但应以最佳关联为准绳。作者认为这样的翻译机制可以有效解决长期以来的归化、异化之辩，也可以给翻译批评提供依据。翻译的操作运行机制体现为一个各种因素相互制衡的、辩证的层级体系，这一体系由原则与参数构成，原则即前文所说的关联与趋同原则，参数即各项形意张力参数。原则不可违反，而参数可以调变。关联原则和趋同原则作用于形和意之间的张力，使形所蕴含的意充分显现，使本身就是意的形也能"再现"。事实上，作者这篇文章中讨论的典籍英译的本质与翻译机制，基本上在赵彦春（2005）《翻译归结论》一书中都有阐述。

李正栓、叶红婷（2016：107-112）在对藏族格言诗中的《水树格言》

英译文本分析的基础上,阐述了"忠实对等"翻译原则的运用及效果,认为典籍英译应追求"忠实对等"的原则,以让目标读者像原语读者那样理解和欣赏中国文化典籍。

任婷、李正栓(2017:154-159)给出了典籍英译批评的四条标准:一是坚守原作的客观性,即客体的本质与规律。典籍翻译者必须正确而全面地解读原作和作者的意图以及所要表达的内容;二是尊重译者的主观性。"原文至上"的标准完全忽视了译者的主观能动性。译者的翻译风格很大程度上受到他所遵从的翻译理论及翻译目的的影响,批评者不能不关注译者所要追求的翻译目的而直接评判一部译作的好坏;三是重视差异性。译作中一些与原作的"背离",或者叫做"差异",应该受到重视,而非一味地批判,因为通过发掘其深层次的原因,可以更加透彻地理解译作和译者的目的;四是肯定读者的接受性。翻译批评必须明确目标读者,并且清楚地了解译作在读者群的接受度,要将读者群、读者的意向和背景等社会因素考虑在内。这四个标准,其实更像是翻译批评的原则。

潘智丹和杨俊峰(2013:96-102)提出可以在"扎根理论"指导下,通过各种方法的资料收集、观察、概括,提炼出基本概念、范畴,并在对它们之间关系进行详细分析的基础上,最终归纳出典籍翻译的理论体系,并对建立明清传奇英译理论体系的建构进行了有益尝试。

郭尚兴(2010:138-142;2010:1-5;2013:58-63;2013:77-84)尤为关注中国哲学典籍英译,他的"论中国哲学典籍英译认知的多重历史视域融合"等论文,对中国哲学典籍英译的认知、目的、性质、原则等进行了探讨。郭尚兴(2014:30-35)还把翻译实践范式归为"以文本为中心"和"相关性"两种范式,在对《道德经》译本考察的基础上,考虑到文本的历史功能、客观意义以及文本自身的重要性等因素,认为中国传统哲学典籍的英译应首先遵循"以文本为中心"的范式,以达成维护民族文化核心成分、促进全球文化多样性的目标。

赵长江(2014)在其博士论文《19世纪中国文化典籍英译研究》中对中国文化典籍翻译理论的产生与发展历史做了一定的梳理,认为中国传统译论基本上来自外译汉,对中国典籍外译的研究较晚,最早一篇文章是1906年王国维写的《书辜氏汤生英译〈中庸〉后》，其观点是因为中西哲学不同，中西翻译不可能对等。20世纪80年代以后，较有代表性的典籍翻译理论有许渊冲的"三美""三之"和"三化"以及汪榕培的"传神达意"等。进入新世纪后，典籍翻译研究进入了繁荣期，出现了不少有价值的研究。如黄忠廉借用"语内翻译"和"语际翻译"模式提出了典籍翻译的4个转换机制：典籍翻译转换机制、典籍外译转换机制、典籍外译直接转换机制和典籍外译间接转换机制；郭尚兴提出了典籍翻译应该宏观相契与微观相切两结合等。

张西平（2015：29-34）的"传教士汉学家的中国经典外译研究"一文，指出一定要对传教士汉学家的中国经典翻译做历史的分析，要将不同的来华传教士的不同译本，放在具体的历史脉络中加以分析，探讨其历史合理性，从历史学、解释学、跨文化研究的多个角度对传教士汉学家的中国经典翻译，做出更为全面的整体性研究和评价，克服单一理论模式带来的结论偏差。

王宏、刘性峰（2015：69-79）总结回顾了当代语境下的中国典籍英译理论研究在诸多方面，如本体研究、主体研究、客体研究、研究范式、制约因素、方法论研究等方面取得的成绩，指出了典籍英译研究仍存在的一些薄弱领域，如典籍英译的整体性和系统性研究、语内翻译研究、科技典籍英译研究、典籍英译史研究、合作翻译模式研究、典籍英译有效传播途径研究等。

刘性峰、王宏（2020：69-77）的"再论中国古代科技典籍翻译理论框架构建"，对中国古代科技典籍翻译从本体论、方法论、认识论、历史论、目的论、应用论与传播论等层面，探究了与此类文献翻译相关的内部因素与外部因素，将中国古代科技典籍翻译按学科分为中国古代医药（中医药）典籍翻译、中国古代数学典籍翻译、中国古代农学典籍翻译、中国古代天学典籍翻译、中国古代地学典籍翻译等，按原作的语言分为汉语科技典籍翻译和少数民族科技典籍翻译。该文还探讨了科技典籍翻译批评与一般翻译批评相比具有的特殊性以及相关翻译批评的原则与方法。该文虽然针对的是科技典籍翻译，但却具有较为宽广的理论视野，对整体典籍翻译研究有较大借鉴意义。

蔡新乐（2017b：105-121）在其"'以儒解儒'的阴阳之道方法论问

题初探：《论语》英译研究的方法论问题"一文中重点探讨了方法论的重要性。他认为，就《论语》的英译研究而言，有关论文要么在研究中根本不用任何方法论（甚至是不置一词），要么是不问方法论究为何物，无视论文写作所需要的指导性理论的预设以及论证的完整性。中国知网上的14篇讨论《论语》或者传教士有关儒家经典英译的博士论文（2篇已出版），除1篇以语境化为题研究《论语》英译外，其他均看不到方法论的踪迹，有的只在绪论中点出论述要运用什么，后文全无照应；有的不管多种工具是否具有兼容性、是否可以相互通约而统统拿来，有一篇论文中竟声言运用了"解读法""历史学、语言学交叉法""对比法""翻译法"以及"归纳研究法"等；有的颠覆逻辑，放弃分析；还有的方法根本不对路。由于方法论的缺席，论者常常是自说自话，结论不可靠，也很难使个人意见变为公共思想，供学界展开对应性研讨。

蔡新乐（2019）的《翻译理论的中庸方法论研究》一书，引入儒家思想的中庸之道，试图为基础翻译理论的探究铺设新的方法论路径，构建儒学翻译学的一般理论。作者认为，跨文化交流应从中庸之道走向阴阳之道，"阴阳互动和感通的语言"才是合宜的语言，既可用于儒家、道家的典籍的外传，亦有益于西方某些著作的汉译。

在蔡新乐（2021：98-109）"译论需要训诂的支持：严复'三难'的历史遗产与重译"一文中，他引儒家经文以解"信达雅"，提出了儒家"心本论"可为译论置基，儒家"心学"可作为翻译理论建构的理论资源，我们可以以儒家的致思和解释方法——训诂——来处理跨文化问题。沿着这一思路，他对"翻译本体"进行了探讨并重释"信达雅"，在"被历史遗忘的翻译本体：儒家观点看'心源'"一文中，蔡新乐（2022：87-92）通过分析《礼记》对翻译的界定之中对"心"的意向的突出、鸠摩罗什对"心"的作用的认同和"心"对严复翻译思想的支撑，论证了"意义和价值之源"的"心"才是"翻译之本"。"达志通欲"的要旨是"心意相通"，"信达雅"三者都关乎"言"，也都立足于"心"。"信"指"人立乎于天道"，即"人心时刻守护着天道之（无）言"。"达"指"通达人的心意"。"雅"指"人心向善"之求，养育读者之"人之为人"的品格之求。

潘文国（2017：141-147）认为，中华文化传译已有几百年历史，取得了很大成就，也暴露出了一些问题，主要是受历史的局限，许多中国文化特色的词汇的译名，都是适应西方文化的"格义"之译，致使西方人了解到的中国文化、中国哲学都打上了西方文化的烙印，造成了西方对我们的误解，这在中国文化外译的初期是必要的，也是难免的，但在当今中华文化走出去的背景下，这些译名的"正名"问题需要我们认真对待。作者文中所说的"格义"，实际是说译者从目的语的角度来解读原文并作出归化翻译；所说的"正名"，实际上就是要在理解和译制中，坚持原文文化立场，采用符合目标语构词法的创译新词或是音译。

潘文国于2021年出版了《中籍英译通论（上、下）》，本书上册是理论篇，第六部分重点探讨中国典籍翻译理论。在其"典籍翻译：从理论到实践"一文中，他又详细介绍了该书的写作动机及特色，称经其重释后的"信达雅"是"适用于所有翻译的元理论，本质上要高于中外各种现有翻译理论"；"义体气"属于特殊翻译理论，主要针对中籍英译，但也可用到其他领域，只不过仍待其他领域翻译实践的检验；而"明白、通畅、简洁"则属应用翻译理论，也即翻译技巧，特别针对古代哲言英译（潘文国，2022：62-67）。

在典籍翻译研究的宏观层面上，一些学者还关注了译者和翻译政策等问题。译者在翻译过程中起着承前启后的作用，担负着延续原作生命和传承作者思想的重任，其重要性理应得到凸显。许多、许钧（2017：81）认为应通过研究典籍译者主体以及由此产生的译本形态，考察这些因素对翻译产品接受效果的影响以及对不同读者群体的影响，从而为多种译本寻找存在的现实依据和理论支撑。

邵飞（2020：85-89）通过阐述费孝通先生的"文化自觉"理论及其翻译思想，提出须从加强顶层设计、提供政策支撑、鼓励"借帆出海"、搭建世界舞台、储备优秀人才、挖掘民族瑰宝、增添中国故事等多方面来提升中国典籍翻译的文化自信。

从以上评述可以看出，我国学者对典籍翻译批评的宏观层面和批评理论的研究，在较短的时间内还是取得了相当的成就，但其不足之处也是显而易见的。

3.3 典籍翻译批评实践与研究的不足

尽管我们的典籍英译批评实践和理论研究成绩不俗，但由于典籍英译批评极其复杂，涉及诸多方面因素，所以，现有研究仍有不少问题，不足之处和需要改进之处主要有以下几个方面：

3.3.1 食洋不化与理论的滥用和误用

李广荣（2010：42-48）在"德国功能翻译理论误读误用的反思"一文中，指出国内对于德国功能主义翻译理论的认识上存在的误解和偏差。比如有学者认为："德国功能观……可为意译或改写提供理论上的支持"，但事实上，德国功能主义翻译理论"更重要的是追求交际的目的性或者翻译的目的性……为各种类型的翻译和翻译策略提供理论依据……认为功能主义是一种改写理论是译学界普遍存在的误解"；国内研究功能学派的一部著作中曾言："根据莱斯的文本类型论，翻译的功能优先于对等的标准。翻译批评家不再依赖对原文特征的分析，而是要根据翻译的环境来判断译文是否具有特定功能"，这实际上是"混淆了莱斯翻译批评理论的两个不同方面：文本类型理论和改写理论"。

对国外其他一些翻译理论，我们的理解有时候也会犯错。喻旭东、傅敬民（2021：83-90）在其"国外翻译理论著述汉译中的失范现象探析——以The Scandals of Translation汉译本为例"一文中，基于对韦努蒂的The Scandals of Translation原著及其汉译本《翻译之耻》的细读，根据加拿大口笔译联盟（CTIC）翻译质量评估模式，摘取了100条具有明显错误的翻译，将其分为"理解错误"和"表达错误"各50条，并给出了相应修改建议。

对国外翻译理论的误解，常常导致我们对它们的滥用和误用，如在"'接受理论'视阈下中医典籍英译探析"一文中，作者便运用H.R.Jaus和W.Iser的"接受美学理论"来对比分析《黄帝内经》李照国英译本和吴奇、吴连胜父子英译本，试图说明如何在该理论的指导下，"使中医学信息得到原汁原味的传播"（贺娜娜、徐江雁、林法财、朱剑飞，2017：2104-2107）。而事实上，该理论对于翻译实践，尤其是对于如何在翻译中求得信息对等,并无指导作用,因为它认为文本的意义是不确定的,强调的是读者的"前理解"对文本意义生成的重要性。

在一篇对《孙子兵法》两个英译本的批评文章中,作者声称巴斯奈特(Susan Bassnett)的"文化功能对等"为翻译批评提供了一个全新的视角,并援引国内其他著述,将"文化功能对等"解释为与奈达的"功能对待"相仿的"译语读者在译语文化中所获得的效果要与源语读者在源语文化中的效果对等"(黄海翔,2009:126-130)。事实上,巴斯奈特和勒菲弗尔所倡导的翻译研究的"文化转向"——首先使用该表述的是斯内尔-霍恩比(Snell-Hornby,参见Munday的《翻译学导论》中有关"文化研究的多样性"一章)——是翻译研究的一个新范式,该范式所要摈弃的正是以奈达为代表的语言学派的翻译观与研究方法。翻译研究的"文化转向"关注的不再是两种语言之间语义或功能方面的对等(认为"翻译",确切地说是"文学翻译",是一种极难定义的非常复杂的文化互动,传统的"忠实""对等"概念均已陈旧过时),而是翻译中的权力关系和翻译文本的生产方式,研究的文本主要是文学文本,将翻译视为对原文本的"操控"(manipulation)或"改写"/"重写"(rewriting),探讨的是目标语主流意识形态、诗学、赞助人等对翻译的制约和影响,采用的方法是描写性、解释性而非规定性的。巴斯奈特(2001:129)在评论奈达对翻译中的文化问题的探讨时说:"奈达的文化观都来自人类学,而人类学一直都有欧洲中心主义的偏见",且"奈达有特定的翻译目的,那就是要通过译本将非基督教徒转化为基督教徒"。而这一切都是秉持文化多元主义、倡导翻译研究的文化学多元范式特别是后殖民主义文化学派竭力反对的。

此外,理论的滥用和误用也会削弱翻译批评的力量。蓝红军(2020:84-88)在"翻译批评何为:重塑批评的话语力量"一文中指出,"目的论"虽然为翻译批评提供了新的视角,"但如果千篇一律不加减否地用'翻译目的'来解释译者所有的翻译选择,这样的文章数量越多,越凸显出批评者思想的贫乏"。

3.3.2 特殊问题研究仍待扩展和深入

典籍英译作为翻译的一个类别，它有与其他类型翻译的共性，也自有其独特的个性。对典籍翻译的特殊性和特殊问题，我们的研究仍然薄弱。比如对典籍翻译过程的研究。一些学者认为典籍翻译通常要经过"语内翻译"和"语际翻译"两个阶段，但这并非必然。有的典籍原文就是白话或接近白话，这时通常就不会有语内翻译；有的虽然是古文，但文字浅显易懂，也不用语内翻译；至于何时需要以及译者又有怎样的语内翻译，仍有待深入探讨，对不同的译者而言，情况也许会有所不同。对将古代文言译成现代汉语这一过程中所涉及的不同版本、古今译注、注解和注疏等因素在翻译中的作用等问题，我们的研究也还很少。此外，我们的分类研究还很不够，首先是分类本身的研究不够，其次是对于文史哲文本的翻译研究较多，而对涉及航海、纺织、印刷、陶瓷等古代科技作品翻译研究较少。再者，传播内容、方式、渠道与接收效果研究不足，我们译出去的东西，是否都被理解和接受了，相关研究还很不充分。贾文波（2018：58-62）认为，"一带一路"虽然为中华典籍外译提供了契机，但在当今世界现实文化语境下，基于西方社会需求的考虑，随"一带一路"走出去的中国文化，应当是当代中国大众文化，而不是传统汉语典籍。

3.3.3 缺少宏观综合考量与融合视野

王宏印（2017：19）指出，"关于中国文化典籍及其翻译传播研究，已经有了多年各自为战的研究成果，但迄今为止，尚未达到一种综合状态或融合视野。"这一状态与前边提到的研究多视角相关，与学者的学术背景和知识储备相关，需要学术共同体进一步增进交流，加强合作。目前绝大多数的研究，仍还是基于某一单个理论谈论某一译作，缺少跨学科整合，所得结论多有片面之弊端。王宏、刘性峰（2015：69-79）在对当代中国典籍英译在本体研究、主体研究、客体研究、研究范式、制约因素、方法论研究现状总结分析后，指出了仍存在的一些问题，首当其冲的就是典籍英译的整体性和系统性研究不够。此外，随着计算机技术、大数据、人工智能和语料库分析软件的更新换代，定量研究虽渐成风气，但如何更好地将定量与定性相结合却亟待探究。研究方法与途径的单一，很大程度上影响了研究结论的可靠性和说服力。

此外，我国当前的典籍翻译主要属于"译出"行为，原文化中的译者和机构通常是翻译行为的发起人，而目标文化特别是强势文化，对原文化很多时候并无主动需求，在此种情形下，翻译的传播与接受必然面临许多以往不曾有多新问题，这也亟需我们典籍翻译学者深入探讨，我们面对的宏观语境要求我们进一步增强研究中的跨学科意识，将国际关系学、国际政治学、传播学等等都纳入我们的研究视野。

3.3.4 典籍翻译批评核心问题研究不够

参照我们在第二章中对翻译批评定义的讨论，翻译批评可分为最狭义和最广泛意义以及相对广义的翻译批评，典籍翻译批评也是如此。我们说典籍翻译批评理论研究不够，实际上是说针对相对广义的典籍翻译批评研究不够。我国的最广泛意义上的典籍翻译批评，也即典籍翻译研究虽然起步较晚，但成绩斐然，我们也并不缺乏典籍翻译批评，只是针对相对广义的典籍翻译批评（评价），尤其是对其核心问题的探讨较为匮乏，如缺乏对各类不同典籍的评价标准和评价方法的深入研究。韩子满（2012：76-80，85）十余年前曾言："翻译批评是近年来国内翻译界研究的一个热点，出版了好几本专著，但研究的都是英汉翻译，而且还都是文学翻译，对于汉英翻译，特别是典籍英译批评，却没有人研究"。这种状况在过去的十年间，已经发生了一些改变，但典籍英译批评专著匮乏这一局面仍然存在，相关文章相对而言数量也偏少，在理论创新方面就更是差强人意。现有典籍翻译批评多是借用国外某一翻译理论或其他领域的理论，近几年也有一些用本土的"三美"理论、译者行为批评和变译理论以及生态翻译学理论的，但很少有对这些理论（视角）进行反思乃至提出自己的理论的，这与我们整体人文社科研究中缺乏反思意识、批判意识和创新意识及思辨能力有关，也与我们缺乏文化自信、理论自信有关，也与研究者缺少典籍翻译实践体验有关。

3.3.5 典籍翻译教学及评价研究不够

随着我国文化"自塑"需求的日益增强，对于典籍翻译专业、课程、教材、教法方面的研究也应跟上时代脚步，对典籍翻译人才的培养与评价的研究也迫在眉睫，而我们对此还没有足够的重视。典籍是我国的重要文献，其中也包括了重要法律文献，既然法律翻译可以单独设立专业，典籍翻译也应该可以。由于典籍翻译较一般翻译难度更大，对译者和翻译教师要求也相对较高，高校目前开设典籍翻译课程、培养典籍翻译专门人才的数量较少，合格译者与译评者较少，相关研究文章较少，分类研究的教材较少，探讨典籍翻译教学评价的就更少，这一局面亟待改善，需要国家层面和研习者个人的共同努力。

3.4 本章小结

总之，我们的典籍翻译批评，无论在实践层面还是理论层面，特别是在实践层面，都取得了可喜的成果，但又都存在不少问题，尤其是在理论层面，在一些基础性、核心问题上，如典籍翻译分类、典籍翻译的本质、原则、标准和方法等方面的研究还不够深入。对典籍翻译批评标准与评价体系的探讨，人们虽然一向关注，也不乏真知灼见，但是仍不系统，批评方法上仍缺少规约性和可操作性。典籍翻译既然是不同于其他翻译的一类，就必然具有一般翻译的共性和作为典籍翻译的个性（不同语种的典籍翻译，需要与国别与区域研究相结合），对于如何从本体论、认识论、价值论、方法论层面来分析典籍翻译的本质特性、内外部因素、思维特征、价值评价（翻译批评）等，我们还缺乏宏观和微观的系统考察。这些问题都是事关典籍翻译的重大理论问题，相关理论研究的匮乏无疑严重制约了典籍翻译批评研究的深入开展和翻译批评学科的建设与发展。典籍翻译及批评的高度复杂性和新时代我们面对的国内国际新形势、加强国际传播能力建设的新任务，迫切要求典籍翻译批评有更强的跨学科意识，也要求我们对典籍翻译批评（评价）进行更为本原的探究。

第四章　价值学与评价学：
评价的基本原理

　　从前两章的评述中可以看出，以往的翻译批评（评价），包括典籍翻译批评（评价），大都是在各种语言学理论、文学或文化学理论或是其他社会学理论观照下开展的，而吕俊和候向群（2006；2007；2009）提出要以价值哲学和评价理论为指导，并基于相关理论出版了《翻译批评学引论》。此外，许钧（2003）很早就倡导要重视译作的价值评判，近几年许钧和刘云虹（2015；2016；2020）、王恩科（2020）、蓝红军（2020）等也在呼吁人们关注翻译与翻译批评中的价值问题，王恩科（2022）还以专著形式对翻译批评的价值哲学路径进行了探索。但是，我们应当看到，由于价值问题是人类始终面临的一个十分复杂的问题，人们对价值和评价的认识很难统一、完备，上述学者的相关论述，远非系统全面，特别是对价值主体、评价主体、评价标准以及评价体系构建和评价程序与方法等关键问题的论述中，仍然存有这样那样的缺陷，而以往的价值和评价领域的研究也并非只有一种范式，现存价值和评价理论也并非只有一种，其中一些理论也并不适合用于指导我们翻译批评（评价）。基于批评的本质是评价这一逻辑起点和评价应有评价理论作指导这一研究理念，本书拟在前人和自己先前相关研究的基础上，进一步探索翻译批评（评价）特别是典籍翻译批评的评价学路径。为了更好地达成这一目标，本章需要先对价值和评价理论作一概述，并从各种价值学说和各种评价理论中，选取我们认为合适的、合理的来加以整合，使之成为我们翻译批评（评价）的理论基石，成为典籍翻译评价体系构建的可靠参照。

4.1 价值学

价值从来就是我们人类——甚至动物——各种活动的目标。由于价值与我们的生活息息相关，须臾不离，长久以来，人们一直对理解价值的本质感兴趣，并努力想要去理解它，把握它。《价值学：价值科学》一书的作者阿奇·巴姆（Archie J. Bahm，1993）认为，价值学或价值论是三个最普遍的哲学领域之一（形而上学、认识论和价值论）。由于世上存在不同的价值，作为探讨价值问题的价值学或价值论，随着哲学的分化，实际上包含并发展成了不同的学科，比如美学——关于美、丑和艺术的知识体系（aesthetics: the science of beauty, ugliness and fine art）；伦理学——关于应该、责任、正确和错误的研究（ethics: the science of oughtness, duty, rightness and wrongness）；宗教学——探究生命整体终极价值的学科（religiology: the science inquiring into the ultimate values of life as a whole）；经济学——与商品的生产、分配和消费等与创富相关的知识体系（economics: the science of wealth relative to the production, distribution, and consumption of goods etc）。巴姆这里使用的"science"一词，不是指一般的"科学"，而是指"a particular branch of science"，即"学科"。以上几个学科，尽管各不相同，但它们有一些共同之处，那就是都关系到对好与坏、善与恶、成功与失败等的认识和评判。研究什么是价值、我们如何理解价值以及如何进行价值判断等是价值学的中心议题。

虽然价值自古以来一直是我们人类生活不可分割的一部分，而且不断有先哲论及，但根据阿根廷学者方迪启（Risieri Frondizi）的说法，价值学只有一百多年的历史。"形而上学和伦理学在古希腊得到滋养，知识论始于17世纪，而价值理论，也称为价值学/价值论，直到19世纪末才形成（While metaphysics and ethics nourished in Ancient Greece, and theory of knowledge started in the 17th century, value theory, also called axiology, was not formulated until the end of the 19th century）"（Frondizi, 1971: 3）。

在中国，虽然古人，特别是儒家，有着丰富的伦理思想，但现代意义上的价值学，长期以来一直被认为是伦理学或认识论的一个分支。直到改革开放以后，价值学才作为一门独立的学科在哲学研究中获得了应有的地位。李连科（2003）认为，在20世纪80年代以前，这一学科尚不存在。曾任中国价值哲学研究会会长的李德顺（2004）在《新价值论》一书中描述了哲学的基本结构，认为价值论与本体论、认识论和方法论一样，是哲学的基本分支之一。因此，价值学也可称之为价值论哲学或价值哲学。

19世纪末20世纪初，随着认识论的发展，价值论开始形成并随着现象学的发展而稳步发展。巴姆（Bahm，1993）认为，杰里米·边沁（Jeremy Bentham，1748—1832）和约翰·斯图亚特·穆勒（John Stuart Mill，1806—1873）是现代价值论的先驱。弗朗茨·布伦塔诺（Franz Brentano，1938—1917）是意向论的创始人，他对19世纪后期的价值理论也做出了巨大贡献，强调"直接表象"（presentational immediacy）是价值判断的基础。依据方永泉（2007），德国哲学家爱德华·冯·哈特曼（Eduard von Hartmann，1842—1906）是第一个使用"axiology"（价值学或价值论）的学者。在英语中，"axiology"作为一个学科术语，由乌尔班（W. M. Urban，1873—1952）在其1909年的著作《评价：本质及法则》（Valuation：Its Nature and Laws）中引入。希腊语"axios"的意思是"价值"，"logy"作为后缀，通常表示"……学/论""对……的研究"，因此英语单词"axiology"就是"价值学或价值论"。由于哲学在20世纪发生了价值论转向，越来越多的人开始认为，一个具有普遍意义的价值理论是绝对必要的，它有助于我们系统地、科学地理解所有类型的价值和我们生活的世界。

根据盖伊·阿克斯特尔（Guy Axtell，2009），早在1909年，乌尔班就开始倡导价值学立场的认识论，试图建立一种价值驱动的认识论或价值论的认识论。冯平、陈立春（2003）认为，研究价值哲学的发展史，不能不研究乌尔班。乌尔班的著作《评价：本质及法则》是英语世界中第一部价值哲学著作，也是价值哲学中专门讨论评价问题的为数不多的几部力作之一，该书试图建立一个科学的、客观的价值论。对于乌尔班来说，如果没有客观性，就很难建立普遍的价值理论。因此，关于价值判断客观性的讨论就成了价值论的关键问题。乌尔班认为，虽然对价值的认识和对知识的认识都属于认识论，但认识论不能涵盖价值判断的全部。因此，他在其著作中首次使用了

"axiology（价值学或价值论）"一词。他认为阻碍价值研究的最大障碍是所谓事实和价值、欣赏和描述的对立。价值判断实际上既有主观性也有客观性，因为所有的价值都涉及主体的感情和欲望，而这又受到评价过程中各种因素的制约（冯平、陈立春，2003）。

阿克斯特尔（2009）认为，理论问题来源于实践，价值问题具有实用主义性质，价值论立场有助于认识论研究，我们可以将二十世纪下半叶的认识论置于一个新的哲学背景之下，将之发展成为一种"价值驱动"认识论。这实际上是一种创建广义认识论的努力，这种认识论不再把主体看作是"价值中立的"，而是把主体和客体都作为研究对象。我国学者冯契认为，本体论、认识论和价值论之间存在着内在的统一性（杨国荣，2006）。然而，价值论更侧重于对价值的认识，它是一种有别于只关注"事实"、将主体与客体截然分开的狭义认识论的哲学话语。

现代诠释学强调在主体间交流中存在着对意义的不同理解和解释，一些后现代理论寻求解构逻各斯中心主义，由于受到这些思潮的影响，现代价值论研究中呈现出了相对主义压倒绝对主义的趋势。价值论相对主义不同于价值论绝对主义，因为它认为价值不能脱离评价者而存在，认为在认识论上，事物的内在价值依赖于评价者，而不同评价者之间的评价存有差异，同一评价者在不同时期也会有不同的评价方式（Norkus，1994：102）。

关于相对主义，这里我们需要多言几句。相对主义主要针对的是实证主义。相对主义拒绝承认绝对标准或普遍准则，它存在于不同的研究领域中，有伦理相对主义、认识论相对主义和价值论相对主义等等。以认识论相对主义为例，它认为知识或真理没有普遍标准，那些被认为是"真"的东西，都与本土文化、历史阶段或社会政治利益相关。同样，伦理或道德相对主义也认为不存在客观的道德标准。

相对主义又可以分为绝对相对主义或曰激进相对主义和良性相对主义或曰温和相对主义，绝对相对主义拒绝承认任何普遍性，例如在彻底的道德相对主义者看来，尊重和宽容的价值观本身并不具有普遍有效性，而仅仅是特定的、地区性的道德传统的特性（Scott & Marshall，2005）。作为一个激进相对主义者，保罗·费耶阿本德（Paul Feyerabend）在他1975年的著作《反对方法》（Against Method）中表示，对于任何一个学科方法论原理，人们都可以找到至少一个理由来采纳一个与之相反的，并因此认为"怎么都行"。然而，如果人们接受"怎么都行"，就可能会因滥用我们的利益和意志而导致灾难（Scott & Marshall，2005）。

现代价值学中有一个可以被称为"建设性价值学"的流派，它与古典价值学的不同之处在于，它更倾向于承认"具有普遍意义的价值"，而不是古典价值学所主张的"普世价值"。具有普遍意义的价值（观）被认为是特定社区所接受的价值（观），是该社区实现其基本的社会和文化功能所必需的，它是否适合其他社区仍需检验（Rozov，1998）。

事实上，孔子的"中庸之道"可能有助于解决绝对主义和相对主义两个极端之间的长期论争。"中庸"即"适度""合适"，它能使我们理性地接受相对主义而不走极端。我们应该对相对主义采取辩证的态度，认识到在相对中有绝对。

4.1.1 价值学的分支

正如前文所说，价值学内容庞杂，对价值的深入探究，已经发展成为若干相对独立的学科，以下我们重点介绍和评述其中两个。

4.1.1.1 伦理学

"伦理"二字中国古代最初是分开讲的，"伦"的主要意思是"和"，"理"字原指"治玉"，加工以显玉之纹理之意。二字合用首见于西汉时期的《礼记·乐记》，其中有"乐者，通伦理也"之句。依据王大智（2012：4），"直到近代，日本人在对西方伦理学著作的翻译中，借用汉语中的'伦理'二字翻译了英语中的ethics一词，受其影响，中国人开始用'伦理'指称人际关系的规律与规范"。

伦理学也被称为道德哲学，被称为第一社会科学。无论在西方还是在我国，"伦理"常与"道德"合用或混用。"伦理"的英文ethics源自希腊文ethos，本意是"人的住所或居留之处"，后来扩展为生活的"风俗、习惯"以及"人品、气质"。英文的morality源自拉丁语的mores，本义与ethics的扩展义大致相同。国内外都有学者尝试区分"伦理"与"道德"，如黑格尔认为ethics指客观伦理关系，ethics化为个人的自觉行为，就成为了moral，成了内在操守。王海明（2004：25-29）认为"道德"仅指人际关系规范，而"伦理"则既包括人际关系规范，也包括人际关系事实。王大智（2012：4-5）总结前人讨论后认为，"伦理"指涉的范围要远大于"道德"。本书作者赞同这一观点，在本书的伦理价值的讨论中，伦理价值不仅包括道德价值，而且还包括各种政治及意识形态价值、宗教价值等各类社会文化价值。

依据根斯勒（Gensler，1998），研究道德哲学就是思考我们应该如何生活。我们问自己应该遵循什么样的原则以及为什么我们应该遵循这些原则而不是其他原则。我们研究各种观点，并试图理性地对它们进行分类。伦理学关注的是道德原则和价值观，关注人类生活中那些有关"好"和"坏"的概念。根据巴姆（Bahm，1993：97），伦理学"属于价值学，因为'应该'和'正确'都是根据价值来定义的"。但正如斯科特和马歇尔（Scott & Marshall，2005）所指出的那样，"科学"一词在这里是广义的：科学关注的是描述实际存在的现实……许多伦理学研究都试图找到道德判断的绝对基础，但却发现这是不可能的。因此，当代伦理研究倾向于采取相对主义的立场，这与实证科学不同。

莱文森（Levinson，2005）认为，作为价值理论的伦理学关注的是对人类行为的评价，特别是人际关系中人类行为应有的基本守则。事实上，几乎所有的古代和现代哲学家都或隐或显、直接或间接地表达了他们在伦理探讨中对道德价值的关注：

苏格拉底（Socrates，公元前469—399年）认为，美德即知识，自知是成功的必要条件，也是本质上的"善"，因为任何知道什么是美德的人都会自动去践行。因此，知识和自知之明是宇宙中最有价值的东西。

柏拉图（Plato，公元前427—347年）是知名的理想主义者。他认为善的观念是所有现存的"善"的不竭源泉，观念领域是绝对现实，是灵魂的组成部分。他相信理性是智慧的基础，智慧就是最高美德。

亚里士多德（Aristotle，公元前384—322年）认为，一个人生命的价值，就在于按照自己的本性，以道德来约束自己的行为，并使自己的潜能得到最大程度的发挥。也就是说，要以正确的方式，完成"自我实现"。

伊壁鸠鲁（Epicurus，公元前341—270年）认为，最大的"善"是谨慎，表现为节制和小心。对他来说，过度放纵反而有损快乐。如果一个人太过频繁地吃一种食物，他就会逐渐对这种食物失去兴趣；如果一次吃太多的食物，则会导致身体不适，甚至生病。

西方现代哲学虽然在17世纪发生了认识论转向，但在哲学家们的著作中，也常常可以看到伦理价值的讨论。

笛卡尔（Descartes，1596—1650）被认为是西方现代哲学的创始人。他认为善与恶的区别就像真理与谬误的区别一样。对他而言，善就是真理，真理就是善。

斯宾诺莎（Spinoza，1646—1716）认为，宽容是一种美德，善与恶取决于个人认知。但是，人们意志的自由必须受到理性的支配。因此，价值既是相对的，也是绝对的。

大卫·休谟（David Hume，1711—1776）是第一个提出了"事实"认识和"价值"认识区别的人。事实-价值的区别是"什么"和"应该是什么"之间的区别。前者是可以通过科学、哲学或理性发现的东西，后者是可以通过达成共识而形成的判断。休谟认为，人类无法从"是"中推导出"应该"。作为一个主观主义者，休谟认为，价值不是独立于我们自身而存在的，而是基于我们的感觉。

康德（Immanuel Kant，1724—1804）被认为是欧洲启蒙运动时期认识论经典序列中最后一位有影响力的现代哲学家。康德的认识论试图在经验主义者和理性主义者之间达成妥协。经验主义者认为，知识是通过经验获得的，但理性主义者认为，通过经验获得的知识是值得怀疑的，只有理性才能为我们提供知识。康德认为，经验一定要与理性相结合，要在理性的引领下，将"是什么"和"应该是什么"结合在一起，以此来弥合休谟建立的事实和价值之间的鸿沟（Kolak，2002；李连科，2003）。

纵观伦理研究的历史，人们总是可以找到两条发展主线（范式）：伦理绝对主义和伦理相对主义。伦理绝对主义倾向于夸大道德价值的普遍性和绝对性，而伦理相对主义则认为不存在共同的、绝对的道德，不存在适用于所有社会的普遍的、绝对正确的道德。相对主义者认为价值在认识论上依赖于评价者。伦理相对主义包括文化伦理相对主义和规范伦理相对主义（常简称为文化相对主义和规范相对主义）。王海明（2004：25-29）认为，我们应该辩证地看待道德问题：道德既具有适用于一定社会的特殊性、相对性，因而存在特殊的、相对的道德，又具有适用于一切社会的普遍性、绝对性，因而存在共同的、绝对的道德。

当代法兰克福学派的主要代表尤尔根·哈贝马斯（Jürgen Habermas 1929—）区分了人类共有的三种认知兴趣：了解和控制我们周围世界的技术兴趣、能够相互理解并参与共同活动的兴趣、消除我们对自身理解的扭曲的兴趣。哈贝马斯试图建立一种具有规范色彩的"话语交际伦理学（'discourse' oriented communicative ethics）"（Blackburn，1996），其当代康德主义的伦理观形成了建构性价值论的基础，在伦理价值方面，提倡对文化、道德和宗教多样性的容忍，认为人们有权捍卫那些已被特定社区或个人接受的价值，因为它们为特定社区或个人及其周围环境的价值体系的实现提供了安全保障和可能性（Rozov，1998）。

4.1.1.2 美学

美学作为哲学的一个分支，研究美的本质、艺术、品位以及美的创造和欣赏等问题。《牛津哲学词典》将其定义为"对于从我们对艺术或其他被认为是感人的、美丽的或崇高的对象的欣赏中产生的感情、概念和判断的研究（the study of the feelings, concepts, and judgements arising from our appreciation of the arts or of the wider class of objects considered moving, or beautiful, or sublime）"（Blackburn，1996）。具体而言，美学理论关注的问题有：什么是艺术作品，什么让一件艺术作品获得了成功，艺术能否成为真理的载体，艺术是通过什么方式来实现其功能的，理解一件艺术品和不理解之间有什么区别，我们是如何从令人惊讶的事物中获得审美愉悦的，为什么完全不同种类的事物看起来同样美丽，对美的感知与美德有无联系，与能看到事物的普遍性或本质有无联系，与审美教育和实践的重要性有无联系，想象力在艺术创作或欣赏中的作用是什么，审美判断是否能够改进和训练，是否具有某种客观性等（Blackburn，1996）。

关于美和审美的讨论，也像关于伦理的研究一样，可以追溯到古希腊哲学家，但"美学"一词是由"美学之父"鲍姆加滕（A. Baumgarten，1714—1763）在1735年提出的。英文"美学"一词源于希腊语"aisthesis"，意思是通过感官体验一个对象。然而，美学绝非只是其希腊语最初的意思。它需要许多智力因素的参与，需要许多理性的分析，包括分析艺术家的意图、想象力的作用、创作技巧、美的本质、艺术形式的崇高性、读者或观众的欣赏体验等等（Cooper，2007）。

由于美与审美的复杂性，人们对其的理解和研究也很不相同。有人认为美的本质是模仿或现实再现，想要从中求真，寻求事物的本来面目。有人认为艺术是感情的表达，因此形式上没有固定不变的要求。有些人认为艺术家的工作是创新，创造力应该是艺术和美学理论的中心议题。其他人，如康德，认为审美活动是一种游戏，审美判断就发生在想象和理解的"自由游戏"中，是一项令人愉快的活动。它不仅涉及对客体的认知判断，还涉及主体是否能够认识到客体和主体之间的审美关系。也有一些人认为欣赏艺术作品就应该欣赏作品本身，与其他因素无涉，而另一些人则认为如果不考虑艺术品的道德伦理、政治或社会文化品质，我们就无法欣赏它们（同上）。

在美学发展过程中，也有从本体论到认识论再到价值论的转向。在"价值论美学"看来，"美"并不纯粹来自客体，而是体现为一种关系，一种客体的属性和主体的审美需要之间的价值关系（李连科，2003：257）。价值论美学更多地关注实践中的主体，认为审美体验是一种价值生产活动，因此，人类从审美体验中感知的不仅仅是与主体相分离的客体的审美属性（黄凯锋，2001：17）。

价值论美学极大地影响了文学研究领域。巴姆（1993：96）就曾说过，由于艺术不仅被人创造，而且还被人评断，艺术批评的就应运而生。这一领域包括了各种各样的文学批评、音乐批评等。依据黄凯锋（2001），价值论美学对文学批评的影响主要来自这样一个事实，即主体审美经验的直觉、读者的参与和反应被赋予了特殊的价值。敏泽和党圣元（1999）认为，文学创作是一种价值创造，它不可避免地涉及到作者的事实判断和价值判断，作者的判断决定了其作品的内容和表达方式，而文学文本价值的最终实现，不仅依赖于作者,还依赖于读者的参与。

陈明(2005)认为,价值论美学的历史起点可以追溯到亚瑟·叔本华(Arthur Schopenhauer,1788—1860),他是基于人性非理性信念的所谓唯意志论美学的先驱。唯意志论美学相信人的意志是生命和一切存在的基础,而人的意志是恶的,它是漫无目的的欲望,是一切人类悲伤的源头,一个欲望满足后,人们要么感到无聊,要么会产生另一个欲望。因此,为了得到宁静和仁善,我们应该尽量遏制欲望,而人类的审美活动则可以让人暂时逃离欲望和痛苦,得到片刻精神的愉悦。

弗里德里希·尼采(Friedrich Nietzsche,1844—1900)深受叔本华的影响,认为美是"意志力"的直接表现(汪顺宁,2002)。尼采的一句名言是"上帝死了",经常被引用来呼吁重新评估一切价值,因为人类应该重视的是生命本身的价值。依据尼采,所有的价值都来自生命的活力。在《悲剧的诞生》一书中,他谈到了希腊神话中的阿波罗和狄俄尼索斯,前者代表理性、逻辑和秩序,后者代表生育、直觉、激情、叛逆、混乱,代表着生命的活力。

审美价值的判断变得异常复杂,因为它往往又与人们对伦理价值的判断密切相关。依据莱文森(Levinson,2005),人们大多数关于审美的评价,尤其是艺术审美评价,都承认伦理评价在其中起着真正的作用,作用的大小根据所涉及的艺术作品的种类不同而有所差异。

总而言之,价值论美学是一个相当复杂的问题。除了审美判断的主观性和客观性并存之外,还涉及到伦理价值的问题,在许多情况下,伦理因素甚至起着至关重要的作用。需要提到的是,对艺术作品的审美价值和伦理价值的认识,以及一件作品能否被视为艺术作品的问题,都涉及到我们认识客体的能力和方式,以及我们认识客体与主体之间的价值关系的能力和方式。这将不可避免地使审美判断也成了一个认识论问题,一个我们在讨论价值判断时不得不留意的问题。

深入探讨价值和价值学不是本研究的目的,对作者来说也不可能。因此,我们这里不再谈论价值学的其他分支,如宗教学和经济学。在本章的下一部分,我们将集中介绍一些能够对翻译批评或评价研究有启迪意义的价值学和评价学相关理论，主要包括：（1）价值的定义；（2）价值的分类；（3）评价及其本质；（4）评价的类型；（5）评价原则；（6）评价标准；（7）评价方法；（8）评价的特征；（9）对评价的评价等。

4.1.2　价值的名与实

价值是什么是价值学要回答的最基本问题。《剑桥国际英语词典》将价值定义为"某物对某人的重要性或作用"。从历史上看，人们对什么是价值以及价值存在于哪里，都有不同的看法。

威廉·文德尔班（Wilhelm Windelband，1848—1915）是德国新康德主义学派的领袖，他认为没有主体的意志和情感就没有价值（George，2003）。

弗朗兹·布伦塔诺（Franz Brentano，1838—1917）认为，价值根植于人类的情感，根植于有利与不利的对比，根植于爱与恨的对比。价值是我们对事物和事件的态度。他的学生亚历克修斯·迈农（Alexius Meinong 1853—1920）进一步阐述了他的价值思想，认为价值情感既不是独立于可公开证实的（科学的）事实，也不可还原为事实，它是一种可以通过参照相关事实来判断合理与否的主观感受。

马克思认为："'价值'这个普遍的概念是从人们对待满足他们需要的外界物的关系中产生的"（《马克思恩格斯全集》第19卷第406页，转引自高立平，2001：15-16）。

李连科（2003）认为，价值来源于实践，它是客体与主体间的关系。价值是主体的对象化和客体的主观化。

李德顺（2004）曾总结了人们对价值的各种看法：客观唯心主义者认为，价值就是价值本身，它独立于任何事物而存在，超越我们人类和我们的生活，超越世界上任何事物，是我们人类的最终目标、最终理想和绝对标准。这种价值观带有明显的宗教神秘主义色彩。有些人认为价值就是具有价值的事物，而另一些人认为价值不是事物本身，而是能够满足人类需求、带给我们快乐的事物的固有属性，是附属于某一事物的属性。例如，不存在一个叫"美"的东西，也就是说，美本身并不存在，而是体现在某个物理对象中。与价值"实体"观相反，有人认为价值是完全主观的东西，只存在于主体的兴趣、欲望或情感之中。也就是说，价值存在于评价中。这种价值观有忽视价值的客观基础的倾向，容易使价值变得不可定义。与上述观点不同，李德顺（2004）持与上述李连科一样的观点，认为价值是指客体主体化的过程、结果和程度，是以主体为尺度的主客体的统一。他们都认为价值是客观的，但既不依赖任何实体，也不是实体的固有属性。价值存在于客体和主体的互动关系中。因此，价值也不是简单的主体的兴趣或需求，而是主体与客体两者结合的产物，也就是说，价值在本质上既是客观的，也是主观的。简而言之，价值是客体和主体二者之间的关系存在。

4.1.3 价值的分类

由于价值是客体和主体之间的关系，很难决定应该从客体的角度还是从主体的角度对其进行分类。而在现实中，人们为了各自研究的需要，对其做了不同的分类。

巴姆（1993：40）将价值分为六对儿十二种：（1）好与坏；（2）目的和手段；（3）主观价值和客观价值；（4）表面价值和真正价值；（5）实际价值和潜在价值；（6）纯粹单一和混合价值观。好和坏不是矛盾的对立面，而是相对的，相对于他物，相对于之前或之后。这从我们语言中使用的"好""更好""最好""坏""更差""最差"这样的词就可以看出来。目的和手段是理解价值所必需的也是最重要的区分。目的，也就是目的本身，被称为内在价值，因为它们的价值包含在自身之中。手段，也就是达到目的的手段，被称为工具性价值，因为它们的价值来自其有用性，即它们能带来或保持内在价值。但这样区分两者，人们可能会发现，有些有内在价值的东西也具有工具价值，有些有工具价值的东西也具有内在价值。我们也可以区分客观价值和主观价值，但我们也会发现，一些内在价值既是主观的又是客观的。表面价值和真正价值常常难以区分，这给价值理论带来很大麻烦和混乱。此外，大多数内在价值也不是单一的，而是以许多不同的方式混合或融合一起的。

由于内在价值和工具价值是价值研究中最为重要的区分，这里需要再稍作解释。内在价值是一个对象"本身"或"为其本身的缘故"所具有的伦理价值，而工具价值（或称外在价值）是能够产生内在价值的价值。如果某样东西本身是好的或可取的，它就具有内在价值；如果它能成为达到某种其他目的的手段，那它就具有工具价值。例如，音乐本身被认为是值得拥有的，所以具有内在价值；而收音机可以用来欣赏音乐，因此具有工具价值。内在价值和工具价值并不相互排斥。例如，"接受教育"本身是有价值的，但它同时也可能是实现其他价值的一种手段。

此外，一些价值论者还区分了相对内在价值和绝对内在价值，认为前者是主观的，因人而异，因文化而异，而后者则不然。但是，关于是否存在绝对内在价值，一直存在争论，一些人认为只有相对内在价值。

李连科（2003）曾为我们提供了一个较为明确的分类。他首先区分了物质价值和精神价值。物质价值又根据是自然形成的还是人工制作的，进一步分为自然价值和经济价值。精神价值又进一步分为知识价值、道德价值和审美价值。以上对价值分类的讨论，虽然没什么定论，但对人们全面理解价值还是很重要的。

4.2　评价学

评价实际上是价值学的重要内容之一，但由于它在价值学中具有非同一般的重要性，又因它在我们社会生活中的极其重要性，已经逐渐发展成了一个相对独立的学科。国内外不仅有许多评价机构和协会组织，如美国评价协会，国外大学里还开设有专门的评价研究院所和专业或课程模块，相关研究已经取得了较为丰富的成果，国内自1994年马俊峰的《评价活动论》、1995年冯平的《评价论》和同年陈新汉的《评价论导论》出版至今，以"评价论""评价学"或"……评价学"等为名的专著也已有好多部。以下几节是我们对该领域主要概念及问题研究的简要介绍和评述。

4.2.1　评价之名与实

按照《剑桥国际英语词典》（2004）所给的定义，评价就是判断或计算某事、某物的质量、重要性、数量或价值。"评价"既可以指评估活动的结果，也可以指评价活动的过程，还可以指一种职业。

李德顺（2004：214）认为，评价就是评估和判断。它是价值的比较，是人类衡量价值的主要智力形式。

李连科（2003：104）认为，评价是价值的反映，是客体与主体需要之间的关系。

冯平（1995：31）在其《评价论》一书中指出，"人的认识有两种不同的取向，一是揭示世界的本来面目，二是揭示世界的意义和价值。前者曾是认识论全神贯注的问题，后者是认识论未曾关注，但却应加倍关注的问题。对于前者可以称作认知，对后者可以称之为评价"。冯平认为，评价是以认知为基础、将认知包括于自身的更高一级的认识活动（吕俊，2007b：1-6）。

陈新汉（2000）认为评价属于认识论范畴。从逻辑上讲，认知活动先于评价活动，但从认识论发生学的角度来看，评价是第一位的。然而，在实践中，很难确切知道究竟哪一个是第一位的。

大多数中国学者认为评价是价值（关系）的反映，是一种特殊的认知形式，主要目的是形成价值判断（陈新汉，2000；肖新发，2004）。

而苏富忠（2001：11-15）认为，既有的评价研究把评价局限在价值评价这个特殊领域。其实，评价不仅仅是价值评价还包括感知评价、科学评价等其他类型。他提出了评价的衡量性认识说：评价是在真切认知被评对象的前提下，运用特定标准评判被评对象、以衡量对象为目的的目的型认识。

巴姆（1993：69）认为评价就是做出评价性判断，而"评价性判断表达的是对现存价值比较所得的信念（evaluative judgments express beliefs about comparisons of values that exist）"。

戴维森（Davidson，2005：20）认为，"评价是谨慎的个人、团体、组织和国家作为良好质量管理的一部分所做的事情（evaluation is something that prudent individuals, groups, organizations, and countries make a point of doing as part of good quality management）"。她还说：

> 然而，评价远不止"应用社会科学研究"。顾名思义，评价不仅包括收集有关某一项目、产品或其他实体的描述性信息，还包括使用"价值"来（1）确定应该收集哪些信息，以及（2）从数据中

得出明确的评价性推断，即，关于某事物的质量、价值或重要性的推断。换句话说，研究可以告诉我们"那是怎样"，但只有评价才能告诉我们"那又怎样"。（Davidson，2005：xi）

在评价行业领域里，教育评价标准联合委员会给评价的定义是："评价是对某个对象的价值或优点的系统评估（Evaluation is the systematic assessment of the worth or merit of some object）"（Stufflebeam & Shinkfield，1985：3）。而美国评价协会将评价定义为："旨在提高效率的对项目、政策、人事、产品和组织的优劣的评估（assessing the strengths and weaknesses of programs, policies, personnel, products, and organizations to improve their effectiveness）"①。

斯塔弗尔比姆和辛克菲尔德（Stufflebeam & Shinkfield，1985：3）认为，所有的专业评估都应该使用系统收集的数据。这些数据可以是定量的，也可以是定性的，成功的评估通常都包括这两种类型。

总而言之，我们可以说评价既是一个过程，也是某个项目评估的结果，也可以是一个行业。广义的评价是对一切事物的认识和判断，狭义的评价仅指对价值（或价值关系）的认识和判断。也就是说，狭义的评价就是价值判断。在本书中，除非另有说明，评价通常是指狭义的评价。

判断通常都以陈述句的形式呈现。逻辑实证主义者信奉关于句子语言意义的证实原则。即，只有当一个句子表达的东西可以被经验观察所证实或证伪时，这个句子才是严谨有意义的。逻辑实证主义者通过证实原则将价值问题驱逐出了哲学领域，因为在逻辑实证主义者看来，价值陈述只是一个人的感觉和情感的表达，不能被验证为真或假。然而，也有例外。例如，杜威（John Dewey，1859—1952）就接受证实原则，但不赞成逻辑实证主义的反价值理论，主张价值判断的可证实性，捍卫价值问题哲学研究的有效性。"对于杜威来说，对逻辑实证主义反价值理论的批判，就是捍卫哲学研究价值问题的合法性，就是捍卫哲学和理性的尊严"（冯平，2006：112-119）。总的来说，彻底的逻辑实证主义似乎是有问题的，尤其是在价值判断

---

① 原文见：http://www.evaluationwiki.org/index.php/Evaluation_Definition:_What_is_Evaluation%3F

方面。假如所有的价值判断都没有意义，那么当人们说善良是好的，残忍是坏的之时，他们在干什么呢？从广义上讲，"人类所有行为，明里暗里都是对价值的表达或偏好的肯定"，因为"如果没有一套完整的价值体系，人类所有行为都是同等重要或同等无意义的"（Meehan，1969：25）。米汉（同上：28）对价值判断的尝试性定义是"偏好的表达或务实的选择"。

为了更好地理解评价，也为了寻求一种在方法论上较为可靠的翻译评价（批评）方法，本书对评价学的介绍和讨论，将涵盖评价学的理论研究和行业实践两方面取得的成果。

以上关于评价的定义，大多都道出了一些评价的本质，但为了对评价本质有一个更清晰的认识，我们还需要对它进行更详细的分析。

斯塔弗尔比姆和辛克菲尔德（Stufflebeam & Shinkfield，1985：3）认为，虽然评价会利用程序来获得可靠和公正的信息，但它绝非是价值中立的，它的基本目标是确定被评估的事物的价值。"如果一项研究没有报告某个事物有多好或多坏，那它就不是评价"。

戴维森（Davidson，2005：1）说，"就人类进化而言，评价可能是最重要的活动了，它能促使我们进化、发展、改进，并在不断变化的环境中生存下来"。对一些人来说，评价本质上是一种经验认识，而对另一些人来说，它是一种特殊的认识。"评价的特殊之处——也是它不同于描述性研究（也比描述性研究更难）的地方——在于它不仅仅是简单地收集数据，并以'价值中立的'（即纯粹描述性的）词汇呈现结果。评价是要在特定语境中将价值观应用于描述性数据分析以便明确表述评价对象的质量或价值（The special thing about evaluation—the part that makes it different from [and harder than] descriptive research—is that it involves more than simply collecting data and presenting results in 'value-neutral' [i.e., purely descriptive] terms. Evaluation involves applying values to descriptive data so as to say something explicit about the quality or value of the evaluand in a particular context）"（Davidson，2005：85）。

从许多中国学者给出的定义来看，评价本质上是一种与人类实践密切相关的认识活动，旨在改造世界或创造价值。评价是认知活动的高级形式，基于我们对世界的认知，又不仅限于对世界的认知。评价本身就是一项永无止境的创造性活动。换言之，评价具有认识活动的一些共同特征，但也有其自身的特殊性。为了弄清楚认识与评价两者之间的区别和联系，我们不妨再看一下认识论。

　　作为哲学的一个分支，认识论主要关心的是我们如何认识事物，以及我们如何区分知识的真假。认识论研究中有两个不同的思想流派：理性主义和经验主义。理性主义者和经验主义者之间的争论，主要集中在先天知识是否可能这个问题上。经验主义或实证主义认识论否认有所谓的先验知识，认为人的大脑在没有感官经验之前是一张白纸，真理是我们对物质世界的客观反映，是可以被验证的对象。反实证主义者认为，在任何实证研究或事实判断中，都必须预设一些概念或理论框架，而且可能存在若干相互对抗的理论框架或模型，人们无法找到中立的立场来对它们进行评判，认识论的相对主义因此而产生。另一个与之类似的论点，如现象学和诠释学中，强调在主体间交流和意义的解释上存在不同的前理解和阐释。根据这些观点，真理只能是读者与文本、主体与客体之间通过对话达成的某种共识。随着哲学和认识论的语言学转向，虽然逻辑实证主义者坚持认为所有可知的真理要么是分析的，要么是经验的，没有什么先验知识，但一些解构主义者认为，我们无法直接接触到能验证知识的现实，即使是最基本的经验或观察报告，也有赖于某种形式的概念或语言排序。也就是说，我们不能在语言或话语之外去检查我们的话语是否与现实相符。这一结论导致了激进相对主义或绝对相对主义，使得符合论真理观全然不被接受。与此不同的是，社会建构主义认为主体间的共识是知识判断的最终标准，"真理"只是某一社会群体中的大多数人所认同的东西。这种共识论真理观不承认主体间交往之外有什么真理标准（Hamlyn，2005；Scott & Marshall，2005）。

　　郁振华（2007：1-8）认为，"西方传统认识论的一个基本倾向是专注于 knowing that 而忽视了对 knowing how 的研究"。而到了20世纪中期，knowing how 的重要性在对知识经验的分析中受到了重视。单纯的 knowing that，知识经验常体现为一个命题集；而 knowing how 则体现为一组行动和实践。要想实现对知识经验的完整理解，必须将两者很好地结合起来。受后期维特根斯坦（Wittgenstein，1889—1951）思想的影响，认识论出现了实用主义转向，即以实践为导向的认识论研究。杜威（John Dewey）认为，"每当出了问题时，每当想要的享受受阻时，评价就会发生（valuation takes place whenever a problematic situation exists, whenever an expected enjoyment is blocked）"（George，2003）。这很好地解释了杜威的实用主义观点:评价就是在实践中解决问题。这种认知不能脱离实践的观点也可以视为一种广义上的认识论。

认识论在西方和中国都是在不断发展的。我国学者冯契认为，认识论有广义和狭义之分。狭义的认识论以不同形式的实证主义为特征。广义的认识论是本体论、认识论、方法论和价值论的统一体，不仅包括对外界客体的感知，也包括对主体自身的认知（陈晓龙，2005；郁振华，2007）。

任平（2000）认为，随着实用主义转向，认识论和整个哲学都出现了交往和主体间性的转向。任平在其《广义认识论原理》和《交往实践与主体际》中提出，传统的主客二分和后现代主义的主体—主体二分，应该被主体、客体、主体框架所取代，以克服以往二分法的缺陷，建立一种广义认识论（方文涛，1999）。

吕俊（2007d：200-201）从翻译研究的角度也分析了上述主客二分和主体—主体模式的缺点，强调只有广义认识论才能作为建构主义翻译学的基础，因为这种认识论不同于狭义的认识论，它将个体主体置于社会活动的现实中，并将其视为与作为一个整体的社会群体主体的交往关系中的主体。在广义认识论框架中，不仅有主体对客体的认识，也有不同主体之间的对话，还有社会制度和社会规范对个体主体的约束。

综上所述，我们可以说，评价并不属于传统认识论或狭义认识论的范畴，而是进入了更宽广的价值学领域。作为价值论的一个范畴，评价是一种创造性的社会建构活动，既涉及我们对一般事物，特别是价值的认识，也涉及我们对各种价值的判断。从系统论的角度来看，价值论不是、也不可能完全孤立于本体论、认识论和方法论等其他哲学分支，而是与它们紧密相连的。由于价值并不是一种实体性存在，而是一种关系存在，所以价值认识并非易事，它不仅需要主体对客体的认识，也需要主体去认识主体与客体之间的价值关系，即客体在何种程度上满足了主体的需要。这意味着评价离不开认识论，但我们需要的是一种广义认识论，既包括了对客体本质和规律的探索和发现，更包括对主体和客体之间价值关系的探究。因此，作为对价值的评估和判断的评价，它既有主观性，又有客观性。

4.2.2 评价之类型

在人们的现实生活中，评价可分为不同的类型。对米汉（1969：28）来说，理性的选择或判断与不假思索的反应或纯粹的情感反应之间应该有明确的区别。虽然情感反应是人类生活的重要组成部分并在价值判断中发挥作用，但它不能单独为评价提供足够的基础，因为它不涉及判断前的计算，没有认知维度。"而价值评判意味着理性的选择、成本的计算、根据某种标准或理想的权衡"。

与米汉相似的是，巴姆（1993）认为，我们应该区分两种常见的价值判断：无对比评判和有对比评判。无对比评判表达的是对价值存在的信念。例如："这幅画很美"或者"这把椅子很舒服"。有对比评判表达的是经过比较后的现存价值的陈述。例如："这幅画比那幅漂亮"或者"这把椅子比那把舒服多了"。巴姆（1993：69-70）同时承认，"在大脑中作出这样的区分是困难的，因为在实际经验中，享有价值，无对比评判和有对比评判，在各种场合中是混杂在一起的"。实际上，本书作者认为，所有的价值判断都包含一定的比较，只不过有些是含蓄的，有些是明确的。在巴姆所说的无对比评判中，实际上隐含着比较。

迈克尔·斯克里文（Scriven，1991：169；340）区分了形成性评价和终结性评价。前者"通常在项目或产品（或人员等）的开发或改进过程中实施，且经常是多次实施，主要是为了单位内部改进工作"；后者通常"在项目完成后实施……且服务于外部受众或决策者"。形成性评价和终结性评价这两个术语最初是在谈论课程评价时提出的，但之后它们被教育之外的领域广泛采用，在不同的语境中，不同的人可能会赋予其不同的含义。

豪斯和豪（House & Howe，1999：6）强调了专业和非专业评价的区别。在《评价与社会研究中的价值》一书中，他们采用了斯克里文对评价的定义，评价即"对某事物的优点或价值的确定，特别是评估行业中对项目、产品、政策和绩效的评定（Scriven，1991）"。他们认为，非专业评价大多是依据偏好、信仰、兴趣等感性认识，没有强有力的证据支持，而专业评价需要深思熟虑，需要证据，是更理性的评价。

值得注意的是，豪斯和豪（1999：7）认为"事实和价值陈述是一个不能被分割的连续统"。休谟（Hume）的事实—价值二分法认为，事实和价值是互不相同的东西，价值不能从事实中推导出来。然而，根据豪斯和豪的观点，我们所有的陈述都是价值陈述，事实和价值经常相互混合，形成一个连续体，不能截然分开。"一个断言表述的是一个残酷的事实还是纯粹的价值，抑或是介于两者之间，一定程度上取决于语境（Whether a claim counts as a brute fact or bare value or something in between depends partly on context）"。而且，专业的评价性陈述在很多时候倾向于事实-价值连续体的中心位置。豪斯和豪十分重视语境在评价中的重要性，他们认为，"语境常常决定某个陈述是否具有评价性，而陈述可以同时具有描述性和评价性"（1999：8）。

评价通常认为有三种形式：过程评价、结果评价和影响评价。过程评价描述和评估项目材料和活动；结果评价评估项目的成就和效果；影响评价着眼于"超越政策、指令或服务的直接结果，确定的是长期的以及非预期的项目效果"（beyond the immediate results of policies, instruction, or services to identify longer-term as well as unintended program effects）[①]

也有一些学者认为还有第四种形式的评价，即元评价：对某个已有评价的评价。

依据马俊峰（1999），在哲学价值论层次上，评价也可分为多种类型：功利评价、道德评价、审美评价、学术评价、个人评价和社会评价、事先评价和事后评价、综合评价和分类评价、对人的价值的评价和对物的价值的评价等等。它们中的每一个都有自己的特殊性（标准），但也享有一些共性。

---

① 原文见：http://www.evaluationwiki.org/index.php/Evaluation_Definition:_What_is_Evaluation%3F）

马俊峰（1994）认为，社会评价是以社会为主体的评价，而陈新汉（1997）则认为，社会评价是以特定的社会群体为主体的评价。本书作者认为二者的区别仅在于范围，并不存在本质上的差异。冯平（1995）认为，社会评价有三种基本形式：机构评价、公众舆论和媒体意见。

4.2.3 评价的目标

米汉（1969：vii）认为，评价的目的不仅是做出价值判断，而且是提升人类活动的绩效。他引用马克思的话以强调评价的实践取向："迄今为止，哲学家们只是解释了世界，但重要的是改变世界（heretofore the philosophers have only interpreted the world, the important thing is to change it）"。

戴维森（Davidson，2005：1）认为，"就人类进化而言，评价可能是最重要的活动了，它能促使我们进化、发展、改进，并在不断变化的环境中生存下来"。这充分说明了评价是人类生存的基本需求。除此之外，评价在现实生活中的主要动因是发现项目需要改进的地方和/或对整体质量或价值进行评估。

冯平（1995）认为，评价的目的是揭示世界的意义和价值，是改变世界。

肖新发（2004）认为，人类评价的目的不仅是寻求"真"，而且是寻求"善"和"美"，是创造价值，满足人类生活和社会发展的需要。

简而言之，尽管在现实生活中，根据具体情况，评价可能有不同的目的，但总的来说，它的根本目的是揭示世界的意义和存在的价值或价值关系。就是分辨好坏，解决问题，提升实践活动效能，创造更大的价值。

4.2.4 评价的原则

要使评价科学化，我们必须有合理的原则作为指导。在这方面，许多学者提出的原则是非常有见地的。然而，西方的米汉、马塔拉索（Matarasso）、豪斯和豪以及中国的吕俊的讨论对我们的翻译批评尤其具有启迪意义和借鉴价值。

对于应该如何进行评价，米汉（1969：6）曾经说过，"价值判断和解释一样，是为了实现人类的目的而产生的。它们必须依赖于实验证据和理性计算"。在做价值判断时，我们应该拒绝理想主义，因为"它要求建立的那种绝对的、普遍的规则超出了人的能力"（米汉，1969：7）。情感主义也不能作为伦理判断的唯一基础，因为"人的情感反应不够稳定，不足以提供一个可靠的选择或行动的标准"（米汉，1969：7）。此外，"实证主义或科学主义是行不通的，因为它甚至否认通过理性论证来捍卫价值判断的可能性，并最终导致规范或标准的'不可知论'（rigid empiricism or 'scientism' will not do because it denies even the possibility of defending value judgments by reasoned argument and leads eventually to normative 'know-nothingism'）"（米汉，1969：6）。

马塔拉索（1996：7-8）特别注重评价的伦理原则。他认为美国教育评估中发展的一套用于学校的评价原则也适用于社会上的艺术工作者。经他调整后的原则是：（1）程序正当，即评估中使用的程序和标准必须合理、公开并始终如一；（2）尊重隐私，即关于个人的信息应当保密，信息使用方式应该让当事人知道，并且限制在与其工作有关的方面；（3）平等公正，这意味着不应基于不相关的理由（如性别、种族等）做出决定；（4）公开透明，即评估过程应向公众公开；（5）人道主义，指的是评价时应该考虑评估过程中涉及的人的感受；（6）客户权益，即"客户"的利益；（7）艺术自由；（8）尊重自主权，这意味着艺术工作者个人有权对自己的作品做出合理的专业判断，如果不同客户的价值不可调和，则应明确说明以避免潜在的冲突。

豪斯和豪（1999）的讨论对专业评价很有帮助。豪斯和豪在《评价和社会研究中的价值》一书中详细回顾了关于价值和评价的各种观点，主张在评价中采用民主审议的原则（deliberative democratic principle）。

豪斯和豪首先列出了关于价值和评价原则的一些相互冲突的想法和建议：

（1）评价者应该是价值中立的。

（2）评价者应该为特定群体服务。

（3）评价者应该平等对待所有利益相关者的观点。

（4）评价者应该权衡和平衡利益相关者的观点。

（5）评价者应该承认所有利益相关者的观点都是合理的。

（6）评价者应该采纳评价发起者的观点。

（7）评价者应与利益相关者进行对话。

（8）评价者应该与利益相关者保持距离。

（9）评价者只应充当辅助者。

（10）评价者应该在评价研究中下结论。

（11）评价者不应在评价研究中下结论。

（12）评价者应该得出部分结论。

（13）价值观决定方法论。

（14）价值观和方法论无关。

（15）价值是主观的。

（16）价值是客观的。（House & Howe，1999：xiii-xiv）

豪斯和豪接着指出，这些不同的观点源于不同的价值和评价的概念和假设。逻辑实证主义者区分事实和价值，他们的事实-价值二分法认为，评价者可以合理合法或客观地确定事实，因为事实与现实世界有关，但评价者不能确定价值，因为价值是人类附加在事实情境中的，是由相关主体主观选择的，不能通过理性确定来得到。因此，评价者只能根据客户的价值观做出评估性的陈述，而不能批评这些价值观，或者，评价者也可以试图找出证据，使他们的判断符合客户的价值观。豪斯和豪认为，这种逻辑实证主义的观点不能作为专业（职业）评价的基础。

阐释主义者持有一种"建构主义观点"，认为知识是通过主体间互动和对话构建起来的，这种互动和对话都有一定的文化和历史背景，承载着特定文化和历史的道德和政治价值观，通常是为特定利益服务的。虽然这种建构主义观点总体上否定了事实-价值二分法，但如果是个体的或激进的建构主义观点，则应该被拒绝，因为激进的建构主义者认为事实和价值都是个人主观选择以形成他自己的世界的，因此，一切都是相对于个人而言的。显然，这种激进的建构主义观点有着明显的绝对相对主义色彩，也不适合作为专业评价的基础。

同样，后现代主义者排斥公共知识和专业知识，认为它们总体上具有压制性，他们试图解构逻格斯中心主义，也就贬低任何价值判断，包括他们自己的价值判断。他们主张"怎么都行"的极端相对主义，在他们那里不存在科学评价。因此，后现代主义理论也不适宜作为评价的基础（House & Howe，1999：xix）。

对于豪斯和豪来说，一个更可取的观点是民主审议观（deliberative democratic principle），这种观点"是对话性的"，它不同于激进的建构主义与后现代主义，"它采用公共标准来评价并能有助于公共知识的积累"（ibid.）。

依据豪斯和豪，事实和价值并不是二分的，而是融合在一起的，存在于一个连续体中，很难完全区分开来，"对于评价者经常使用的评价性陈述和社会研究概念来说尤其如此"（House & Howe，1999：xvi）。他们认为，"评价陈述由相互交织的事实和价值判断组成"，而且"评价者可以通过收集和分析证据并遵循其专业评价程序得出客观的价值判断（House & Howe，1999：xv）"。他们相信，"这种观点使专业评价活动合法化，并为评价发挥更大的社会作用开辟了道路"，评价也因此而在公共决策中具有了更大的权威性，当代社会非常需要这样的评价（ibid.）。

豪斯和豪在这里实际上是在谈论评价研究中的不同范式。豪斯和豪提出的民主审议观（原则）与社会建构主义是一致的，评价的民主审议原则的核心是："评价应该满足三个明确的要求：包容、对话和审议"（1999：xx）。"包容"意味着我们应该考虑所有评估参与方的主要利益和意见，"对话"就是我们应该允许各方真实的利益和意见在评估过程中得到表达和交流。"审议"即我们应该充分利用评价者的专业知识和技能。当评价能够满足以上要求和通常的适当的数据收集和分析等相关要求时，我们就认为它是"民主、公正和客观的"（ibid.）。

评价的民主审议原则还包括其他原则，这些原则主要用以说明评价者不应该如何：如，"评价者不应忽视权力的不平衡，或假装关于评价的对话是公开的，但事实并非如此"。也就是说，评价者应该努力纠正各方在对话中的不平等权利关系。同时，"评价者不应假定所有群体的意见都同样正确"（同上：xix-xx）。此外，"评价者不必考虑所有标准或所有潜在受众，只需考虑与特定时间和特定环境中的特定地点相关的标准"（1999：xvi-xvii）。

王良铭（2002：24-27）提出了三条价值评价的方法论原则：一是主体性原则。由于评价是主体对客体的属性对主体是否有价值的一种评判，所以主体的需要、目的就是尺度。二是实践性原则。人对价值的追求是通过实践实现的,离开了主体的实践活动,主体与客体之间的价值关系就不可能存在。三是科学性原则。指主体对主体需要与客体属性之间的价值关系的评判应该客观、公正、科学。而科学性原则要求满足三个条件:首先,评价主体的需要必须是合理的。即个体主体或群体主体的需要必须既有利于自身的生存和发展,又有益于社会历史的进步。其次,主体的评价必须尊重客体自身的本质和规律。客体的本质和规律对主体的需要和评价活动具有制约作用。再次,主体必须坚持合目的性与合规律性相统一的评价尺度。以上三条基本原则相互联系、不可分割,不能仅依某一原则而不顾其他,否则就会使评价片面和主观。

我们在前边谈论过评价的类型,其中有个体评价与社会评价之分。陈新汉早在1994年就论述了社会评价的原则,认为在社会评价中,应该坚持主体性原则、综合效果原则、超前原则和民主原则,它们是实现社会评价科学化的重要原则或前提。在社会评价活动中主体性原则尤为重要,因为在个体评价中,评价主体和价值主体是重合的,运用主体性原则是不言而喻的。但在社会评价活动中,价值主体理论上是群体,实际上总是由具体的现实的个体或机构组成,而处于群体中的个体或机构容易偏离群体角度和地位。主体总是复杂的社会关系和价值关系中的主体,在对效果进行评价时,就必须注重实效,注重各种价值关系之间的比较和权衡,即注重综合效果。此外,还要科学地分析各种不同质的价值关系,并尽量把它们量化,再予以辩证综合。评价活动的要旨在于超前。这对于社会评价活动尤其重要,因为通常群体的实践范围较大,产生的影响也深远,往往会出现一系列连锁反应。在评价第一个价值后果(效果)后,还必须超前评价可能由第一个价值后果引发的第二和第三个价值后果。在强调评价的民主原则时,在不过度依赖权威的同时,也绝不能简单地实行"全民公决"(陈新汉,1994:18-23)。

管顺丰等(2012:62-66)就艺术产品价值评价的原则提出了自己的看法,认为从评价的内容上看,评价主体应遵循层次性原则,因为对于不同艺术产品而言,价值可能是多种多样的,包含政治价值、情感价值、审美价值等;就价值内容的重要度而言,同一个产品中包含的多种类型的价值要素的重要度不同。例如毛泽东坚持政治标准第一、艺术标准第二。从评价的标准上看，应当遵循真善美原则，将真善美作为艺术批评的最核心标准。从评价的方法上看，应该遵循定性与定量相结合原则。这里一些地方的讨论，有把原则与标准混为一谈的嫌疑。本书作者在这里有意选择了中外有关艺术作品评价的原则的论述，因为艺术作品评价是所有评价中争论较多的一类。

吕俊（2007a：125-130）通过对认识活动中主客体关系的详细分析，认为评价活动是一个复杂的过程，既涉及传统狭义认识论中的主客体关系，又涉及广义认识论中的主—客—主关系。狭义认识论优先考虑客体原则，要将主体的参与减少到最低限度；广义认识论则认为主体是客体的一部分，主张主体原则。吕俊进一步指出，在现实的评价中，这两种看似不同的认识形式是无法明确区分开来的。主体总是存在于我们所有的认识活动中，尤其是在人文和社会科学领域，要获得有效和全面的价值陈述，我们必须同时考虑客体原则和主体原则。在评价中，主体原则并不否定客体原则，相反，前者包含着后者。因此，我们应该更加重视主体（性）原则，同时也要防止像解构主义者那样走向极端的相对主义。

吕俊（2007a：125-130）认为，避免走向任何极端，尤其是解构主义极端的一个方法，是将主体原则与规范原则结合起来。评价中的主体原则与个体的需要密切相关，个体的需要因人而异，具有多样性和流动性的特点。这些特点是导致解构主义者对评价尤其是客观评价标准持否定态度的主要因素。然而，解构主义者忽视了一个事实，即任何个人都是一个社会的个体，与社会所有成员共享一个文化传统，这个社会对他的信仰和行为方式都有很大影响。作为社会的一员，个人的需求，无论是物质需求还是精神需求，都不可避免地受到他所生活的社会以及族群共性的影响与制约，在一定程度上要由这些制约因素决定。也就是说，个人的价值观并不完全由自己决定，在一定程度上是由社会塑造的。此外，任何社会都有要求其成员遵守的法律和规范。如果一个人的需求是不合法或不合理的，不被社会所接受，他的需求必然会被判定为不合理的，并受到社会的批评甚至驱逐。这意味着主体原则必须受到规范原则的调节和约束，评价应坚持客体原则、主体原则和规范原则的统一。

"在社会学中，规范是对行为的共同期望，它意味着被认为是文化上可取和适当的。规范在规范性方面类似于规则或条例，尽管它们缺乏规则的正式地位（In sociology a norm is a shared expectation of behaviour that connotes what is considered culturally desirable and appropriate. Norms are similar to rules or regulations in being prescriptive, although they lack the formal status of rules）"（Scott & Marshall，2005）。陈新汉（1995：155）也认为，规范是一个社会基本价值观的结晶。规范可以在每个社会和个人的价值观中找到，因此它具有客观性。如此，主体（性）原则与规范（性）原则的结合必然赋予评价以客观性。

本书作者认为，要实现评价的目标，使我们的评价更加科学，我们需要综合考虑上述中外学者提出的评价原则。

4.2.5 评价的标准与相关因素

为了进行科学评价，除了合理的评价原则之外，我们还需要价值判断的标准。然而，自古以来就有许多不同的有关价值的争论和不同的价值判断标准。由于价值判断的标准与人们的价值观密切相关，我们在前边介绍价值及其本质时已经谈到了价值判断的标准问题。为了避免不必要的重复，在这一部分我们将只谈古代和现代哲学家提出的一两个标准，而集中讨论当代哲学家提出的标准。

古代哲学家普罗泰戈拉（公元前490—420年或公元前481—411年）最著名的一句话是"人是万物的尺度"（李连科，2003：24）。

现代美国哲学家杜威（John Duwey，1859—1952）被认为是实用主义者最杰出代表，以工具主义著称，认为有效有用是检验和衡量真理和价值的唯一标准。

在中国，古代哲学家如孔子（公元前551—479年）、荀况（公元前298—238年）和王守仁（王阳明，1472—1528）等人提出的评价标准，对衡量人类实践包括翻译实践在内的现代标准都产生了深远的影响。

孔子的"己所不欲，勿施于人"的信念一直被视为人类行为最基本的道德准则。荀况重视的"礼",就是社会伦理规范,他把"忠信"作为衡量一个人的品行的最高标准。由于规范总是社会性的,这种标准要求在个人的需要与社会或某个社团的需要之间有冲突的话,前者应该让位于后者(李连科,2003)。王阳明的心学,主张评价世间万物的标准是人的良知,即心之澄明。他曾经解释过野外的花和来到花前的人之间的关系,认为是人和他对美的鉴赏力赋予了花以悦目的色彩(张祥浩、陈怡,2009)。

当代西方和中国的哲学家和价值学家对价值判断的标准也有很多论述。

米汉非常注重价值评判标准的语境性,认为不存在一成不变的价值评价标准。他说,"每一次价值判断或解释,都可以而且必须被视为一种实验;不可能有完整的、最终的或普遍的价值结构。价值标准在社会之间和社会内部都会随着时间的变化而变化,在某一特定时间内也会有所不同"(Meehan,1969:39)。

实际上,评价的标准问题是价值论中最有争议的问题。斯塔弗尔比姆和辛克菲尔德(Stufflebeam & Shinkfield,1985:5)识别了评价标准差异产生的三个关键来源:客户的不同期望、某一评价的品质以及评价的需要程度。其他引起评价标准差异的因素还有:是否需要比较性评价、评价的主要用途以及评价者所需的特殊资质等。

巴姆(1993:70)曾经这样描述价值判断以及判断的标准的形成:

当一个人因内在价值而或悲或喜时,或是在其探寻事情的因果关系时,特定的价值判断就会出现。当一个人多次做出某种特定的价值判断时,这种判断的反复出现就会赋予它一种标准性质。当几个人多次做出类似的价值判断时,它们的共同重现可能赋予它们一种社会规范的性质特征,并发展成为一种文化特质。在寒冷的天气里,人们通常喜欢暖和的衣服,而在炎热的天气里,人们通常喜欢凉爽的衣服。一旦一个判断获得了社会地位,它就成为一种对价值的预判。

巴姆的上述言论实际上涉及了个体评价(评价的主体是个人)和社会评价(评价的主体是一群人或一个社团)的问题,也涉及到了评价的主观和客观问题。在中国,由于传统上我们更注重集体的需求和利益,而不是个人的需求和利益，社会评价被赋予了更多的权重。李德顺认为，社会评价的标准是社会的客观需要和社会的主流意识形态。陈新汉认为，社会评价的标准应该是一个社会群体意识到的自身的合理需求。张理海认为，社会评价标准是一定历史时期的主体的根本利益、社会理想及其在此基础上形成的规范，是社会价值标准和社会理想标准的统一（何海兵、秦宏毅，2008：132-134）。但是，我们重视社会评价，并不意味着个体评价不重要。个体评价包括评价者对他者的评价，也包括对其本人的评价。个人评价通常采用个人自己的标准，但有时，个体评价也可能采用社会评价标准。需要提及的是，社会评价有时可能由个体做出，通常是某一领域的专家（李连科，2003）。

戴维森（Davidson, 2005）详细介绍了影响评价的五个主要因素：第一，消费者，项目的实际或潜在接受者或受影响者；第二，价值观，你判断被评价者是否有价值或是高品质的依据，是决定"多好是好"的标准；第三，被评价项目的内容和执行情况；第四，对项目的直接接受者和其他受影响者的影响（有意的和无意的）；第五，相对成本-效益（与可能实现类似或更大价值的可用资源的其他使用效果进行比较）。这五个因素中的每一个都可以作为我们评价标准的主要方面。

我们应当看到，在评价标准研究领域，也存在不同的范式。人们通常认为，人类的一切社会实践活动都是有目的的活动，而要实现特定的目的，我们就需要探寻事物发展变化的规律，顺应这些规律，努力使我们的实践做到既合目的性又合规律性，因此，合目的性与合规律性就成了人们评价事物好坏的最高标准，这在评价研究中也有反映。戴维森（2005）描述了选择评价标准的两个主要导向。一种是目标导向或目的导向，一种是需求导向。

依据戴维森（2005：25），大多数评价对象（项目）都有一些首要的目的或目标，这些目标"通常已部分地让评价者知道了评价对象究竟有多好（多有价值，多有效）等等"。然而，仅凭项目"目标"或"目的"，我们并不能确保对项目的结果或项目的表现好坏得出可靠的结论。戴维森深受斯克里文（Scriven）的影响，她给我们提供了一个改编自斯克里文（1991）的"目的/目标导向"的评价也可能产生的问题列表，较为详细地说明了此类评价也可能出现的一些让评价者难以处理的情景，评价中如果出现任何一种下表所列情况，评价者都会有价值判断的困惑：

表4-1　　　使用预设目标或目的作为唯一评价标准存在的问题

问题	例子
超好与缺陷（超额与差额）	我们应该（a）因为项目X没能实现某个目标称它为"失败"，（b）说它做得很好，因为较之于它离那个没能实现的目标的差距，它大幅度超额完成了另一个目标，还是（c）介于两者之间不好也不坏？
目标难度	如果项目X差一点没能完成的目标（目标2）是一个特别具有挑战性的目标，而它超额完成的目标（目标3）却很容易，那又该怎么评价呢？
目标重要性	如果容易完成的目标实际上是更重要的目标（也就是说，实现这个目标比实现另一个目标更有价值），该怎样评价呢？（我们如何独立地发现容易完成的目标是否更重要的目标？）
预期的附带效用	如果项目X还有一个不包括在预定目标中的绝佳的附带效用呢？我们应该忽略这一点吗？如果不然，我们怎么能知道它是不是弥补了那个没能完成的目标？
综合混合结果	如果我们需要对两个项目的优劣进行排序（或二选一），其中一个项目超额完成了预期目标，另一个项目刚好满足三个目标中的每一个，但没有任何超额，该怎么选？我们该依据什么说一个比另一个好？
目标水平的合理性	假设你发现项目X"在预算内"（即，实现了它的成本目标），但是你却发现它的成本是完成大致相同目标的任何一个可比项目的五倍。（类似的问题，又假设项目X完成了预定目标，但刚刚超出预算，而预算的确很紧。）
忽视过程:为实现目标可以不管手段吗？	如果项目X没超预算，方法是强迫项目员工在3个月内每个周末都加班，最终团队成员的前三名辞职并去为竞争对手工作了，该怎样评价它呢？
使用谁的/哪些目标？	假设不同的人（项目设计者、管理人员和执行项目的职员）对目标究竟是什么各有不同的理解，你应该根据谁的/哪些目标进行评价？相关问题：你将如何处理选择一组目标而不是另一组目标所涉及的政治问题呢？如果仅仅是为了找出目标是什么你就花光了整个评价预算，你会怎么做？

（Davidson，2005：26-27）

由于"目的导向"的评价标准存在问题，一些人转向了不依目的/目标而是基于需求的评价。"不依目的"作为评价中的一个术语，并不意味着我们不用考虑项目的目标或评价者的目标，只是说明不能以目的导向的标准或（忽视过程和非预期效果）预期效果作为唯一标准。

基于需求的评价要求我们知道消费者或受影响者的真正需求是什么。我们可以确定的需求将是我们用于评价的主要标准。此外，在需求评估阶段收集的数据通常也会成为标准的一部分。

一般来说，消费者或受影响者是指那些因特定产品、服务、项目或政策而发生改变（应该或可能会改变）的人。根据戴维森（2005：30），"消费者可分为两组：一是直接用户或接受者，二是其他下游受影响者。直接接受者是实际购买产品、参与项目或直接从评价对象处接受服务的人，而下游受影响者是那些不是直接接受者但仍然受到影响的人"。消费者或受影响者可以是个人或直接接受者为之工作的组织，也可以是当地社区或整个社会。

实际上，戴维森（2005：33）承认基于需求的标准也是有问题的。首先是我们必须区分"需要"和"想要"（distinguish "needs" from "wants"）。其次是区分不同种类的需求。"真正的需求"可能不是某人想要或意识到需要的东西，它甚至可能是某个主体绝对不想要的东西。一个严重脱水的人在沙漠中迷了路，到达绿洲时他可能会强烈地想要一杯啤酒，但他或她真正需要的却是水。

戴维森（2005：33）将"需要"定义为"没有它就会有令人不满意的状况发生的东西（something without which unsatisfactory functioning occurs）"，将"想要"定义为"没有它会有令人不快的状况（但不一定有令人不满意的状况）发生的刻意追求（a conscious desire without which dissatisfaction [but not necessarily unsatisfactory functioning] occurs）"。

在使用基于需求的标准时，我们需要意识到，需求在很大程度上取决于语境，取决于地理、文化和历史背景：

这里的另一个要点是，需求高度依赖于语境，语境有许多方面，如地理、文化和历史。一个世纪前，我们不需要能够在一天之内从太平洋的一端到达另一端，但在今天的商业环境中，这就成了需要。一个跨国公司，如果其业务代表只走海路，花上几周时间去见海外客户，就会远远落后于竞争对手（这是一个发生令人不满意的状况的明显例子）。语境变了，需求也随之改变。又如，不同国家对基本生活条件需求的定义不同，因为它们对"令人满意的状况"的定义不同。（Davidson，2005：34）

需求取决于语境，但这并不意味着它们全都是模棱两可，一切都成了相对。评价者需要做的是"明确定义语境，要证明我们为什么将某些东西归为需求"（ibid.）。

依据戴维森（2005：35），我们可以区分三种不同的需求:1）有意识的需求与无意识的需求；2）已满足的需求与未满足的需求；3）性能需求与工具需求。

戴维森对第一种需求区分的解释是：我们知道我们需要什么和我们不知道我们需要什么。有些东西我们认为不需要，但实际上我们确实需要。无意识这个术语并不意味着这些需求不为任何人所知；更确切地说，它只是暗示了有需求的人不知道这些需求。

已满足的需求是评价者已经得到满足的那些需求，如果取消这些需求，很可能会导致严重不令人满意的状况；未满足的需求是已经或将会给评价对象带来问题的需求。性能需求是指我们知道有些实际或潜在的问题需要解决，而工具需求是对解决问题的方案的需求（2005：36）。

戴维森（2005：23）为我们提供了一个改编自斯克里文（Scriven）的评价要点清单（Key Evaluation Checklist，简称KEC）（清单详见下一节），认为评价标准与KEC清单中的五条最为相关，它们是：（1）消费者，即谁可能会受到评价对象的影响；（2）价值观，我们如何定义"好的"（或者"有价值的"）；（3）过程评价，对评价项目的内容和实施过程的评估；（4）结果评价；（5）相对成本—效益。

戴维森（2005：24）对上述五点做了进一步解释:

消费者——项目的实际或潜在接受者或受影响者；价值观——你根据什么来确定评价对象（项目）是否质量上乘、是否有价值？你从哪里获得标准，你如何确定"有多好才是好"的？过程评价——评价对象（项目）的内容和实施的价值或效率如何？结果评价——对直接接受者和其他受影响者的影响（预期的和非预期的）有多好或有多少价值？相对成本—效益——与可能实现类似或更大价值的可用资源的其他使用相比，评价对象（项目）对消费者、资助者、工作人员等的成本有多高？成本是过高呢还是相当高，抑或是勉强可以接受，还是非常合理？

对于戴维森（2005：28-29）来说，如果我们要建立一个标准清单，需要的工具或要素还有:（1）需求评估；（2）将评价对象和（主体）需求联系起来的简单逻辑模型；（3）对其他相关价值的评估；（4）考虑与过程、结果、成本-效益评价相关的其他因素的标准清单；（5）组织标准清单的策略。

虽然戴维森建议我们采用基于需求的评价标准，但她并没有给我们提供一个需求层次表。也就是说，戴维森没有给我们具体的评价标准。事实上，如果我们考虑到需求取决于语境，这也是很自然的。

关于需求和需求层次，我们也可参阅其他学者的观点。需求是被认为是必要的东西，尤其是被认为是个人、组织或任何事物生存所必需的东西（Scott & Marshall，2005）。

我们也可参考美国心理学家马斯洛（Abraham H. Maslow，1908—1970）的需求层次论：食物、睡眠、免受环境的极端伤害是必须首先得到满足的需求；其次是对安全保障的需求；再就是对归属感和爱的需求；然后是对自尊和来自他人的尊重的需求；最后是自我实现的需求，即完满人生的追求。马斯洛认为，前三种需求属于由现实条件的不足而引起的可感知的需求，而另外两种则属于发展的需求（同上）。

李连科（2003）认为，人的需求可以分为生理需求和社会需求。它们一方面是主观的，因为它们是人类欲望的表达；另一方面又是客观的，因为它们在很大程度上是由特定背景下的社会和历史决定并在社会实践中表现出来的。

李德顺（2004）认为，虽然马斯洛的需求层次理论很有启发性，但我们应该以发展的眼光来看待需求层次。他本人倾向于把需求分为物质需求和精神需求两类，而每一类又可以再分为现实需求和发展需求。物质需求包括与最基本的价值相关的基本生理需求和与物质价值相关的经济发展需求。精神需求是对世界、社会和人类生活的认识需求，以及对满意的政治和伦理生活、审美享受等的需求。发展需求是一种终极需求，是物质需求发展和精神需求发展和谐一体的发展价值，表现为实现真善美的统一。因此，我们可以根据各种物质和精神价值实现的质和量来评价事物。价值越多、越重要，它在价值等级中的位置就越高。然而，我们应该意识到，重要性是相对的。

对于基于主体需求的评价标准，国内也有学者持不同意见，有人认为它会助长非理性的价值追求,因为主体需求并非天然合理。但李德顺（2013：134-142）认为，虽然某种需要并非天然合理，但并不意味着就一定不合理。"一切价值和评价的标准，都是以人为本、在人们的具体历史实践中形成和改变着的"。事实上，以包括主体需求在内的主体尺度来界定价值，并不必然助长非理性的物欲泛滥，它同样会促进我们对社会文明的反思，人们能够认识到有些需求会产生"负价值"就是例证。其实，这里仍是"需要"与"想要"不同的问题。

总之，评价标准与我们的价值观密切相关，而价值观又与人的需求密切相关。然而，由于人类的需求高度依赖于环境，不可能有一个随时随地都可以使用的标准列表。换句话说，从古至今，国内外总会有适用于特定的语境的不同的标准。但这是否意味着所有的标准都是完全相对的，我们必须接受"怎么都行"的观点呢？方迪启（Frondizi，1971：18）曾经评论说，

> 除非有价值标准和行为规范，否则如何避免混乱？如果每个人都有自己的价值尺度，我们用什么标准来认定价值冲突呢？如果没有价值标准和行为规范，就不可能有审美和道德教育，道德生活将毫无意义，忏悔罪恶将近乎荒谬。如果我们把人作为审美价值和道德法则的衡量标准，严格地说，似乎既没有"好品味"，也没有道德。

> （How can chaos be avoided, unless there are standards of value, norms of behavior? If every one carries his own yardstick of valuation, by what standard shall we decide axiological conflicts? Esthetic and moral education would be impossible; moral life will be meaningless; repentance of sin would seem absurd.... If we make man the measure of esthetic value and moral law, it would appear that there would be, strictly speaking, neither "good taste" nor morality.）

方迪启的话告诉我们，评价中的绝对相对主义范式将毁灭评价和我们人类的有序生活。我们建议的出路是:首先，我们可以确定一些被广泛接受的最高和最终价值标准，如李德顺提出的实现真善美的统一；更重要的是要确

定最低和最基本的价值标准，如满足人类健康生活的最低需求；再就是针对不同类型的价值建立一些分类标准，并将之与特定语境相结合。其次，我们应该坚持上一节给出的评价原则，并仔细考虑戴维森列出的必要的相关语境因素，建立一个全面的和可操作的评价列表或一个具体情况下的评价标准框架；第三，我们也可以接受杜威的建议——优先考虑方法。杜威认为，我们面临的主要问题是方法论问题。在关注价值论问题几十年后，杜威在90岁时写道："在目前情况下，就价值问题而言，决定性的问题是方法论问题"（Frondizi，1971：28）。

4.2.6 评价的方法和程序

格雷厄姆·洛（Graham Low，2002）认为，评价从本质上讲需要两件事，一是蕴含了"成功"的标准的任务定义，二是能够产生与标准相匹配的数据。洛的言论表明他心目中的评价是目的导向的，而且评价的实施离不开评价标准。因此，即便我们将视线转到评价方法，我们仍会发现标准问题仍是评价的核心问题。不仅如此，我们还会发现，在评价方法上，就像以上几章对翻译批评方法和评价原则的讨论中看得的那样，同样也存在着不同的范式。但不管怎样，我们仍可以通过讨论不同方法的优点和缺点，从中选出我们认为最好的方法。

米汉（1969：19）认为，价值判断涉及描述和解释。描述需要依据相关概念将观察到的事物分类，"从结构上讲，描述由一组变量或概念组成，这些变量或概念的值可通过观察确定。描述总是具体和特定的，它与过去有关，与未来无关，不包含'全部'或'一些'这样的通用语汇（Structurally, a description consists of a set of variables or concepts whose values have been determined by observation. Descriptions are always specific and particular; they relate to the past and never to the future; they contain no general terms such as 'all' or 'some'）"。对一个场景的描述取决于观察者的认知和他所使用的概念工具。"如果一个观察者对雏菊不感兴趣，即使雏菊存在，他也不会把它们包括在他对一个场景的描述中；另一方面，如果他没看到它们，他就不能把它们包括在描述中——当然，如果重要的话，他可以在描述中声明没有看到它们（If an observer is not interested in daisies, he will not include them in his description of a field even if they are present; on the other hand, he cannot include them in the description if none are to be seen—though he might, of course, state in the description that there were none to be seen if that was important）"。

虽然人们的解释中不可避免地会有一些主观因素，但米汉认为评价仍可以是科学的，因为"描述和解释是科研的核心，是人类参照环境采取理性行动的基础（descriptions and explanations are the heart of the scientific enterprise, the foundation on which reasoned human action with reference to the environment is built）"（Meehan，1969：25）。解释的主观性并不意味着它就一定会有问题，一定会不科学。对于米汉来说，"虽然解释可能会有问题，只要它们具有逻辑连贯性，并且与该领域其他成熟的解释、实验证据和各种其他因素兼容，它们就可能非常可靠（Though explanations can be problematic, they can be very reliable, so long as it has logical coherence and is compatible with other well-established explanations in the field, experimental evidence, and various other factors）"（ibid.）。

巴姆（1993：71）谈到了事物是如何被认识的和认识事物价值的方法。对他来说，"认识一个事物有两种方式:直接和间接。因此，存在两种基本的知识:直觉的或直接的知识和推理的或间接的知识"。直觉是指对你正在研究和试图了解的对象的理解的直接性，而推理是从给定或已知的事物到其他事物。推理又可以分为两种：感知推理和概念推理。感知推理是从你已经看到的、尝到的或感觉到的，推断出你没有的。概念推理既包括感觉和概念，也包括归纳和演绎。比如归纳，你可以从多次阅读某个译者译文的反复享受中，推断出阅读这个译者的译文总是产生同一种内在价值。又比如演绎，你从阅读这个译者的翻译总是带给你享受的前提推断出，你下次再来读这个译者的翻译，你也会享受或者感受到价值。巴姆（1993：86）认为，人们"认识价值的方式与认识其他事物的方式相同，即通过直觉和推理"。

对巴姆来说，价值判断除了认识问题的方式之外，也与公布价值体验结果的人的语言能力有关。实验表明，在区分不同种类的颜色时，能够区分粉红色、红色和褐红色的人,通常比不能区分的人在描述他们的颜色体验时,有更好的词汇表现力。

马塔拉索(Matarasso,1996:15)关于定量与定性分析的讨论值得我们深思。他说"所有评价都依赖两类信息:表达各种措施数量的定量证据和表达更明显主观价值判断的定性证据。对评价日益重视的公共部门在很大程度上依赖量化数据(尽管越来越复杂),因为量化数据更易获得、更易使用,而且似乎具有权威性。"

值得注意的是,马塔拉索(1996:16)认为,量化数据只是假装客观。"它的弱点在于其背后没有明言的或隐含的某种假设,也在于其容易被篡改",因此,"人们已努力想要平衡统计数据与更微妙的定性分析"。马塔拉索(1996:17)在强调定性分析的重要性时还提到,"在艺术领域,个人的主观反应是意义的核心"。

就评价过程和程序而言,豪斯和豪(1999:xvi)认为,"评价过程依次为寻找评价标准,为每个标准设定绩效标准(值),收集相关数据,整合数据与标准,形成对政策、项目、产品或任何评价对象的好坏成败的总体判断"。他们对评价过程进一步解释说:

实际的评价过程更加复杂,取决于许多实质性和对背景因素的考虑以及被评价实体的性质。评价的背景会在很大程度上制约评价的方式以及解决方案的形成。评价者不必考虑所有标准或所有潜在受众,只需考虑与特定时间和特定环境中的特定地点相关的标准或受众。尽管评价者在如何达成一致标准、谁参与评估过程以及如何处理绩效标准和数据方面存在分歧,但他们仍然可以使用其学科概念和工具达成相当程度的共识。(1999:xvi-xvii)

如前所述,豪斯和豪认为事实和价值并不是二分的,而是一个连续统。他们关于事实和价值是一连续统的思想对价值判断,特别是专业评价很有启发意义。根据豪斯和豪(1999),专业评价通常包含认识论陈述和评价性陈述。为了作出价值判断,人们通常必须识别现存价值,而认识或确定事物的价值与认识论密切相关。此外,豪斯和豪对语境因素在评价中的重要性的强调也很有见地。

在戴维森（2005：xi-xiii）看来，"关于究竟什么是评价、它与其他活动究竟有何不同、真正的评价究竟需要哪些程序步骤，没有人比斯克里文思考得更深入、更细致了"。迈克尔·斯克里文（Michael Scriven）在创建真正针对评价的独特的原理和方法方面做出了极大贡献，为评价实践提供了坚实的理论基础。专门针对评价的原则和方法是这样的"一套原则（逻辑）和程序（方法），它能指导评价小组将描述性数据与相关价值相结合，以得出明确的评价结论（a set of principles（logic）and procedures（methodology）that guides the evaluation team in the task of blending descriptive data with relevant values to draw explicitly evaluative conclusions）"，而"明确的评价结论必须说明某事有多好、多有价值或多重要，而不仅仅是描述其样态或其结果"。

深受斯克里文影响的戴维森（2005：26-27）提倡一种"不依目的"的"基于需求"的评价方法。"不依目的"的评价（goal-free evaluation,GFE）要求"评价小组有意不去了解预期目标是什么（或曾经是什么），以避免过度关注预期结果。这种方法背后的基本原理是，预期和非预期的效果都必须被纳入评价中。而戴维森提倡的"基于需求"的评价，则可以较为全面地用来考察确定评价对象究竟产生了哪些效果（包括积极的和消极的）。

对戴维森（2005：37-39）来说，"基于需求"的评价包括两个阶段：第一阶段是识别并记录"性能需求"，即解决那些已经引起客户注意的实有的或潜在的问题的需求；第二是调查那些性能需求产生的根本原因。第一个阶段可以称为严重问题收集记录阶段，而第二个阶段可称为诊断阶段。在第一阶段，我们"通过收集一些关于问题严重程度的确凿证据（通常是定量数据）"来记录性能需求的大小情况，许多时候可以找到一些比较数据（例如前些年的类似数据），这些有助于我们确定问题的相对严重程度。在第二阶段，我们试图了解产生这些需求的潜在原因，而许多时候，原因不止一个（或者原因因人而异），需要一个经过多方面考虑的解决方案（或者是因人而异的解决方案）。

戴维森（2005：47）呼吁我们注意这两个阶段的区别：诊断阶段本质上是一个开放式研究，因此，定性方法在这里最流行。相比之下，早期的性能需求记录阶段通常关注的是现存需求的数值,因此,定量分析更重要。

戴维森为我们提供了一个本书作者认为相当全面的评价框架。以下用于规划和实施评价并展示其结果的框架,由戴维森改编自斯克里文的评价要点清单(KEC),戴维森对斯克里文的评价要点清单做了一些修改和简化:

表4-2　　评价要点清单(改编自Scriven的2003版的评价要点清单)

一、执行摘要 一至两页的评价对象和评价结果概述	二、前言 谁要求进行此次评价,为什么?主要评价问题有哪些?主要受众是谁?		三、方法 评价的总体设计(如,采用准实验性评价还是参与性评价,或是"不依目的"的评价),为什么这么设计?	
1.背景和具体语境 为什么这个项目或产品最初会存在?	2.描述和定义 请足够详细地描述评价对象,以便几乎每个人都能理解它是什么以及它能做什么。	3.消费者 谁是本项目(例如,人口统计)实际上的或潜在接受者或受影响者?	4.资源 有哪些资源(过去和现在)可用于设立、维持和帮助本项目或政策的顺利实施?	5.评价标准 你根据什么来确定评价对象是高质量的或有价值的?评价标准怎么来的?你如何确定达到什么标准才算是好的?
6.过程评价 评价对象的内容(设计)和实施(产出)有多好、价值如何或效率如何?	7.结果评价 对直接接受者和其他受影响者的影响(预期的和非预期的)如何?	8 & 9.相对成本—效益 与可能实现类似或更大价值的可用资源的其他使用相比,评价对象对消费者、资助者、员工等而言,成本有多高?过高,相当高,还是勉强可接受,或非常合理?		10.借鉴意义 评价对象的哪些方面(例如,创新设计或方法)可能有益于其他项目的改进或可能有重大贡献?
11.总体意义 利用检查要点6至10中的所有信息,来回答主要评价问题(例如,评价对象做得好的地方有哪些?哪里有欠缺?这是否是在确保不产生过多负面影响的情况下,最具成本—效益地利用现有资源来满足了已确定的需求?)。					
12.建议和解释 [可选项]对事情为什么/如何是正确/错误的,做更深入的分析,或许还包括改进建议	13.责任 [可选项]对谁或什么应该对好的或坏的结果负责的更深入的分析(注意:这非常棘手,通常不是你想做的,除非你极其擅长)。	14.评价报告和后续追踪 谁将收到评价报告的副本,以何种形式(例如,书面还是口头、全文还是摘要)?		15.元评价 对评价本身的优劣进行严格评估(例如,是否涵盖了所有评价要点清单?)以及有关评价本身的总体效用、准确性或有效性、可行性和适当性的结论(详见项目评估标准)

(Davidson, 2005:6-7)

戴维森指出，上述框架是"所有评价团队成员（无论是内部组织成员、还是外部评价者抑或是两者的组合）的指导框架，用以确保有效评价结论所需的所有重要因素都包括在内"，由于"该评价要点清单主要用于项目评估，当它用于其他评价对象时，一些要点可能需要重新开列（the KEC was designed primarily for application to program evaluation, some of the points might need reframing when the KEC is used for other evaluands or evaluees [the term used in personnel evaluation]）"（Davidson, 2005：5）。此外，尽管并非该评价要点清单的所有要素都必须包含在所有评价中，但如省略某些要素应仔细说明理由。"这对于构成评价核心的第5至第9和第11个要素尤其重要"（2005：7）。

尽管戴维森倡导基于需求的评价方法，但却明确表示评价可采用多种视角，"这取决于评价要探究的评价对象的主要需求（例如，建设组织学习能力，完成职责目标）以及开展评价的时间限度和资源"（同上：xiv）。也就是说，评价方法也应该视具体情况而定。

戴维森（2005：4）认为评价应包括以下步骤：（1）确定评价的主要目的；（2）确定评价标准（使用需求评价和其他技术）；（3）组织标准列表和选择证据来源（定量与定性数据相结合）；（4）处理因果关系问题；（5）理解在评价中应该合理地应用哪些评价标准，以及如何掌控不同种类的"主观性"；（6）重要性加权：找出哪些标准是最重要的；（7）价值判断：依据标准，得出你的评价对象的优劣结论（优秀？良好？令人满意？还是一般平常？抑或无法接受？）；（8）元评价：怎样知道你（或别人）的评价是否做得好。

综上所述，本节我们讨论了做出科学或合理评价的方法和程序。这里所论及的评价方法和程序对我们的评价实践都有一些参考价值。但是，本书作者强烈推荐戴维森的评价框架，因为该框架允许评价者在特定语境中对它进行一些修改以满足特定评价的要求。

4.2.7　基于社会建构主义的评价的主要特征

评价是一项非常复杂的活动。它涉及价值学、伦理学、政治、经济、认识论、心理学、语言学、美学、方法论……事实上，几乎是我们人类生活的方方面面。由于其复杂性，它是人文和社会科学中最有争议的领域之一，存在许多关于价值和评价的看法和不同的范式。

在豪斯和豪（1999）讨论的所有评价范式中，我们更倾向于民主审议的评价观或曰社会建构主义的评价观。因此，无论是我们推荐的评价原则或标准还是评价方法，都是具有社会建构主义性质的以语境依赖为主要特征的。

语境依赖这一特点不可避免地会导致相对主义。事实上，相对主义在20世纪西方哲学领域非常盛行。当代具有价值论倾向的思想家普特南（Hilary Putnam）把"理性的可接受性"作为真理的标准，哈贝马斯则经常用"合理性"和"合法性"来指代"真实性"（吕俊，2007b：1-6）。

虽然社会建构主义拥抱相对主义，但它并不像个体或激进的建构主义那样走向极端。基于社会建构主义的评价具有以下特征:动态性、对话性和辩证性；相对主义和绝对主义的统一；主观性与客观性的统一，描述、规定和解释的统一，定量和定性研究的统一等。

相对主义和绝对主义的区别主要在于我们对价值和评价的认识论态度和假设不同。豪斯和豪提出的社会建构主义或民主审议评价观认为，总的来说，任何事物，包括真理，都是相对的和绝对的。价值与人的需求密切相关，人的需求因人而异，因文化而异，因环境而异。这就必然使价值和评价变得不那么绝对。然而，个人始终是一定社会和特定语境中的个人，在特定的语境下，在一定的社会中，存在着一些事物发展的客观规律、规则或规范，这些规律、规则或规范是社会全体成员所遵守，也是每个个体（或绝大多数）希望他人遵守的，是每个人平安生活工作和寻求发展的需求。例如在英国，交通规则规定车辆要靠左行驶，生活在英国的人们因此就必须遵守这一规则，而这一规则就成了我们判断驾驶是否违规的一个绝对标准。从这个意义上说，价值和评价的标准又是绝对的。

客观性被认为是科学权威的试金石。马塔拉索（Matarasso, 1996：14）认为，尽管哲学家和社会科学家就社会研究的客观性问题写了大量文章，但人们很容易看到常见的项目评估一类的评价，从根本上来说有很强的主观性，因为"一般的社会政策，特别是艺术创作，是由价值驱动的"。马塔拉索（1996：24）认为，"过分追求科学客观性和评价过程的内在有效性，对于社会活动，尤其是艺术创作类项目的评价来说，是不恰当的，也是无益的（over-zealous pursuit of scientific objectivity, and the internal validity of evaluation processes, is inappropriate and unhelpful approaches to the evaluation of social programmes and especially arts projects）"。

就价值判断的客观性而言，豪斯和豪（1999：9）认为实证主义的客观性概念应该被拒绝，评价的客观性是指"通过（评价）学科（专业化的）的程序，致力于无偏见的陈述，遵守运用合适的论据和方法的准则，保持健康的怀疑态度，并时刻警惕以消除偏见的来源（working toward unbiased statements through the procedures of the discipline, observing the canons of proper argument and methodology, maintaining a healthy skepticism, and being vigilant to eradicate sources of bias）"。

斯克里文（Michael Scriven）主张，在评价中主体性应有其合法地位，认为只要评价"没有不适当的个人或文化偏见"，它就可以是客观的。斯克里文还谈到"社团或群体的主体间体验"，认为"主体性有一个客观基础，因为社团或群体的主体间体验不能独立于人们的共同感知和主体间的意义建构而存在（subjectivity has an objective ground as the intersubjective experience of a community or group cannot exist independently of people's shared perceptions and intersubjective sensemaking）"（Davidson，2005：90-91）。

事实上，主客观问题与相对主义和绝对主义问题密切相关。虽然人类可能有不同的目标或需求，因此有着不同的价值观，但在特定的社会中，我们的目标和需求可能具有一种普适性。但为了人类目标或需求的实现，社会会有一些法律或规范来管控所有社会成员的行为和欲望。在这种情况下，客观的法律和社会规范就是一种约束力，在很大程度上决定了个人的主观需求。也就是说，在给定的语境中，看似完全主观的需求实际上是有一个客观基础的。

4.2.8　评价之评价

正如前文已经讨论过的，评价可以分为不同的类型，其中之一就是元评价。元评价和评价本身一样重要，因为要使评价科学化，促进价值论和评学的发展，我们需要对已做的评价进行批判性反思。在这方面，除了戴维森的评价要点清单，斯塔弗尔比姆和辛克菲尔德（Stufflebeam & Shinkfield, 1985）在他们的书《系统化评价:理论和实践指南》中为我们提供了一些建议和评价标准。衡量评价质量的标准在很大程度上与评价的原则和标准相重叠，但也有一定的区别。

根据斯塔弗尔比姆和辛克菲尔德（1985：10），合理（良好）评价的要求如下：

评价应该是有用的。它应该针对那些参与或负责实施评价的个人和团体，应该有助于他们识别和关注评价对象的优点和缺点，应该把重点放在解决他们认为是最重要的问题上，应该及时发布明确的报告。而且，一般来说，它不仅应该提供评价对象优点和缺点的反馈，还应该提供改进的方向（An evaluation should be useful. It should be addressed to those persons and groups who are involved in or responsible for implementing what ever is being evaluated. It should help them to identify and attend to strengths and weaknesses in the object. It should place heaviest emphasis on addressing the questions of most importance to them. It should issue clear reports in a timely manner. And, in general, it should provide not merely feedback about strengths and weaknesses but also direction for improvement）。

评价应该是可行的。它应该采用没有重大断裂的评价程序，应该考虑到可能会有损评价的政治力量，并对其进行合理的控制。而且，评价还应该是高效的（It should be feasible. It should employ evaluation procedures that can be implemented without major disruption. It should take into account and exert reasonable controls over political forces that might otherwise subvert the evaluation. And it should be conducted efficiently）。

评价应该是合乎道德的。它应该建立在明确协议基础之上，确保必要的合作，确保有关各方的权利得到保护，确保评价结果的真实。此外，评价报告应该既揭示评价对象的长处，也揭示其弱点

（It should be ethical. It should be founded on explicit agreements that ensure that the necessary cooperation will be provided, that the rights of all concerned parties will be protected, and that the findings will not be compromised. Moreover, it should provide a balanced report that reveals both strengths and weaknesses）。

在斯塔弗尔比姆和辛克菲尔德（1985：11）看来，我们还可以检查以下因素，以确定一个（次）评价是否良好：（1）受众识别，即识别参与评价或受评价影响的受众以满足他们的需求；（2）评价者可信度，值得信赖的合格评价者具有的最大可信度和可接受度；（3）信息的范围和选择，收集的信息能够解决与评价对象相关的问题，并能回应特定受众的需求和兴趣；（4）评价解释，在解释评价结果时有对评价视角、程序和基本原理的清晰细致的描述；（5）报告清晰性，对评价结果的清晰报告，包括评价的背景、动机、目的、程序、结论和建议等；（6）报告呈递，将评价结果呈递给客户和其他有权了解其评价和有权使用评价结果的人员；（7）报告及时性，及时发布评价报告，以便特定受众充分利用；（8）评价影响，评价产生的影响能使受众有更好的表现、取得更好的结果。

总之，元评价对我们评价实践的改进和评价理论的研究都有重要意义。它可能是一次评价的结束，也可能标志着另一次评价的开始。

4.3 本章小结

本章我们主要对国内外价值学和评价学的相关研究和相关理论进行了论述，分析了相关学者的理论观点及其优缺点。通过讨论，我们首先明确了价值和评价的本质，明确了价值是客体和主体二者之间的关系存在，是以主体为尺度的主客体的统一，而评价是对价值和价值关系的认识和判断，是一种旨在改造世界或创造价值的特殊的认知形式，它既含有认知性认识，又包括评价性认识，是认知基础上的主客体间价值关系的评判，它是更高一级的更为复杂的认识活动，客体中包括了主体的内容，评价主体的认识对象是客体属性对主体需求的满足度，属于广义认识论断范畴。

其次，由于评价兼具主观性和客观性，具有主客体统一性，我们在进行评价时，必须坚持客体原则与主体原则相统一；又由于评价是人类实践活动的一种，是一种创造性的社会建构和创价活动，有较强的实践性、社会性和目的性，所以，评价还必须坚持以人为本、以主体原则为主导的主体原则、客体原则和规范原则的辩证统一，才能确保评价的科学性、客观性和合理性。

再次，我们明确了虽然评价的总体标准是合目的性与合规律性或合规范性的统一，或是真善美的统一，但由于社会实践的多样性、语境性、历史性以及评价主体的复杂性和评价目标的多变性，这个总体标准只能是一种导向性、理想性的标准，评价的具体标准会更为多元，会因具体语境的不同而不同。此外，基于预期目的（目标）的评价标准，实际上会在一定程度上产生评价的不科学、不全面、不合评价目的，因此，我们倾向于接受基于需求或曰需求导向的评价标准，即评价主体要看价值客体在多大程度上满足了价值主体（个体主体或社会主体）的合理需求。

关于评价，我们还探讨了价值的分类、评价的分类、知道了需求也可分类，故此，全面系统、科学合理的评价需要建立不同的价值评价标准体系，区分不同评价主体、不同需要、不同价值的不同重要性，并遵循科学的评价程序与方法。

此外，我们还探讨了价值与评价的主观性与客观性、相对性和绝对性以及元评价等问题，明确了要以基于社会建构主义和良性相对主义的评价理论来指导我们的评价活动。

第五章 评价学路径的典籍翻译批评

　　如果何谓"价值判断"可以从人的能力和人的需求相关方面来说明的话，那么价值判断就可以成为理性的批评。也就是说，一旦我们对概念界定，即何谓"价值判断"达成一致意见，在价值判断成为可能之前必须满足的条件、判断过程中涉及的结构和进程（步骤）以及其间可以批评的要点就可以确定。之后就有可能提出批评的标准，或者至少提出合理批评所需的条件（If the meaning of "value judgment" can be stipulated in terms that relate to human capacities and human needs, value judgment can be made amenable to reasoned criticism. That is, once a definition of the concept is agreed, the conditions that must be satisfied before value judgment is possible, the structures and processes involved in the act of judging, and the points in the process that are open to criticism can be identified. It should then be possible to suggest standards of criticism or at a minimum the conditions needed for reasoned criticism.）(Meehan, 1969: 2)。

　　米汉（1969）在他的《价值判断与社会科学：结构与步骤》中的上述话语，虽然是许多年前写的，但今天看来仍然很有见地。如果我们想对翻译，特别是对本课题的研究对象典籍翻译，进行合理的批评，我们首先需要对"批评""翻译批评"和"典籍翻译批评"的概念达成一致，这就是为什么本书首先要对上述概念的名与实，包括其他诸如"翻译""典籍""典籍翻译"等概念，进行界定和探讨的原因。只有在搞清了何谓"批评""翻译批评"和"典籍翻译批评"等相关概念之后，我们才能确定进行批评所要满足的"条件"，设计批评的框架、方法和步骤，识别批评过程中可以评价的"点"或因素，最后是确立批评的标准。由于我们前几章的探讨已经阐明了批评的本质是评价，在第四章中我们又对价值学和相关评价理论进行了介绍和讨论,在本章中,我们将根据相关价值评价理论来审视典籍翻译批评。相应地,我们也将在"评价"的意义上使用"批评"一词,"批评"和"评价"在下面的讨论中是可以互换的。也就是说,"翻译批评学"完全可以代之以"翻译评价学"。

5.1 典籍翻译的价值

从价值论上讲,我们生活在一个价值世界里,人类一切活动的目的都是为了创造更大的价值,典籍英译也不例外。首先,典籍本身是对社会政治、经济、文化发展具有重大价值的文献,对中国典籍的翻译,无论是翻译为英语还是德语,无论是文学典籍翻译还是非文学典籍翻译,典籍的外译本以及典籍外译活动自身也同样具有重大价值。

然而,翻译的价值并非总是被认可的。韦努蒂(Lawrence Venuti)著有《翻译的窘境》①(The Scandals of Translation: Towards an Ethics of Difference)。张景华(2020:62-67)指出,该书正确的译名应为《翻译的窘境》,因为韦努蒂书中描述的是翻译所遭受的种种不公正待遇,Scandals一词,书中有些地方虽可译为"耻辱",但作为书名,这种译法言过其实,也容易误导读者,招致对翻译的鄙视。在该书的导言部分,韦努蒂提请我们注意翻译的非语言方面,他说"翻译被污名为一种写作形式,受到版权法的压制,受到学术界的贬低,被出版商和公司、政府以及宗教组织所盘剥(translation is stigmatized as a form of writing, discouraged by copyright law, depreciated by the academy, exploited by publishes and corporations, governments and religious organizations)"(Venuti, 1998: 1)。韦努蒂(1998)进一步批评了翻译研究领域自身那些语言学取向的方法,因为语言学取向的研究方法在倡导研究的科学化的同时,"不愿考虑翻译和翻译研究中的社会价值(remain reluctant to take into account the social values that enter into translating as well as the study

---

① 本书书名曾被国人译为《不光彩的翻译》和《翻译的窘困:论存异的伦理》等,商务印书馆的汉译本译名是《翻译之耻——走向差异伦理》。邓红风、封一函、刘云虹等都将 The Scandals of Translation 译为《翻译的窘境》。

of it)"，如此一来，虽然"研究因此变得科学，并声称是客观的或价值中立的，但却忽略了一个事实，即翻译，像任何文化实践一样，包含创造性的价值再生（Research thus becomes scientific, claiming to be objective or value-free, ignoring the fact that translation, like any cultural practice, entails the creative reproduction of values）"。考虑到翻译研究领域的语言学途径研究的多样性及实际情形，韦努蒂对它的批评也许并非完全公允，但他对翻译研究中价值问题的重视是绝对值得肯定的。事实上，持这种看法的绝非韦努蒂一人，翻译研究领域为人熟知的杰里米·芒迪也在其列。

我们今天谈论典籍翻译的价值，首先想到的是中国文化走出去，即其对外传播中国文化的价值，但实际上，依据价值学和评价学理论，价值是主体对客体满足主体需求的一种关系存在的识别，事物有其自身内在价值，比如翻译传递信息和跨文化交流的内在价值，但事物呈现出来的价值更多是评价主体认识到的价值，我们讲翻译，特别是典籍翻译对中国文化走出去的巨大作用，实际上只是站在文化输出方的角度对翻译价值的认识，而典籍翻译的接受者如何看待和认识典籍翻译，则要看典籍翻译在多大程度上满足了译文接受者的需求以及他/他们（接受者）对自身需求得到满足的认识程度。

"翻译活动是人类一项重要的社会实践活动，它同样是一项价值活动，同样需要评价理论的指导"（吕俊，2006：55）。我们通常说的价值，都是"正面价值"，但在价值论研究中，由于价值是一种客体与主体需要的关系，而"关系"本身没有所谓的褒贬正负之分，所以"价值"一词是个中性词，这些关系可体现为客体对主体有价值、无价值、有负价值、有潜在价值等。

典籍英译的价值，从其受众的数量上看，应该是在所有典籍翻译中最大的。当然，这是指当典籍英译具有"正面价值"时，这也就意味着，如果某一个典籍英译项目产生了负价值，那么其负价值也将是最大的。

5.2 典籍翻译的价值类型

从价值论的角度看，典籍翻译作为我国重要文献的翻译，是人类创造价值的一种实践形式。价值论告诉我们，价值可以从不同的角度分为多种：道德伦理价值（ethic value）、知识价值（intellectual value）、审美价值（aesthetic value）、现实价值（actual value）、潜在价值（potential value）、内在价值（intrinsic value）、工具价值（instrumental value）、物质价值（material value）、精神价值（spiritual value）和经济价值（economic value）等。正如我们在讨论价值分类时所说的，我们认为李连科（2003）提出的物质价值和精神价值的一般区分是一种较为简洁明了的区分，对我们分析翻译的价值来说较为方便。他根据物质价值是自然形成的还是人为创造的，把物质价值又分为自然价值和经济价值，把精神价值又分为知识价值、伦理（道德）价值和审美价值。典籍英译无疑既具有物质价值又具有精神价值，因为它是人类智力活动的产物，具有一定的经济价值（至少对于国内生产总值GDP来说是这样），但它更大的价值还是精神层面的，在于其能满足人类的精神享受、满足不同文明之间的交流与互鉴和社会文化经济发展的需要。

  关于价值类型，我们还应该注意到，对于价值，我们有时候不是可以完全清晰地加以分类的，因为正如我们在"价值的分类"一节中所说的那样，许多价值都不是单一的，而是混合的，比如事物对于我们的内在价值与工具价值。依据巴姆（1993：40），内在价值与工具价值的区分，应该是理解价值问题的最重要的区分。内在价值是主体普遍认为的客体本身的有用性，如果我们珍惜某物不是因为它是达成其他目标的手段，而是因为它本身，我们就说它具有"内在价值"，如接受教育、翻译等，但如果让我们清楚地说出它们究竟具有什么内在价值，又是极其困难的，因为它们同时又具有较大的工具价值，而工具价值才是人们较易确定和统一意见的价值。鉴于内在价值与工具价值区分较为困难，不利于我们对事物的分析，我们建议在翻译评价和典籍翻译批评中，可以选择那些争议较少的价值类型，而不是不加分类或选择那些极难分清、极难说明的分类。

  反观翻译研究领域，多数人在谈论翻译的价值时都没有区分价值类型或是没有明确的分类标准，即使分类了，有时也失之妥当，这也在一定程度上导致了关于翻译问题的很多无谓的争论。

  许钧是国内对翻译的价值问题关注较早的知名学者之一，在谈论翻译价值时，许钧（2004：35-39）认为："一个人的翻译观不同，对翻译的认识便有异，对翻译之'用'的定位便不一样"。他基于翻译观和翻译的功能和目的两个方面，较为详细地阐述了翻译五个方面的价值。如他谈到自己的翻译观——翻译是以符号转换为手段、意义再生为任务的一项跨文化的交际活动，并据此认为，翻译的社会价值主要体现在它对社会交流与发展的强大推动作用，翻译具有塑造民族精神和改造人类思维的力量，正是通过翻译，人类社会才得以交流与进步；翻译的文化价值在于它能促使民族文化在空间上的拓展和内涵上的丰富，促进了不同文化间的理解与文明间的交融；翻译的语言价值在于翻译活动对目标语言产生的作用和影响；翻译的创造价值体现在社会、文化和语言等多个层面，来源于翻译孕育的求新求异的创造精神；翻译的历史价值则见于翻译对人类历史发展的实际贡献中。"交流、传承、沟通、创造与发展这五个方面构成了翻译的本质价值所在"。在"翻译价值简论"一文中，许钧还引用了季羡林为《中国翻译词典》所作序言中的话："只要语言文字不同，不管是在一个国家或民族（中华民族包括很多民族）内还是在众多的国家或民族间，翻译都是必要的。否则思想就无法沟通，文化就难以交流，人类社会也就难以前进"。这些论述都表明，他谈论的实际上既是翻译的本质价值，又是翻译的各类工具价值。此外，如许钧所言，"社会的发展、文化的积累和丰富与文明的进步是紧密结合在一起的"，所以我们可以看出，社会价值与文化价值二者之间有较多重合之处，不妨合二为一，称为社会文化价值。

其实，区分翻译（包括典籍翻译）的价值类型时，我们可以选择参照文本类型和功能类型来定，因为正如我们书中前文以及德国功能主义翻译理论家莱斯谈到的那样，不同类型的文本其主要特征和功能是不一样的。吕俊（2006：52-59）曾经指出，"翻译活动要实现其社会价值，它必须遵循自身的规律性，合规律是为了合目的，即产生更大的社会价值"，个人的译作"一旦产生，就会带来相应的社会价值"，而我们在评价其作品时，"只能评价他的译作在哪些方面，又如何地满足了社会进步和发展的需要"。如谈到艺术价值时，吕俊（同上）提出，"艺术价值很大程度存在于原创性中，任何复制或仿作，无论如何与原作逼肖，也无法与之相比……所以在艺术价值上，译作是无法同原作相比的。但由于时间差与地域差的原因，译作可能在译语世界发挥比原作在原语世界中更大的作用"。另外，吕俊（同上）认为，知识价值与道德价值、审美价值一同包含在精神价值之内，科技作品的翻译主要涉及知识价值，政论作品主要涉及道德价值，而文学作品主要是审美价值。吕俊在此没有谈及翻译的物质价值，因为他认为翻译的主要价值是精神价值，但事实上，按照李连科（2003）的价值分类，除精神价值外，翻译同样具有物质价值，其物质价值主要体现在其经济价值上。科学合理地区分价值类型绝非小事，它对于我们建立一套合理的评价体系至关重要。

在与刘云虹关于翻译价值问题的对谈中，许钧谈到"要认识翻译的价值，我们首先必须区分翻译的精神性与物质性，具体而言，在物质方面，可以彰显翻译的语言服务功能与行业特征"，并再次指出，"翻译具有社会性、文化性、符号转换性、创造性和历史性这五方面的根本属性，这五个方面既是对翻译的基本理解，也是对翻译价值的基本认识"（刘云虹、许钧，2017：54-61）。许钧这里谈到的翻译的精神性与物质性区分，实际上就与价值类型的划分密切相关，相对应的就是翻译的精神价值与物质价值。

许钧（2017：5-11）在其"关于外语学科翻译成果认定的几个问题"一文中，着重谈论了翻译的学术价值。翻译是学术积累、学术研究与学术交流的重要途径，如国家社科基金专门设立了"中华学术外译项目"，目的就是要深化中外学术交流与对话，促进世界对中国和中国学术研究的了解，增强中国学术的国际影响力和话语权，不断提升国家文化软实力。可以看出，这里谈的也还是翻译的功用价值，或曰效用价值，即工具价值。而且，这里我们也必须意识到，几乎所有能够入选"中华学术外译项目"的文献，都应是具有典籍意义的。请不要忘记本书对典籍的定义，它不仅包括我国古代典籍，也包括现当代典籍。此外，典籍英译的学术价值，因原作具有经典性和其潜在受众的广泛性，较之其他翻译也具有更大的社会价值，许多学科的研究都离不开翻译，更离不开学科领域的经典文献。有些学科，比如比较文学和文化研究，甚至借助翻译研究，极大地拓展了其研究范畴，提升了其学术研究影响力，可以说翻译特别是典籍英译的学术价值在当下已更为彰显。

在许钧看来，人们对翻译的价值存有不同的看法，主要原因是人们的价值观和翻译观不同（刘云虹、许钧，2017：54-61）。但实际上，从价值评价理论角度看，价值判断问题主要还是价值认识问题，因此，人们对翻译价值认识的差异，还在于翻译在人们的认识中具有多种不同的价值。

在典籍翻译价值分类上，我们应该尽量运用价值学与评价学领域较为通用的术语，这样才有利于增进人们对研究或评价对象的认识，也有利于翻译学科与其他学科间的交流。

吴志杰（2015：1-5）认为，为了搞清翻译的价值，需要区分个性价值、伦理价值、工具价值与和合价值。"所谓个性价值，就是译作本身所具有的价值，是一种未实现的潜在价值"。译作的个性价值是其自在的价值，一种有待挖掘的价值。所谓伦理价值，"是就译作对原作的遗传性而言，译作从原作那里遗传得越多，其伦理价值就越高；而变异得越厉害，其伦理价值就越低"。而"工具价值是译作对评价主体的功用或作用，其价值的高低主要看其满足主体需要的程度。译作的工具价值是对个性价值的有限提取"，而并非是其全部，因为"工具价值并没有实现译作所具有的全部潜在价值"。至于和合价值，"则指译作在促进文化生态系统的多元性与创造性中所体现的价值"。吴志杰在翻译价值方面的探讨值得肯定，特别是他认为如果只关注"目的"，会看不到译作所具有的其他的价值，而"译作的合目的性仍是人们目前评价一部译作价值的主要途径之一"，这些认识还是很有见地的。但是，他使用的"个性价值"在价值学研究中却不是常用术语，而根据作者的解释，它实际上就是人们较为通用的"潜在价值"；"和合价值"的提法似乎也有些过于笼统，并不利于人们对翻译价值的理解和分析讨论。

综上所述，我们可以说，翻译，包括典籍翻译都会创造社会文化价值，而翻译，包括典籍翻译的社会文化价值可总分为精神价值与物质价值，前者主要包括知识价值、道德伦理价值和审美价值，后者包括功利、效用价值，即劳动价值、使用价值和经济价值。知识价值涵盖各类自然科学知识、社会历史文化知识等各类社科知识价值（较大程度上可以用真假来衡量的价值）；道德伦理价值涵盖各种政治及意识形态价值、宗教价值与各类关涉善恶（善行、恶行）相关的价值（可以用法律和社会规范来衡量）；审美价值涵盖知识价值、道德伦理价值但主要关涉主体审美体验的情感价值（较大程度上可以依据审美主体的精神愉悦感知度来衡量）。

需要指出的是，当我们讨论价值分类问题时，我们应该时刻记住，价值是一种关系存在，既有客观性又有主观性，价值是评价主体对评价客体之于评价主体需求满足与否的认识，价值问题归根结底是个认识问题，只不过它不属于传统的认识论，而属于广义认识论而已。我们要认识的不仅仅只是价值客体，而是客体与主体间的需求关系。如果像I.A.Richards（1953：250）所说"翻译可能是在整个宇宙进化中迄今为止最复杂的一种活动"的话，那么翻译，特别是古代典籍翻译的价值（评价）问题就是比之还要复杂的活动。价值评价是客观性与主观性的统一，是绝对性和相对性的统一，这在人文社科领域表现得最为突出。对于翻译的任何一类价值，我们都应该有一个对立统一的认识。

5.3 典籍翻译批评的要素

在上两节中，我们讨论了翻译和典籍翻译的价值及其价值分类。在这一部分，我们将集中讨论典籍翻译评价的以下几个主要问题：（1）典籍翻译批评的目的与功能；（2）典籍翻译批评的类型；（3）典籍翻译批评的原则；（4）典籍翻译批评的标准；（5）典籍翻译批评的评价体系；（6）典籍翻译批评的方法；（7）典籍翻译批评的特征；（8）典籍翻译批评之批评。

5.3.1 典籍翻译批评的目的与功能

要想做好典籍翻译批评，了解其目标非常重要。根据评价理论，批评（评价）是一种有目的的活动，在不同的语境中可能有不同的目的。然而，一般而言，批评的目的是要揭示评价对象如何（以何种方式和在何种程度上）好或如何坏，是发现被评估事物的总体意义、总体质量或价值，包括发现其需要改进的地方。

典籍翻译批评的最终目标应该是帮助提高典籍翻译的质量和效益，因为评价总是以实践为导向、服务于实践的。批评的目的应该是发现问题并解决问题，创造更大的价值，更好地满足我们人类的需求。正如马克思所指出的，解释世界是必要的，但更重要的是改变世界："heretofore the philosophers have only interpreted the world, the important thing is to change it"（Meehan，1969：vii）。因此，尽管典籍翻译批评需要对评价对象进行描述和解释，但它更应该提供某种令人满意的解决问题的方案，从而使批评更具建设性——正如赖斯在她的经典著作《翻译批评——潜能与局限》（Translation Criticism：The Potentials and Limitations）中提出的那样。

  人类生活的各个领域都存在、都需要评价。针对科学研究活动，邱军平和文庭孝（2010：34-37）在其《评价学：理论·方法·实践》一书中认为，科学评价（特指对科研活动的评价）的首要目的，就是要考察评价对象的行为是否合乎人类社会的发展规律、合乎经济规律、自然界的生存发展规律，是否达到具体的目的及要实现的目标。"人类的一切活动都是为了发现价值、创造价值、实现价值与享用价值，而科学评价就是人们从人类的基本活动之一——科学研究行为中发现行为的意义与价值，揭示其价值内涵的一种根本方法与手段"。科学评价有十大功能：（1）判断功能，指对评价对象的总结性评价；（2）预测功能，指依据对被评者过去综合能力的考察，揭示被评者的潜在力量和未来发展；（3）认定功能，指使用一定的评价方法和标准对被评价者的某些指标作出认定；（4）选择功能，评价结果为科研管理与决策机构对被评对象进行优选提供了可靠依据，因而间接地具有选择功能；（5）交流功能，指参与评价的科学家、投资方、管理机构与被评方的代表，甚至潜在用户和公众需要经常交换意见，评价者与被评价者也需要进行广泛的交流以获取必要的信息和数据，这实际上起到了各方学习交流作用；（6）激励功能，指评价结果对被评价者的肯定对评价对象的鼓励作用；此外还有（7）鉴定与诊断功能；（8）导向功能；（9）促进功能；（10）监督功能。这里谈到的诸多功能实际上有一些是相互重合的，《评价学：理论·方法·实践》一书作者还认为：科学评价的首要功能是"为政府、企业和其他投资者提供咨询服务"，其最基本的功能是"判断、选择、导向、激励和监督"。这些论述，在我们思考典籍翻译批评的目的与功能时，也可以参考借鉴。

  吕俊（2006：52-59；2009）认为，"人们进行评价的目的并非在于对已有的、现存的事物的价值进行揭示和评估，而主要是通过对现存事物价值的揭示把人类的社会实践活动引向更高一级的合目的性与合规律性的统一，翻译活动也同其他人类活动一样，都是在批评与评价中不断前进，不断发展，不断完善的"。一般说来，评价具有判断功能、选择功能、预测功能和导向功能。判断功能是评价最基本的功能，"所谓判断功能是指评价主体对评价客体各种价值（如真理价值、道德价值、审美价值、功利价值）的判断的功能。判断功能决定着评价主体的价值取向，价值取向又决定了人们的实践方向"；所谓选择功能，是指评价者将同具价值的不同事物或者将同一事物中的不同价值进行利弊权衡，比较其价值的大小多少，服务于实践策略选择；"评价的预测功能实际上也是一种价值的判断功能，但它是一种超前性的价值判断。是对特定对象的未来状况应当如何做出的一种预测"；而"评价的导向性功能基于预测功能，但仍然以判断功能和选择功能为基础"，是评价的核心功能，发挥着导向引领作用。

综合评价学与各个领域中相关评价功能研究，本书作者认为，就典籍翻译批评而言，其主要目的只有两个，一是对译作整体质量或各类价值进行评判或对某个翻译项目整体运作水平进行评判；二是对译作或项目提出改进意见以提高译作质量或项目社会效益。典籍翻译批评的功能主要有6个：（1）判断功能，对译作或项目质量和价值的大小与多少、有无与正负的鉴定与评判；（2）咨询功能，给译者或项目组织者在译本选择、译者选择、策略方法选择方面提供咨询，帮助他们更好地决策；（3）预测功能，依据评价对象的现在和以往综合表现和相对成本-效益，预测评价对象的未来价值和发展潜力；（4）导向功能，对评价对象的优劣评定特别是对其优点的肯定，可以引导典籍翻译朝着更加合目的性与合规律性的方向发展；（5）学习交流功能，评价典籍翻译的过程以及评价结果，都是评价者和项目组织者、译者、读者之间的一种相互学习与交流；（6）修正促改功能，对于我们提倡的建设性典籍翻译批评而言，评价者不仅要指出评价对象的优缺点，还一定要给评价对象提出相应的修改建议和改进意见，发挥其以评促改的功能。

5.3.2 典籍翻译批评的类型

关于典籍翻译批评的形态，我们在前面已经有所综述。典籍翻译批评实践从轶事式、随感式，到依托某一学科理论（不一定是翻译理论）更为"科学"（非自然科学意义上的科学）的批评，有译本批评、译事批评、译论批评、译者批评，有文本内批评，也有文本外批评，可以说典籍翻译批评正变得越来越系统，我们对典籍翻译批评实践的研究也在逐步深入，也有不同学者对这些批评范式进行了归纳。但是，他们对翻译批评（包括典籍翻译批评）的类型或模式的研究都没有从价值学和评价理论的角度开展，而评价才是批评的本质。在下文中，我们将主要依据评价研究中的评价分类来探讨典籍翻译批评的类型。

首先，依据评价的目的，我们可以将典籍翻译批评（评价）分为整体综合评价和某一维度的单一评价。综合性评价是对译本或项目（译事）的各方面价值的全方位评估，单一评价是对译本或项目（译事）的某一个或某几个方面价值的评估，如对其知识价值或审美价值。

从评价的本质出发，米汉（1969）将评价分为理性判断与直接反应或纯粹的情感反应两种。巴姆（1993）也有类似的区分。对他们来说，理性判断涉及分析比较，具有认知维度，类似于科学研究，而直接反应或纯粹的情感反应只表达了批评者的信念，是一种直觉——喜欢或不喜欢，满意或不满意，有价值或无价值——只凭批评者的主观印象。但是，他们两个从不否认直接反应或纯粹的情感反应在我们的人类生活和价值判断中也起着重要的作用。这让我们想起了王宏印（2006）对文学翻译批评中一般鉴赏和科学研究的区分，他认为文学翻译批评是审美鉴赏和美学研究的结合。

豪斯和豪（1999：6）区分了专业和非专业评价。前者指的是"经由理性分析给出的价值判断"，后者指的是"不依赖强有力证据支持的来自评价者偏好、信仰、利益等的价值判断"。对于豪斯和豪来说，"专业评价需要深思熟虑，而不是基于未经深思熟虑的对某物的珍爱或渴望（professional evaluation requires deliberation and is not based on unreflective cherishing or desiring）"。他们认为，我们所有的陈述都是承载着评价主体价值观的（value-laden）陈述，事实和价值经常是相互混合的一个连续统（continuum），而"专业的评价性陈述多数情况下位于事实—价值连续统的中心（professional evaluative statements fall toward the center of the fact-value continuum for the most part）"（House & Howe, 1999：8）。从以上中外学者的表述中我们可以看出，非专业的、情感反应或鉴赏式的批评毕竟也是批评，而且也是难以完全去除的。也就是说，批评或评价的主观性无需也不可能彻底避免。

斯克里文（Scriven，1991）区分了形成性评价和终结性评价。前者通常是为了在项目或产品开发、生产过程中进行的为了改进评价对象的效能而进行的，后者是在项目或产品完成后进行的。这种区分对我们翻译批评，特别是典籍英译批评实践而言，还是很有启迪意义的，因为无论是"大中华文库"还是"中华学术外译"都是较大的项目、工程，而且，如果是古代典籍英译，中间有时候我们还会有古文译为现代白话文的过程，这时我们其实还是很需要形成性评价的，这种评价如果及时、得当，可以避免我们走不少弯路，获得更大的效益，无论是经济效益还是社会效益。形成性评价在以往的翻译评价中很少看到，甚至几近空白，对于典籍英译批评的形成性评价（批评）的研究亟需开展。

历时地看，评价大致可分为过程评价、结果评价、影响评价和元评价。在上一段中，我们实际上已经谈到了过程评价和结果评价和影响评价。形成性评价就是一种过程评价，过程评价就是要描述和评估一个项目过程。它可能发生在项目规划之初，也可能发生在项目完成之后。结果评价更关注项目的即时成果和效益，而影响评价主要评估一个项目或结果的长期效果、潜在效果，包括那些非预期的效果。事实上，影响评价可以包括在结果评价中。元评价是对已做出的评价进行评估，目的是要检查一个评价是否做出了合理的判断并实现了其目标。这种评价分类表明，评价其实是无时不在的，只不过我们应该注重评价，有意识地去开展评价、组织实施评价，特别是遵循较为科学合理的程序去开展评价。在典籍翻译批评中，上述几类评价都是不可或缺的。

共时地看，评价也可呈现出多种类型。马俊峰（1999：4-8）认为，"在哲学价值论的层次上，评价可分为功利评价、道德评价、审美评价、学术评价，有个人评价和社会评价、事先评价和事后评价、综合评价和分类评价，有对人的价值的评价和对物的价值的评价等"。其中的事先评价和事后评价，可以归入历时评价，其他则都是共时评价。陈新汉（2003：41-47）

认为，评价活动就是主体从自身需要出发、以自身利益实现的多少为评价标准的。主体的存在形式有两种：个体和群体。社会评价活动就是以群体为主体的评价，而群体依据有形和无形又可分为权威机构和民众。权威机构评价和民众评价是社会评价的两种现实形式，两者的结论可以一致也可以不一致，且权威机构评价并非必然优于民众评价。有形群体是通过一定的形式组织起来的，其组织结构的最高处就是权威机构。由于权威机构在群体中所处的独特位置，一般情况下它能集中代表群体主体的需要和利益。民众评价实际上是众多有相同需求的个体的评价。单个个体评价之间相互渗透和相互融合与集合，就形成了民众评价。所以，民众评价中包含了个体评价。民众评价的结果也可能与某个个体评价的不一样，前者通常会具有较大的可信度和影响力，但也并非必然优于后者。而权威者个人，例如政府首脑、政党领袖、社团代表等意见领袖的评价，因其身份的独特，既可以是社会评价，也可以说是权威者的个体评价。现实生活中，即便是权威者的个体评价，也常常被认为是权威机构评价。所以，权威者个体评价一定要谨慎，要抱着对个人和社会或某一社会群体负责的态度，尽可能做到客观全面和公正，因为他的评价较之一般个体评价通常更具影响力，也更容易得到传播。事实上，我们这里谈论的问题，涉及到的是评价研究中的一个非常重要的课题，那就是评价主体与评价客体及其关系。评价主体是评价活动的实施者，评价客体表面上看是独立于评价主体之外的某一客观存在（人或物），但实际上是评价主体与评价客体之间的价值关系。这也正是评价活动不同于一般认识活动的地方，也是评价活动之所以非常复杂的原因。科学合理的评价对评价者提出了很高的资质要求，包括评价者在特定领域的认知水平（专业水准）和评价者的道德伦理水平（职业操守）。正如王宏印（2006：80）援引夏志清谈论文学批评者资质时所说的那样："一个人文学作品读得极少，'感受力'和'洞察力'极弱，不管他借用任何最时髦、最科学的文学理论和批评方法，也无法变成一位批评家，他只是'人云亦云'，向某一派、某一权威俯首称臣的可怜虫而已"。（出自夏志清之"钱钟书与中国古典文学研究之新趋向"）这句话用到翻译批评主体身上也完全合适，不是随便什么人都能成为一个合格的译评者的。

具体到典籍翻译批评中，一个合格的评价主体（译评者）应该是一个多读古文之人，一个学识渊博之士，一个熟练掌握所涉双语语言文化的人，一个始终不渝追求真善美的人。客观地讲，这样的评价主体远非我们随时都能看到，所以，当我们读到一篇典籍翻译批评文章时，也应抱有批判意识。同时，我们还应该意识到，评价有各种各样的类别，要清楚自己的评价或者我们看到的评价属于哪一类评价以及该类评价所具有的特点，并能正确看待评价结果。例如，我们有政府层面或带有政府性质的"鲁迅文学奖翻译奖"、"资深翻译家"评定等，都属于权威机构评价。但是，我们同时也要了解，权威机构通常会组织一个评价委员会，而委员会归根结底又是由若干个人组成的，所以，评价委员会的评价实际上包含着个体评价，因此，评价类属的划分也不总是截然清晰的。又比如典籍翻译的审美价值评价，就总是包含着一定的道德伦理价值和知识价值评价。但不管怎样，对评价类型进行划分并了解这些类型，对我们全面评价译作译事都是有益无害的。

许钧（2017：5-11），在谈到翻译的学术价值时，就援引黄发玉（2015）的区分，将之分为终极价值和衍生价值两个层面，"学术终极价值即对至真、至善、至美的追求；学术衍生价值则为经济、政治、社会等方面产生的效应"。学术成果的终极价值趋向一致，但其衍生价值在不同领域中是不一样的。因此，我们在衡量学术成果的衍生价值时，度量的标准就应有所不同。而对学术成果的综合价值评判，不仅要看其衍生价值，更要看其终极价值，否则就会使评价流于肤浅，失于功利。当然，这里所谈的，已经不仅仅是评价的分类问题了，还涉及评价的原则与标准问题，这正是我们下节要讨论的。

5.3.3 典籍翻译批评的原则

原则是我们人类实践的指南，典籍翻译批评也需要有自己的原则。由于批评的本质是评价，所以，典籍翻译批评总体上应该遵循我们上一章讨论过的评价原则。

综合我们在第四章讨论的评价学研究领域和翻译研究领域几位学者提出的评价原则，并结合典籍翻译批评的实际，本书作者将典籍翻译批评的原则

归纳为如下16条:

（1）不寻求带有鲜明理想主义色彩的适用于任何地方和任何时间的那种绝对的、普遍的规则和标准。

（2）不应将情感作为价值判断的唯一依据。

（3）拒绝僵化的逻辑实证主义或科学主义，价值要通过理性与感性相结合来确定。

（4）拒绝个体建构主义或曰激进的建构主义，因为它认为一切——事实或价值——都是个人的主观建构，都是完全相对的。

（5）拒绝后现代主义，因为它认为公共知识和专业知识总体上是压迫性的，并在寻求解构权威话语中心的同时，实际上消解了任何价值判断和任何对价值判断的判断。

（6）应秉持社会建构主义或民主审议理念，因为它符合哈贝马斯提出的交往行为理论，包含了共识性真理观和公共标准思想，倡导评价活动中主体间的相互尊重，相互间的真诚对话与交流，承认批评的客观性。

（7）坚持主客体与主客观相统一原则，以价值学和评价学以及广义认识论为指导，以事实和事实认识为基础，彰显评价的客观性，但绝不否认评价的主观性，并力戒极端相对主义，坚持定量与定性相结合的原则。

（8）坚持将社会规范纳入评价者的价值标准体系，坚持合目的性与合规律性或合规范性相统一，坚持以人为本、以主体原则为主导的主体原则、客体原则和规范原则的辩证统一。社会规范通常代表着社会（群体）主体需求和利益，而社会主体需求和利益优先于个人主体需求。

（9）评价者必须明确评价目的和评价类型。

（10）评价必须尽可能全面系统，既指明译作或翻译项目的优缺点，又考虑翻译本身的难易度；既指明译作或翻译项目的各类价值，又要考虑其主要价值和综合价值；既评定其既有价值，又考虑其潜在价值；既考察其合目的性，又考察其合规律性；既评定其产出绩效，又考虑其相对成本-效益；既考察其预期目标的实现与否，又考虑其非预期目标的达成。

（11）应该遵循科学的评价方法和程序，评价体系应当全面、系统且有层级性和可操作性。

（12）所有评价都要考虑典籍翻译批评的具体语境，依据语境制定评价标准（体系）和方法。

（13）典籍翻译批评必须体现其实践取向，具有建设性，在指出译作或译事的优劣的同时，给出更加合理的译文或解决方案，因为无论是典籍翻译还是典籍翻译批评都是社会实践活动，都是为了创造更大价值的。

（14）评价结果呈现样式与语言必须体现评价的科学性、规范性和合理性，具有客观公正性、严谨准确性、条理性、清晰性。

（15）评价者必须遵循评价伦理，秉持相互尊重、与人为善的原则。

（16）评价者必须具有强烈的独立意识、反思意识与自我批评精神，时刻意识到评价中的无可避免地会有客观条件的制约和主观因素以及来自社会其他方面的影响，既不人云亦云，也不受人操控，既不曲意奉承，也不妄自尊大。要清醒地认识到评价者自己也可能出错，任何评价都不是完美无缺的。

在这里，我们还必须对科学性与客观性稍加说明。所谓的"科学性"，绝非自然科学意义上的逻辑—实证主义的科学，相应地，所谓的"客观性"，也绝非没有任何主观性的陈述与描写。翻译批评的评价本质，决定了典籍翻译批评，包括其他批评，不可避免地具有一定的规定性和解释性。评价是认识价值的一种观念性活动，是认识的一种特殊形式，是广义的认识，是包含了"事实认识"的"价值认识"的认识。事实认识的对象是事实，它探寻的是事物的自然属性、客观规律，是对客观现实的描述与揭示。在价值哲学看来，人类生活在评价中，人类的一切活动都是在认识价值、创造价值、实现价值、享用价值。价值认识的对象是主体与客体之间的价值关系，旨在揭示事物的自然属性、内在联系、客观规律以及它们的变化过程、结果与主体的需要、利益和目的之间的关系，揭示特定事物对于特定主体的意义。价值认识贯穿于人类生活的始终，是主体按照人的需求、用主体的尺度去衡量事物对人的价值，它不仅要看人类实践活动是否符合客体的尺度，更要考察它是否符合主体的尺度。现代科学研究表明，包括事实认识在内的一切认识活动都没有百分之百的客观性，都带有一定的主体性、主观性和相对性，这在价值认识上表现得更为鲜明，特别是当评价主体在认识评价客体对主体自身的价值时尤其如此。这样讲并不是说评价就没有了客观性，而是说它不是狭义认识论当中的关于事实认识的那种较少主观性的客观性，它是一种不具有普遍意义的客观性，是存在于一定语境中、一定条件下的相对于一定主体的客观性，这种客观性既是绝对的又是相对的，它受语境和价值主体的制约并同时制约着评价者的事实认识，因为当评价者在确定要去认识哪些事实、哪些现象、哪些因素、哪些问题以及采用何种方法和顺序去认识它们时，事实上评价就已经开始了，主观性就已经存在了。正如根茨勒（Gentzler, 2004：143-144）在评论图里（Gideon Toury）的描写翻译研究时所说，图里对所谓翻译"规范"或"规律"的概括，只是他基于20世纪70年代的一些假设（假说）和他对以往一些翻译现象的观察描述，而且他观察描述的范围有限，很多地方的，如美国20世纪50年代的，图里都没有考察，很多别的研究路径图里也没有考虑，而"正如人类学和民族学领域研究所发现的那样，传统的'科学的''客观的'研究路径与方法，只能让研究者观察到他们所采用的方法允许他们观察到的，极大地削弱了其'科学性'"（As fields such as anthropology and ethnology are discovering, traditional 'scientific' and 'objective' approaches and methodologies can only observe what their methods allow them to observe, greatly impoverishing their 'science'）。科学性与客观性只是意味着尽力将主观性减少到最低，所以，本书作者实际上更倾向于用翻译批评的"合理性"取而代之。

5.3.4 典籍翻译批评的标准

标准是任何批评或评价的核心，典籍翻译批评也不例外。对于典籍翻译批评这个核心问题，正如我们前文综述时看到的那样，我们的研究还很匮乏，更不深入。本节将在价值学和评价理论的观照下，集中讨论与典籍翻译批评标准相关的以下问题：（1）典籍翻译的标准和典籍翻译批评的标准；（2）典籍翻译批评标准的一元与多元；（3）典籍翻译批评的合目的性与合规律性；（4）典籍翻译批评的主体与价值主体合理需求的标准。

5.3.4.1 典籍翻译标准和典籍翻译批评标准

谈到典籍翻译批评标准，我们首先要弄清楚翻译标准和衡量翻译的标准之间的区别。正如我们在讨论评价标准时已经说过的，有些学者倾向于不区分价值标准和衡量价值的标准，另一些学者则认为两者之间确实存在差异。例如史福伟（2006）认为，许多学者并不总是区分价值标准和价值判断标准。王玉樑（2000；2006）认为，大多数学者把主体的需要作为价值标准，把主体需要得到满足的程度作为评价标准。与之类似，在翻译研究领域，我们发现，许多学者都没有区分翻译标准和评价翻译的标准，或是自觉不自觉地时而区分时而不区分，或是没有较为清晰的区分。王宏印（2006：65；123；126-129；130-131）曾指出，批评家所使用的翻译批评标准不一定与译者所遵循的标准相同。"有的译者在实践上也可以不讲翻译标准，但是，任何翻译批评却必须依据一定的翻译标准才能进行"。在谈论翻译批评的工作标准时，他认为批评家可以在考虑译文的语言要素、思想倾向、文化张力、文体对应、风格类型、审美趣味的基础上，"自己设立更加具有可操作性更加符合当下的需要的项目，作为具体的操作标准或衡量尺度"。在讨论对文学作品翻译的评级标准时，他认为翻译标准可以是"信达雅"，翻译评价标准则是译作对应于三者的社会效果，即其交流、影响、感化作用。杨晓荣（2005：101）认为，"从宏观上来看，译者心目中的翻译标准和批评者所持的标准不会完全一样"，但是，"翻译标准和翻译批评标准在很多情况下是可以重合的，模糊一些，也可以作为同一个问题来讨论，其中最主要的原因就是：翻译批评者总要站在译者的角度来看翻译"（同上：103）。事实上，译评者并非一定总是或总要站在译者的角度来评价翻译，译评者与译者可能会使用两套标准，是否有重合也不一定。

　　本书作者认为，翻译标准与翻译评价标准是两个相关但又不相同的概念，将它们区分开来有助于我们对翻译批评的系统研究。而要将它们说清楚，我们还需要先搞清楚什么是"标准"和"原则"，因为很多时候我们的翻译教材和著述中是将此二者混用的，而这种混用，如果看一下我们对翻译标准或原则的表述，再看一下辞书中对"标准"和"原则"的定义的话，就知道这既在情理之中，又需尽量避免。

　　先说"原则"。商务印书馆《现代汉语词典》（第五版）对"原则"的解释是：（1）说话或行事所依据的法则或标准；（2）指总的方面；大体上（2005：1676）。《新牛津英汉双解大词典》（第三版）的"principle"前两个释义是：a fundamental truth or proposition that serves as the foundation for a system of belief or behaviour or for a chain of reasoning，即原理、原则；a rule or standard especially of good behavior，即规则或标准，特别是好的举止的规则或标准。《柯林斯英汉双解大词典》该词的第一个释义是：a general belief about the way you should behave, which influences your behaviour. 原则。

《现代汉语词典》（第七版）对"标准"的定义是：（1）衡量事物的准则。（2）本身合于准则，可供同类事物比较核对的事物。《新牛津英语辞典》（The New Oxford Dictionary of English）对"standard"的释义是：（1）a required or agreed level of quality or attainment；（2）an idea or thing used as a measure，norm，or model in comparative evaluations（周领顺、周怡珂，2020：107-117，138）。《柯林斯COBUILD英语词典》给出的解释是：a level of quality or achievement, especially a level that is thought to be acceptable；something that you use in order to judge the quality of something else；moral principles which affect people's attitudes and behaviour。

从英汉语辞书对"原则"和"标准"的释义，我们发现，两者有一定相同之处，都可表示可以用来裁定某事是否合规的"准则"和用来衡量别的事物是否合规的"参照物"，因此，将它们混用也不无一定道理。但是，我们也应该注意到它们的不同之处，即"原则"可以表示总体上的较宽泛的信念，而"标准"则无此意。所以，本书作者倾向于在谈论翻译时将它们区分开来，用"原则"指行事的总体指导思想，用"标准"指要求达到的质量水平和比较评价中可用作尺度、规范或模型的具体某物、某思想（理论）。这里我们重点讨论"标准"问题。

让我们再来看一下辞书之外对"标准"的说明。《中华人民共和国国家标准标准化和有关领域的通用术语》的第一部分"基本术语GB/T 3935.1-1996"中，对标准的定义是：标准 standard为在一定范围内获得最佳秩序，对活动或其结果规定共同的和重复使用的规则、导则或特性的文件。该文件经协商一致制定并经一个公认机构的批准。注：它以科学、技术和实践经验的综合成果为基础，以促进最佳社会效益为目的。这里的"标准"定义并不符合一般辞书词语的定义方式，它实际上是对描述标准的文献的定义。尽管如此，我们也可以看出，所谓"标准"，不是某个人制定的，而是要"经协商一致制定并经一个公认机构的批准"。

国际标准化组织（ISO）的标准化原理委员会（STACO），是一个长期致力于标准化概念研究的机构，它对"标准"的定义是：标准是由一个公认的机构制定和批准的文件。它对活动或活动的结果规定了规则、导则或特殊值，供共同和反复使用，以实现在预定领域内最佳秩序的效果。按照使用范围，标准划分为国际标准、区域标准、国家标准、专业标准、地方标准、企业标准等类别；按照内容，标准划分为基础标准（一般包括名词术语、符号、代号等）、产品标准、辅助产品标准（工具、模具、量具、夹具等）、原材料标准、方法标准（包括工艺要求、过程、要素、工艺说明等）；按照成熟程度，标准划分为法定标准、推荐标准、试行标准、标准草案等。标准的制定，国际标准由国际标准化组织颁布，国家标准在中国由国务院标准化行政主管部门制定，行业标准由国务院有关行政主管部门制定，企业生产的产品没有国家标准和行业标准的由企业制定执行，并报有关部门备案。法律对标准的制定另有规定的，则依照法律规定。制定标准应当有利于合理利用国家资源，推广科学技术成果，提高经济效益，保障安全和人民身体健康，保护消费者的利益，保护环境，有利于产品的通用互换及标准的协调配套等（https://baike.so.com/doc/3449041-3629397.html）。

目前，我国翻译方面的企业标准和国家标准都有，各大语言服务企业、翻译公司、出版社都有自己的翻译标准，《翻译服务规范 第1部分：笔译》（Specification for Translation Service—Part 1：Translation）是我国历史上第一个针对翻译行业制定的国家标准（中华人民共和国国家标准GB/T 19363.1—2003），由中国标准化协会提出，中华人民共和国国家质量监督检验检疫总局2003年11月27日发布，2004年6月1日实施；该标准的修订版于2008年7月16日发布，2008年12月1日实施。《翻译服务规范 第2部分：口译》2006年9月4日发布，中国翻译协会翻译服务委员会、上海市人民政府新闻办公室和中国标准化协会提出。

《翻译服务译文质量要求》（GB/T 19682—2005）由中华人民共和国国家质量监督检验检疫总局和中国国家标准化管理委员会于2005年3月24日发

布,2005年9月1日实施。本标准规定了翻译服务译文质量的基本要求、特殊要求、其他要求、译文质量评定和检测方法等,适用于笔译服务。标准共9章,核心内容是4-8章,其中4-6章是对译文质量的要求,7-8章是译文质量的评判与检测。第四章的译文质量基本要求共3条,分别要求译文忠实原文(完整、准确地表达原文信息,无核心语义差错)、术语统一(术语符合目标语言的行业、专业通用标准或习惯,并前后一致)、行文通顺(符合目标语言文字规范和表达习惯,行文清晰易懂)。第五章的译文质量具体要求共6条,就翻译过程中最常遇到的数字表达、专用名词、计量单位、符号、缩写、译文编排等常见的译文表达提出了规范。第六章的译文质量其他要求共6条,就翻译服务译文中常见的需要特殊处理和表达的若干问题提出了变通处理办法,主要有新术语构造、特殊行文结构和修辞译法、词诗歌赋和广告等特殊文体、第三种语言表述的处理、附带文字处理、原文明显错误的处理等。第七章是关于译文质量评定的。本章提出以译文使用目的为基本依据,综合考虑各种差错和原文难度的评定原则,给出了计算综合错率的公式和按照综合差错率大于或不大于1.5‰来衡量是否合格的判据。第八章是译文质量检验方法,抽检率一般定为10%-30%,并将译文差错划分为四类。

此外,2017年6月20日,国家标准委、教育部、国家语委联合发布了《公共服务领域英文译写规范》系列国家标准,规定2017年12月1日起实施。该系列国家标准是关于公共服务领域英文翻译和书写质量的国家标准,包括10个部分,规定了交通、旅游、文化、娱乐、体育、教育、医疗卫生、邮政、电信、餐饮、住宿、商业、金融共13个服务领域的英文译写原则、方法和要求。标准提出了公共服务领域英文译写应遵循的合法性、规范性、服务性、文明性等原则,针对"场所机构名称"和"公共服务信息"分别规定了英文翻译方法,要求公共服务领域英文书写应符合英语国家公共标志中的书写规范和使用习惯,并从字母大小写、标点符号、字体等方面做出了具体规定。标准还以"资料性附录"的方式,为各领域常用的3500余条公共服务信息提供了规范译文。

从上述公共服务领域英文译写应遵循的四大原则看,我们前文对翻译"原则"与"标准"的区别和看法,既必要也正确。它们虽然都是准则,但一个宏观总括，一个微观具体。对原则的进一步解释，往往就会涉及更为具体的翻译标准乃至翻译方法了，如《公共服务领域英文译写规范》对译写原则的说明是："符合我国语言文字等法律法规的规定；符合英文使用规范以及英文公示语的文体要求，一般不按原文字面直译；公共服务领域应当针对实际需要使用英文，不应过度使用英文，译写时应通俗易懂，便于理解，避免使用生僻的词语和表达方法；译写应用语文明，不得出现有损我国和他国形象或有伤民族感情的词语，也不得使用带有歧视色彩或损害社会公共利益的译法"。

由于国家日益认识到了标准的重要性，也随着翻译职业形态的发展变化，近几年我国又陆续出台了几个标准性翻译规范：2019年11月9日发布了《译员职业道德准则与行为规范》，且首次涵盖了手语传译。同时，首次对机助翻译和机器翻译过程中出现的技术伦理提出了规范性要求。2021年3月27日发布了《司法翻译服务规范》，在已有国家翻译服务标准基础上，细化了司法领域的翻译标准与要求。2021年12月19日，中国翻译协会又完成了《专利文献翻译服务规范》（征求意见稿），相信未来还会有更多针对特定专业领域的分类翻译标准与规范的制定出台。

在我们考察过"原则"与"标准"的释义、讨论了"原则"与"标准"的异同、又看了各种有关翻译的标准与规范后，我们有必要、也似可以尝试着给翻译标准下一个定义了。本书作者认为，翻译标准是翻译原则的更为具体的体现，它是由各级翻译行业组织或社会权威机构为确保理想的翻译效果而协商制定的一套翻译行为规范与要求。当然，从现实的角度看，译者本人或某一翻译组织或某一专业领域可能也会有自己设定的翻译标准，具体的翻译标准可能会有许多，这与人们的翻译观和价值追求的不同有关，与翻译活动的多样性、复杂性有关，也与人们价值观的多元有关。

相应地，翻译的评价标准就是可以用来度量、评定翻译行为和结果是否合乎翻译原则、是否实现了预期目标、是否和在多大程度上满足了社会或价值主体需求（要求）的基准与尺度。换句话说，翻译的评价标准就是翻译活动及其产品对社会或评价主体需求的满足度。它可以具体化为社会或评价主体的各种现实需求，可能与某翻译标准重合，也可能全然不同。

翻译的评价标准也会因人因时因地而异，会随着语境的变化而变化。这时如果我们再来看《中国翻译词典》中对"翻译批评"的定义——"从广义上讲，翻译批评即按照一定的标准，对翻译过程及其译作质量与价值进行全面的评价"（林煌天，1997：184），我们就会明白，其中的"一定的标准"就是翻译的评价标准。这个"一定的标准"，可能是我们的翻译教科书和讨论翻译的著述中常说的"忠实通顺"，也可能是别的其他什么，个人的或社会的，因为虽然在社会意义上，标准都是社会群体权威机构协商制定的，但就其产生的过程和评价实际情形看，则既有个人的，也有社会的，而且往往是先有个人的。巴姆（1993：70）曾经这样描述价值判断的标准的建立："当一个人多次做出某种特定的价值判断时，这种判断的反复出现可能会赋予其一种标准品质。当几个人多次做出类似的价值判断时，它们的反复出现可能赋予它们一种社会标准品质，并发展成为一种文化特征……一旦一种判断获得了社会地位，它就起着价值预判的作用（When a person has made a particular kind of value judgment several times, its recurrence may endow it with a standardized character. When several persons make similar value judgments many times, their common recurrence may endow them with a socially standardized character and develop into a cultural trait…Once a judgment acquires social establishment, it functions as a prejudgment about values）"。如果批评者是译者本人，他或她可以采用与其个人持有的翻译标准相同的评价标准。但是，我们应该意识到，即便是批评者和译者是同一个人，如果他或她改变了对翻译的看法，或是时过境迁，其评价标准也可能与其翻译时持有的翻译标准不同。对同一译作评价不一的根源，正是来自这种评价标准的不一和流变。

就典籍翻译标准而言，似可在从事典籍翻译实践和研究的群体成员协商讨论的基础上，由中国英汉语比较研究会下属的典籍翻译研究委员会制定出一套属于典籍翻译的较为具体的翻译标准。坊间现有的标准，如"传神达意"，实际上只体现了典籍翻译与其他翻译的共性，但都未能体现其个性，也都不够具体、清晰。对典籍翻译的评价标准而言，则必须考虑典籍翻译输出方与接受方的各自的合理需求来制定。对于输出方，可以结合我国当前对外传播的主要任务与目标，结合典籍翻译的具体问题，如不同年代的典籍、不同类型的典籍，将主体需求满足度（中国文化对外传播效果的最大化、最优化）作为一个具有统领性质的典籍翻译批评标准，并允许评价者依据评价的具体翻译项目、具体文本、具体语境将评价标准加以细化。对于接受方，我们必须则需要在充分调查研究的基础上，依据其合理需求来确定典籍翻译的评价标准。当然，也可站在人类社会发展的角度，确定什么样的译本有利于人类社会的进步。

5.3.4.2 典籍翻译批评标准的一元与多元

上一节我们谈到了标准、翻译标准、翻译批评标准，谈到了可以将主体合理需求满足度作为一个具有统领性质的典籍翻译批评标准，同时也谈到了需要针对具体评价目的、具体翻译项目、具体文本、具体语境制定不同的更为精细的评价标准，这其中就隐含了典籍英译批评标准的一元与多元。其一元标准就是主体需求满足度，而由于典籍翻译批评主体与价值主体通常不止一个，加之能够影响评价的因素较多，典籍翻译批评的标准就必然呈现多元化。这实际上正是翻译批评活动异常复杂的主要根源。由于评价标准是翻译批评中至关重要的核心问题，我们有必要对此做进一步的阐述，以便更精准地把握它、运用它。

由于价值和人类社会实践密不可分，价值哲学实际上也就具备了实践哲学的品位。在现实生活中、在人类实践活动中，人们自觉或不自觉地都在追求利益的最大化，也就是价值的最大化，而要实现这一目的，人们就必须认识和把握自然界和社会中各类事物的生存和变化规律，也就是说我们必须让我们的实践做到既合目的性又合规律性，让实践的合目的性与合规律性有机地统一起来。相应地，我们在评价某一社会实践的效果时，就必须既考虑其是否合目的性，又考虑其是否合规律性，这也是价值哲学研究中人们的共识。就典籍翻译批评而言，作为输出方，我们的评价标准就是要看某一典籍翻译项目或译本在多大程度上实现了中国文化对外传播效果的最大化、最优化，也就是价值最大化，要看翻译项目的实施过程、译者的翻译过程与方法是否符合翻译传播的基本规律。换句话说，我们的翻译批评，既要有价值理性，又要有工具理性。通常情况下，任何译作都不是十全十美，完全符合人们的预期的，而如果想要准确判断翻译产品是否合目的性，特别是判断其在何种程度上符合主体的需求，哪些方面做得好，哪些方面需要改进，较科学的做法是考察其翻译过程与方法、程序，这就要求评价者要将价值主体与价值客体之间的价值关系、价值客体的合目的性与合规律性一并考察。评价标准的多元性，主要就来自于价值主体的多元。

通常在翻译活动进行当中和译作完成之后，译者或翻译机构通常都会对翻译活动的组织程序、策略方法和预期效果等进行评估，这时的评价主体就是译者或翻译机构，他们（它们）同时又是价值主体，这时评价者的评价标准就是价值主体合理需求的满足度；而当译事和译作完成交由他方、他人评价时，评价主体就是他方、他人评价者了，这时的评价标准，就不一定是译者或翻译机构的翻译标准了，评价标准会随着评价主体对价值主体与价值客体之间价值关系等一系列影响因素的变化而变化。如果某典籍译本交到了出版社编辑手里，编辑作为评价主体，他要评价的价值主体（出版社，当然可能也会有译本的目标读者乃至源语社会和译入语社会）和价值客体（译事、译本，主要是译本，但有时两者兼而有之）之间的价值关系（价值大小），看译本在多大程度上满足了价值主体（各类主体，主要是出版社）的需求；如果是译本到了某一读者手里，评价主体就是读者，通常他也就是价值主体，他要评定的是他与价值客体（译本）的价值关系，而读者是多元的，读者的需求是多元的：有人想要通过译本了解原作大意，有人想要了解原作的形式特征，有人想要通过译作学习外文，还有人想要通过译作弄清楚他看不太懂的原文（因为译作通常都有一种明晰化倾向），评价标准自然也就多元了。懂原文的读者和不懂原文的读者的需求会有所不同，普通读者与想要研究这一典籍的读者的需求会不同，评价的主体性这时就更加显露无遗。而如果是一个职业批评家，或者是被其他读者邀请来对该译作进行评论的精通双语的一个评论者，价值主体就变成了邀请他来评价的读者，价值客体仍是译本，这时的评价者就需要评判译本对于邀请他来评价的读者的价值，他需要判断邀请他来评价的读者的需求和译本对这一特定读者需求的满足度，同时，如果他是一个负责任的评价者，他还应该对译本的合规律性进行考察评价，以便明确判断译本的优劣以及不同类型价值的大小。在他的判断中，既有人的尺度（价值主体和评价者自己），也有物与人的双重尺度（译本和评价者自己），这的确是一项非常复杂的认识活动。现有一些有关翻译批评的著述，包括一些从价值哲学视角探讨翻译批评的著述，常有一种将评价因素间复杂关系简单化的倾向，如有人认为合规律性就是物的尺度，价值主体就是读者（王恩科，2020：70-75+90），这都是没有真正厘清"评价主体""价值主体"与"价值客体"及其之间的关系。

5.3.4.3 典籍翻译批评标准中的合目的性与合规律性

对于翻译批评包括典籍翻译批评标准中的合目的性与合规律性，我们也需要作进一步说明。

我们通常说的"合目的性"，也就是本书在第四章第四部分中谈到的"目的导向"的评价标准，是许多评价者惯常采用的标准，德国功能主义翻译"目的论"提倡的就是这样的评价标准。戴维森（2005：25-27）认为，仅凭价值主体想要实现的"目标"或"目的"，我们并不能确保对产品或项目的价值大小得出可靠的判断，因为假如我们仅以预期目标为评判标准，评价者会遇到很多很难解决的问题：如果价值主体有多个目标，比如翻译中的信息的全部传递、审美功能的再现、受众的较高接受度等，而译作极好地实现了其中一个目标却没能实现另一个目标；如果极好地实现了的目标很容易而没能实现的目标难度非常大；如果没能实现的目标对价值主体具有更大的重要性，而实现了的目标意义不是太大；如果译作产生了某种不在预期目标之内的极佳效果；如果实现了的目标比没有实现的目标花费了远超预算的成本；如果我们评价的不是一部译作而是对两部或更多部译作进行评价，几部译作呈现出了上述各种情形……遇到这些问题时，仅以预期目的是否达成作为评价标准的话，评价者就会左右为难，不好判断了。而且，如果评价者心中只有预期目标，会很容易遗漏项目或产品（译事、译作）的一些特性，不利于评价者得出较为全面的价值判断。因此，戴维森提倡一种"不依目的"的"基于需求"的评价标准。而所谓"不依目的"（goal-free）、"基于需求"（need-based）绝非不要"目的"，只是说评价者要尽量避免过度关注预期目的，要将预期和非预期的效果都纳入评价者的视线,以价值主体的需求的满足度为标准来进行评价。

戴维森（2005：33）将"需求"定义为"没有它就会有令人不满意的状况发生的东西"（something without which unsatisfactory functioning occurs），是为了将"需求""需要"与"欲求""想要"加以区分，后者是"没有它会有令人不快的状况（但不一定有令人不满意的状况）发生的刻意追求"（a conscious desire without which dissatisfaction [but not necessarily unsatisfactory functioning] occurs），因为人的欲望可能是无止境的，也可能是虚妄的甚至是邪恶的。我国一些学者也认识到了这个问题，他们认为主体有不同的主体，各主体又有多方面、多层次的不同需求。这些需求有的是正当、合理的，但也有一些是不正当、不合理的。由于需要并非天然合理，评价主体就需要判断价值主体的需求是否合理。由于主体和主体需求的多元性，评价主体就需要确定什么是不同的价值主体的合理需求。因此，翻译批评包括典籍翻译批评中的"合目的性"，实际上也就是看翻译或具体的典籍翻译活动或其活动结果是否符合价值主体的合理需求，它是评价中的主体尺度，是评价的主体性的体现，具有较强的主观性，但在本研究所追求的全面、科学的典籍翻译批评中，它也不是完全主观的，它同样具有一定的客观性，是主观性与客观性的统一。这一点稍后再谈。

再看"合规律性"。"合规律性"是看价值客体呈现出的特征与形态是否符合其自身的发展演变规律。规律是不以人的意志而转移的价值客体的内在特性，它客观存在于自然界和人类社会的各类事物中，需要评价主体去认识和把握。正如吕俊、侯向群（2009：61）所说，"我们一般着眼于价值客体的内在属性与规律，因为虽然客体属性也是多元的，但却是相对稳定与可把握的"。对价值客体的是否合规律性的评判，是评价中的客体尺度，具有较强的客观性，体现的是评价的科学性。但是，由于人们对客观事物的认识，尤其是对人类社会中如翻译这般复杂事物的认识，并不能完全排除主观性，所以对价值客体是否合规律性的评判，同样是主观性与客观性的统一。此外，我们还必须认识到，社会生活中的事物，特别是像翻译、典籍翻译这样的价值客体，不同于自然界中价值客体，它虽有自身的规律，但更多时候我们所能观察、认识的只是它的一些规范和规则，因此，"合规律性"实际上是"合规范性"，评价主体要看的是价值客体是否符合翻译规范和规则，如语言规则和语言转换规则。就典籍英译而言，古文有古文的词法、句法规则，现代汉语有现代汉语的语言规范，由于现代英语与古汉语和现代汉语的词句、篇章规则有较大差异，翻译中就必须遵循一定的转换规则，如词序的转换、主动被动间的转换规则。此外，如果是音译，译者应该遵循英汉音译的一些约定俗成的规定和某些专有名词的主人确立和使用的译名，译者不可随心所欲另造译名。如果是法律文书翻译，译者必须遵循相应的法律文书的体例，科技语篇的翻译又必须保证原语意义的精确再现，凡此种种，都是译者应该遵循的行为规范，都是为了确保译作的合目的性。这也是为什么本书作者要将主体原则和规范原则纳入翻译评价的总体原则的原因。

5.3.4.4 典籍翻译批评的主体与价值主体合理需求的确认

前文我们谈到，评价主体具有多元性，可以是个体主体、群体（权威机构）主体、社会主体，价值主体也具有多元性，可以是个体主体、群体主体、社会主体，两者有可能重合，也可能不同。在典籍翻译批评领域，评价主体可能是典籍译者自身、翻译服务机构、翻译组织机构、翻译行业协会或其他社会组织或个人，价值主体也可能是译者自身、翻译服务机构、翻译组织机构、或是翻译服务接受者、译作读者，抑或是受到某一翻译行为或结果影响的社会或个人。价值主体的多元必然带来主体需求的多元，同时，同一价值客体对不同价值主体来说，其需求满足度也不尽相同，而评价主体的多元又会造成评价视角与标准的不统一。因此，我们首先必须对如何确定价值主体需求的合理性问题加以讨论，以便不同的评价主体能够较好地确定价值主体的"合理"需求、"正当需求"。

在确定价值主体需求的合理与否时，我们必须将个体价值主体的需求放到人类社会生活、社会实践中来考察。因为虽然价值是客体对于主体的意义，但现实的人、现实的主体，是人的"物质存在""精神存在"和"社会存在"三位一体的主体（李德顺，2013：134-142）。在个体主体的需求与社会主体需求发生矛盾时，必须坚持以社会需求为主的原则，即考察主体需求是否符合人类社会发展的方向，是否符合人类社会发展的规律，是否有利于社会的进步。通常，我们可以通过将个体主体需求与社会主体需求结合起来，从正反两个方面来确认主体需求是否合理。一是像戴维森所讲的，看是否缺少了某一需求的满足，就会引起价值主体的不良反应，甚至给价值主体带来损失；二是看某一需求的满足是否能给价值主体特别是社会主体带来利益。毛泽东就曾经提出要以合乎最广大人民群众的最大利益为最高标准（王玉樑：2000：80-82）。但是，所谓合乎最广大人民群众的最大利益其实是一个相对抽象的标准，这个标准要想落到实处，评价者就必须以客观事实为依据，考察社会实践（翻译活动）的客观效果、客观影响和可能产生的效果或影响（包括正反两方面的）。需求的合理性有个"度"的问题，翻译活动有其自身的一些特性并受到语言、文化等众多因素的制约，通常难以达到百分之百的对等，如果翻译服务接受方，比如读者，想要某一译文达到与原文百分之百的对等，那么他的这种要求就不是合理需求了。社会实践与价值关系之间存在着内在联系，事物的客观特性对主体的需要和目的起着一定的制约作用，使得价值主体在评价中不能仅以主体需要和意愿为标准，必须尊重价值客体自身的本质和规律，例如，我们不能期望衣服可以满足主体对饮食的需求（王良铭，2002：24-27；2006：17-22），同样，我们也不能期望典籍英译的接受者特别是对中华文化了解较少的译语读者能像典籍原文的读者一样对典籍的精髓有深刻的理解。

由上段讨论可以看出，价值主体的需求好像是主观的，实则同样也是客观的。任何个人都是一定时代、一定社会的个人，他或她的需求必然要受到他或她所生活的物质世界和精神世界的限制。共时来看，他们的价值观和他们的需求，都在一定程度上受到他们生活环境和周围人的影响甚至支配。历时来看，根据科学家的研究，古人只需要自然界中的18种元素就可以在世界上生存，而我们今天的人类至少需要80种元素（李德顺，2004：48），这说明个人的需求和价值观实际上是受到空间和时间的客观制约的，因此也是具有客观性的，是主观与客观的统一。这同时也表明了价值主体需求合理性的确认，离不开对主体生存于其中的特定社会和社会发展的特定时期的客观现实的考察。

就典籍翻译价值主体需求的合理性的确定而言，评价者就必须考虑价值主体所处的时代和社会。当今世界正面临着百年不遇的大变局，文化文明间的冲突日显，中国正日益走向世界舞台的中央，中国需要世界，世界也需要中国，需要中国的社会历史发展经验，世界对承载中华文化文明的典籍的兴趣与需求也日渐增强。但是，如果过去世人只想了解中国古代的社会形态的话，那么，今天的世界不仅仅只想知道中国古代的文明，更想了解当代的中国社会，面对近年的新冠疫情，外界可能更关心中国的应对策略和中医药在抗击疫情中如何发挥的作用，因为这些都直接或间接地关系到了他们的利益。因此，我们不仅要对外介绍中国古代文化，中医药文化，也要介绍现当代的文化，译介现当代的典籍。此外，在译介方式上，要均衡考虑价值主体（国家机构、出版社、译者、读者）各方的利益诉求，尽量用通俗易懂的语言准确传递典籍的意义。在语言形式上，如果大多数读者需要的是他们喜闻乐见的形式，这也绝对无可厚非，属于合理的需求，典籍译者或译文生产方就应该尽量满足这种需求。当然，典籍有不同的类型，不同的读者对不同类型的典籍译文的合理需求也是不同的，因此我们也应区别对待。

5.3.5 典籍翻译批评的评价体系

评价体系即评价指标体系，是一套较为系统、具体的评价标尺，是评价指标的集合，它是实现全面、科学、客观评价——或者用本书作者更倾向使用的说法——合理评价的最关键、最核心的问题，也是评价研究中最复杂的问题。评价体系的构建要遵循我们前文提出的评价原则，要将那些原则落到实处。此外，在建构评价体系时，我们还有若干原则需要遵从：（1），主体性与客体性的统一，即评价视角既有主体维度又有客体维度，并要将两者很好地协调起来；（2），系统性与层次性的统一，即既有对各相关要素的考量，又要有各要素间清晰的权重区别；（3），定性与定量的结合，即尽可能定量但不依靠单一的量化数据，定性与定量分析同样重要；（4），历时与共时的思维，即对数据的收集与评价要有发展的眼光；（5），简洁性与可操作性，即优选最重要的要素与数据，尽力防止要素间的互涵；（6），整体性与分类性，即既要考虑评价对象的共性，又要考虑不同类型的个性。

一个较为可行的评价体系建构路径,就是先在价值主体和价值客体两个维度上分别构筑评价体系,然后再加以综合。由于评价实际上是要看价值主体合理需求的满足度,而价值主体与价值主体的合理需求也可能不止一个,呈现出多元化,所以,要实现全面科学合理的典籍翻译批评,我们可以将价值主体分类并将各自的合理需求及需求的重要度列出,这样,评价者在评价时就可参照这些指标来衡量价值主体需求的满足度。又由于评价是评价者对价值主体与价值客体之间的价值关系的认识,评价的尺度就既有主体尺度,又包含客体尺度,是主客体尺度两者的统一,因此,我们还必须构建价值客体维度的评价体系,由于价值客体也是多元的且具有多元属性、多元特征,我们还应该将各类价值客体的各类价值也整合到我们的评价体系中,并对其重要性予以排序,只有这样,才能确保整个评价的系统与科学,或曰规范与合理。

5.3.5.1 基于价值主体的典籍翻译评价体系

在上一节谈论典籍翻译批评标准时,我们将主体需求满足度作为一个具有统领性质的典籍翻译批评标准,这一总体标准实际上就是价值评价研究中的"合目的性又合规律性有机统一"评价标准,只是我们将"合目的性"修正为了"满足主体的合理需求",而"合规律性"就是让价值客体以最优化的方式来"满足主体的合理需求",是为"合目的性"服务的。之前我们已经提到了翻译批评中主要关涉评价主体、价值主体和价值客体,由于评价体系是评价主体需要参照的评价框架,所以这里我们暂且只谈价值主体和价值客体,但是我们也必须意识到评价主体有可能会与价值主体相重合。虽然一些学者并不区分二者,但对于系统的评价研究和翻译批评而言,二者确实又是应该加以区分的。从价值主体考虑,会形成由个体主体、群体主体和社会主体构成的评价体系。

就价值主体而言,有学者将其分为两种,一种是个人主体,一种是社会主体,后者指社会群体,它可以是某一集团、阶层、阶级,也可以是某一民族、国家乃至人类等(陈新汉,1994:18-23;王良铭,2006:17-22)。本书作者认为,这样的分类未免太过笼统、宽泛。在前文提到价值主体时,我们列出来三种：个体主体、群体主体和社会主体。三者之间虽然可以从概念上加以区分，但在实际情形中又是你中有我我中有你的。

个体主体，顾名思义就是社会个体成员，即社会个体是价值主体。如果个体价值主体同时又是评价主体时，众多个体成员的评价就会形成一种社会评价，特别是在当今网络时代和自媒体高度发达的年代，很多个体评价会迅速发展成为社会舆论热点，所以确切地说，个体价值主体既是单个的评价主体，也是社会主体与社会评价的现实形式之一。个体评价主体可以评价个体价值主体自身与价值客体之间的价值关系，也可以评价其他价值主体与价值客体间的价值关系。

就翻译而言，个体价值主体可以是译者本人，可以是编辑，教授翻译的老师，对源语言和源文化一无所知的大众读者，对原作者略知一二的读者，对所涉及的两种语言和文化有所了解的双语读者，对原著及其作者相当熟悉的双语读者，译者的朋友，译者的仇敌，原著的作者，相关文献研究专家，翻译研究专家，目标文化中的作家，另一个译者，另一个翻译过同一作品的译者，专业评论家，业内权威……由于背景、职业、社会地位、目的和许多其他因素的差异，这些个体价值主体充当评价主体时可能有各自的价值判断标准。标准的差异主要来自他们各自的需求和价值观的不一，而他们对译事和译作的价值判断的差异，不仅来自于他们的标准不同，也来自于他们对价值客体属性的认识不同。正如不同作家和批评家为文学创作设定的标准不同一样，个体评价主体为翻译设定的标准也可能大相径庭。杜甫写诗的标准是"语不惊人死不休"，郑板桥则看重简洁、新奇，所谓"删繁就简三秋树，领异标新二月花"。据说，按照这样的标准，郑板桥烧掉了许多他认为毫无价值的诗歌。同样，有些出版社编辑看重的是译作的市场价值、经济价值，而有些则更重视译作的伦理价值或审美价值。在文学翻译领域，钱钟书、傅雷把"化境""神似"视为翻译的最高标准，而许渊冲则提出了"三美"（意美、形美、音美）标准，这些标准虽然都是个体评价主体的评价标准，但因为提出者在翻译领域的威望极高，译界从者甚众，它们至少发展成了某种群体价值主体的评价标准。

群体主体即群体价值主体，顾名思义就是某个社团、组织或社会阶层作为价值主体。群体价值主体也可以是评价主体，通常表现为权威机构或个人，即某一社团、组织的评价小组（委员会）或阶层代表的评价。这看似一种集体意志、集体评价，但实际上由于评价小组也是由众多个体组成，所以，其中必然掺杂着个体主体评价因素。代表群体价值主体的评价者或评价小组，如果想要对群体价值主体与价值客体之间的价值关系作出合理评价，就必须能够认识到这个群体的合理需求和利益，但这只是理想状态，实际情形并非总是如此。而当某一群体价值主体作为评价主体对其他群体价值主体与价值客体间的价值关系进行评判时，它同样应该能够认识的其他群体价值主体的合理需求并能准确判断这种需求的满足度，要做到这一点难度很大，比如我们在评价典籍英译时，作为中国人的评价者，无论是个体主体评价者还是群体主体评价者，实际上都很难准确知晓英语读者群体的合理需求是什么，常常是我们认为极好的译作，国外受众却并不认可。

社会主体即以社会整体为价值主体。依据冯平，社会价值主体作为评价主体时，其评价的基本形式有三种：组织鉴定、舆论与传播媒介所传播的观念（何海兵、秦宏毅，2008：132-134）。本书作者认为，由于社会可以被视为一个更大的群体，所以社会主体可包含个体主体和群体主体，组织鉴定可归入群体主体评价，舆论与传播媒介观点在当今自媒体发达的时代，既可以是个体主体评价，也可以是社会主体评价。社会主体评价的主要表现形式是社会主流媒体的评价。

无论何种主体的评价，做到合理性的关键是把握价值主体需求的合理性并在此基础上衡量价值主体与价值客体之间的价值关系，这虽然有一定难度，但也并非不可能。因为价值主体的需求虽然多元，但通常都有一定的客观现实为基础。任何个人或群体或社会，他们的需求必然要受到他们所生活的物质世界和精神世界的限制，同时，事物的客观特性对主体的需要和目的也起着一定的制约作用，使得价值主体的需要和意愿必须符合价值客体自身的本质和规律。因此，我们可以通过分析价值主体所处的时代和环境，通过分析价值客体的本质属性，来推断价值主体的需求是否合理。此外，我们也可以通过调查研究，获取一定的相关数据，帮助我们作出较为准确的判断。

在个体、群体、社会三类主体评价中，理性告诉我们，社会发展的需求总是比个体或某个群体的需求要重要得多，中国人传统上更是视集体的需要和利益高于个人的需要和利益，所以，社会主体和群体主体评价往往比个体主体的更为重要，具有更大的权重和效力。依据李德顺，社会评价的标准是社会的客观需要和社会的主导意识形态（何海兵、秦宏毅，2008：132-134），社会和群体评价能够在很大程度上代表或包含个体评价，因为正如马克思的"人的本质是一切社会关系的总和的"著名论断所示，个体是社会统一体的成员，只能在特定的社会共同体中生存和发展，在其形成自身特有的需求和价值观的同时，也会形成其生存于其中的社会共同体共有的一些需要和价值观，即便是其自身特有的需要和价值观，也在一定程度上是受到了其生存于其中的社会共同体和生活环境的影响和制约。此外，翻译是一项社会实践活动，具有鲜明的社会性，而社会评价主体在确定评价标准时，通常是要把社会整体需求和利益、社会规约、社会规范乃至法律规定考虑在内的，如人类认识和改造世界的一些技术规范、人际交往的伦理规范、不同社会之间的政治和意识形态因素等。这些规范通常都是一个社会已经实现的或自觉的合理需求和价值，具有共识属性。由于社会评价主体将社会整体的合理需求作为评价标准的依据，这样的标准自然也会为社会大多数个体所认可，比如翻译中的"忠实性"（真的需求）、"可解性与可接受性"（善的需求）、"可读性"（美的需求）等。

  需要说明的是，当个体主体采用了社会主体的评价标准时，二者之间的界限就不那么清晰了。还有，尽管社会主体和群体主体评价往往比个体主体的更为重要，但是，这也绝不意味着个体主体评价就不重要，因为众多的个体主体评价最终也会形成一种社会评价。而且，权威（结构）评价并不总是合理的，当它不能正确确定群体或个体价值主体的合理需求时，他/它的评价就是不合理的。因此，在翻译批评，包括典籍英译批评中，我们鼓励个体价值主体更多地参与评价，这一方面有利于翻译批评的繁荣和发展，也有利于各种评价在碰撞中相互交流学习，并最终达成一种更为合理的评价。压制民主的威权主义不符合我们本书提倡的评价的民主审议原则，是一种极其有害的倾向，尤其是当牵涉到对价值客体的某些主观性较强的价值判断时，个体主体的评价也可以具有同等的合法性与有效性，比如对译作审美价值的评价。这也引发了我们本节讨论的另一个话题，即与价值客体有关的评价体系。

5.3.5.2　基于价值客体的典籍翻译评价体系

价值客体有其自身的本质属性，表现为不同的价值，当然是对价值主体而言的不同价值。在价值评价中，我们不仅要认识价值客体"是"什么，有什么特征和属性，还要考虑价值主体的合理需求和价值客体能否以及在多大程度上满足了价值主体的合理需求，也就是说要确定价值客体"应当"是什么样以及是否是它"应当"的样子。前一种判断主要是"实然判断"，判断的是价值客体的实际情形或曰价值潜能，后一种是"应然判断"加"实然判断"，是两者的统一，判断的是价值主体与价值客体之间是什么样的价值关系。在自然科学研究中，研究者对研究对象的描述是为了揭示客体自身的特性，作出的是"实然判断"，而在评价活动中，评价者不仅要有对价值客体自身特性的认识，更要有客体对主体的意义的认识，真假不等于善恶，气温38度不等于"太热了"，我们需要依据特定语境中的主体的合理需求来对事实的"好坏"进行分析判断，事实或事物的特性只是蕴含了一定的价值（正价值或负价值）或者是在社会实践中实现了某种价值。如果我们着眼于价值客体的价值潜能与实际价值，就要分析价值客体的形式、内容特征，也就是要对其形式与内容加以评价。换句话说，在我们的价值客体评价体系里，主要包括对价值客体的表现形式及其价值潜能与实际价值的观察描述与判断。

相较之下，价值客体的内容特征与价值要比其形式特征与价值更为重要，因为形式通常都是服务于内容的。当然，由于社会实践形式的繁杂多样，这种重要性排序也不是绝对的，而是相对的，我们需要具体问题具体分析。

在翻译批评中的价值客体，主要是译事或译本，其中也包括原文本。如果我们要评价的是某一个翻译项目，如"《大中华文库》出版工程"，整个项目就是价值客体，它有其运作形式，也有其内容，如要翻译的原文本、译者的选择、译者行为、译本，还有译作的出版发行等，但是，我们通常所做

| 典籍翻译评价原理与评价体系构建 |

的翻译批评，大多是对某一个或几个译本的批评，价值客体主要是译本和原文本，而这些文本价值的类型与多少，又与具体的文本类型、体裁样式、文本内容、翻译方式与目的、受众需求等因素有关。

假定我们评价的是信息型文本翻译，如科技典籍的英译，其内容的准确传递无疑具有比其形式的传译具有更大的价值，但假如我们评价的是文学典籍的英译，总体而言，虽然内容的准确传递的价值仍大于形式的传译，但此类文本的形式的传译的价值就具有比单纯信息型文本的要大得多；而如果我们翻译的是古典诗词，此时的形式传译可能就与内容传译同等重要，至少对某一特定读者群体而言是如此。

价值客体评价系统中除了形式与内容的划分外，我们还要作进一步解析，区分其物质价值与精神价值。

一般来说，人类需求可以分为物质需求与精神需求两大类。依据李德顺（2004），物质需求包括人的基本生理生存需求和经济发展需求，而精神需求是对世界、社会和人类生活的认识需求，对满意的政治和道德生活和审美享受等的需求。人的终极需要是以物质需要发展和精神需要发展和谐统一，表现为真善美兼具的理想的实现。因此，在评价中，评价者应该考虑价值主体物质与精神这两方面的合理需求，衡量价值客体对价值主体这两方面的合理需求是否满足以及在何种程度上满足。一般而言，对人类生存生活来说，物质方面的合理需求的满足要比精神方面的更为重要，但这只是总体而言。对物质价值和精神价值孰轻孰重这个问题，我们同样也应该具体问题具体分析。

就翻译，特别是典籍翻译而言，其物质价值（经济价值、劳动价值、功利价值）远远小于其精神价值。翻译出版中国典籍通常不会给出版社带来多大经济价值，译本也没有多少物质价值，作为价值主体的读者看重的是其精神价值，出版社和译者通常也是这样，但也会考虑其经济价值，如相对成本-效益。就典籍翻译的精神价值来说，如伦理价值、知识价值、审美价值，它们对于价值主体的重要性也是不同的，也有层次之分。

典籍翻译的精神价值主要体现在价值主体对真、善、美的需求，也就是价值主体的求知求真、满意的政治生活和道德生活与审美享受的需求，于价值客体而言，就是其知识价值、伦理价值和审美价值。而这几类价值，对个体主体而言，其重要性各有不同，但在社会维度上，伦理价值显然是第一位的。我们在前文谈论典籍翻译的价值类型时，已经谈及各类价值以及价值分类对于建立评价体系的必要性，这里我们仍需对各类价值特别是精神价值及其重要性排序作进一步的阐述。

前文谈到译界学者对翻译的价值有各种分类，如社会价值、文化价值、语言价值、创造价值、历史价值、艺术价值、知识价值、道德价值、学术价值等等。从价值论的角度看，人类一切活动都是创造价值的社会实践，而创造的所有价值，包括物质价值和精神价值都是社会文化价值。所以，对于系统的评价体系构建而言，社会文化价值是个过于笼统的概念，不利于评价者对各类价值的分析评判，本书作者因此主张在价值客体维度上，我们对应价值主体求真、求善、求美的需求，区分出价值客体的知识价值、伦理价值和审美价值。其中，知识价值包括各类自然科学知识、社会历史文化知识等各类社科知识价值，学术价值属于知识价值，这类价值一般可以满足价值主体求知求真的需求；伦理价值包括各种政治及意识形态价值、文明和谐的社会生态价值、宗教价值与各类关涉善恶（善行、恶行）相关的道德价值，这类价值可以满足价值主体对善的需求；审美价值包括艺术价值、知识价值、道德伦理价值，但主要关涉主体审美体验的情感价值，这类价值可以满足人们对精神愉悦和情感宣泄的需求。

由于群体和社会主体的合理需求重于个体主体需求，对群体和社会主体而言，伦理价值就要比知识价值与审美价值更重要。当然，必须马上补充的是，三种价值并非总是截然可分的，而是相互包含的，如许多伦理价值也体现着知识价值。虽然前文我们说的评价体系建构的"简洁性原则"要求我们尽力避免这一点，但这一点似乎又是很难避免的，我们只能从价值的主要方面来加以区分了。

典籍翻译的伦理价值是多方面的，但主要是其对维护社会乃至国际社会健康、和谐地持续发展的社会文化价值。首先，如果译本能够较为忠实地传递原文本的思想内容，其中就体现出了一种文化间相互尊重的伦理价值，同时也有助于维护当今世界的文化多样性；其次，我国古代和现当代的典籍中，蕴含了大量有益于人类社会文明健康发展的内容（当然也有糟粕），如"天人合一"的自然与社会和谐发展的文明生态观、"己所不欲，勿施于人"的交往伦理观、"相互尊重、和平共处"与"和而不同"的个体、群体乃至国家间的社会秩序观，"共同发展、共同富裕"与"人类命运共同体"的集体主义观等，这些观念的对外传播，对于当今世界人类面临的各种威胁来说，都具有非常积极的意义，有着极其重要的现实价值。我国著名哲学家汤一介（2016：19）曾经提出，"中国传统文化在中华民族伟大复兴的历史新时期，它面对全球化的态势下很可能对人类社会作出划时代的新贡献"，而儒家的"'大同'世界的基本要求就是每个人对自己有个做人的要求，要有个做人的道理，要求'己所不欲，勿施于人'"（2016：9），这个行为准则是任何文化和任何国家都可以接受的。本书作者认为，这个准则也可以作为我们翻译工作者的一个基本准则，对翻译伦理的制定和研究有着重要指导意义。依据汤一介（2016：21-31），建构性后现代主义的代表人物小约翰·柯布的关于人是自然的一部分和我们生活在生态共同体中的思想，虽然直接来自怀德海，"但它无疑是和中国的'天人合一'理论有着密切的关系。'天人合一'是中国传统思想的核心价值理念之一。它和在西方流行的'天人二分'理论是两种不同的思维模式"。1992年，来自世界各地的1575名科学家发表了一份《世界科学家对人类的警告》，开头的一句话就是："人类和自然正走上一条相互抵触的道路"，而我们的"'天人合一'思维方式可以说正是为解决自然界惨遭破坏提供了可行的思路"。建构性的后现代主义提出的"尊重差异"，正是儒家思想所倡导的"道并行而不相悖"的另一种表述。在《论语·而学》中的"礼之用，和为贵"的"礼"，其最重要的作用就是促使社会和谐，是一种对社会的规范。《礼记·坊记》中的"君子礼以坊德，刑以坊淫"，明确说明了"礼"是为了防止社会败坏的道德规范，"刑"是为了维护社会秩序。美国哲学家安乐哲表示，"礼"对西方颇有价值的"人权"观念，起着"丰富和改造"的作用。当今世界，有许多中西学者都认识到，民族和国家间需要通过对话沟通不同文化，促进相互理解，避免冲突与战争，但"无论哈贝马斯的'正义'和'团结'原则，或者是伽达默尔的'广义对话论'，都要以承认'和而不同'原则为前提"（汤一介，2016：77）。

据报道，早在1988年在巴黎举行的关注21世纪的威胁和希望的诺贝尔奖获得者会议上，瑞典医生Hannes Alfvén宣称，为了在21世纪生存，我们人类必须向孔子寻求智慧（杨义堂，2009）。1993年，来自不同信仰传统和精神社区的143位领导人签署了"全球伦理宣言"，指出"我们必须像我们希望别人如何对待我们那样对待别人。我们承诺尊重生命和尊严、个性和多样性，让每个人都毫无例外地得到人道对待[①]。有学者也指出孔子的"己所不欲，勿施于人"（do unto others as you would be done by）已经被镌刻在了联合国总部的大厅墙上。

典籍翻译的实践证明，它既可以给目标语读者、目标语社会文化以启迪，有益于目标语读者和社会的健康发展，同时也可以帮助塑造中华民族的国际形象和民族精神；在特定历史时期，它甚至能对目标语社会的意识形态和社会变革产生直接或间接的影响，成为目标语一种文化构建力量，而在它对目标语文化实施影响的同时，也彰显了源语文化的软实力。

对典籍翻译的伦理价值的分析提示我们，在选择典籍翻译文本时，我们应该选择那些在内容上能够较多体现人类社会共同需求的文本，并在翻译这些文本时，对其内容作进一步筛选或说明，以实现其伦理价值的最大化，且有利于其伦理价值的传播与接受。

典籍翻译的知识价值的重要性仅次于其伦理价值。

知识是人类认识世界改造世界的社会实践活动的结晶，知识是对个人和社会的生产和发展、物质生活和精神生活的丰富能起到一定作用的信息，知识在这些方面发挥的作用越大，或者说潜力越大，知识的价值也越大。

知识价值是知识对于人类社会的存在和发展，以及丰富个体精神生活所具有的价值。知识不仅具有精神价值，也具有一定的物质（经济）价值，或者说可以转化为一定的甚至是巨大的物质价值，因为知识也是生产力，现今社会所谓的"知识经济"，正是知识的物质价值的体现。

中华民族在悠久的历史发展进程中，缔造了灿烂的物质文明和精神文明，这些都蕴藏在各类典籍中，包括哲学、文学、史学、农学、医学、陶瓷技术等，对这些典籍的翻译，能满足目标语文化受众对中国社会的全

[①] 原文见：http://www.religioustolerance.org/parliame.htm

面了解的需求。作为译者，我们应当尽可能准确清晰地将原作中的信息传译出来，才能最大限度地实现译作的知识价值。而要做到这一点也并非易事。译者首先需要对原作内容有一个精准的把握，这是确保译作知识价值的基础，但许多译者在这一阶段就已经力不从心了。由于古代典籍的产生距今遥远，其文字含义乃至句法都与今天的汉语有较大差异，对它们的准确理解，就是钻研古文字的学者也是难事，对通常是外语专业出身的译者来说，难度就更大了，如果遇到原文行文风格艰涩，语义晦涩，理解的难度就更是非同一般。而要在理解的基础上将原文意义在译文中全部再现出来，则更是难上加难。我国著名哲学家冯友兰（2015：27）曾言，中国哲学著作的语言的一大特点是具有很强的"提示性质"，当种种提示被翻译为外文时，往往会"由提示变成一种明确的陈述"。这样一来，原文中的多层含义，译文通常只能传译其一。现实中，许多译者都是根据古代典籍的今译本来翻译，所以，译文如果未能准确传递原作意义，责任也并不全在外译者。此外，作为译本的评价者，他必须是比译者（古文今译者和外语译者）对原作的意义理解和把握得更精准，并同时对译作对原作意义表达的准确与否作出准确判断，这样的评价者也不多见，甚至可以说极少，所以，要实现典籍翻译评价，特别是对其知识价值的评价的科学性、合理性，较为可行的办法，是组成一个由古文专家和精通双语的专家联合的评价小组，由小组经过大量考证、论证，最终得出一个较为可信、较为客观的群体或社会评价。这并不是说就不能有个体评价或个体评价都是靠不住的，我们也的确看到了一些很有见地的个体评价，如蔡新乐教授对《论语》英译的评价文章，不仅有对原文语义的大量考证，也有对现有译文的优劣分析，更有评价者自己的建设性建议或译文。在典籍翻译评价时，批评者还必须同时考虑原作理解的难度和传译的难度。由于汉英两种语言文化的差异，古代典籍的翻译不仅理解有难度，传译的难度也比一般文本大得多，个别典籍中的个别语汇甚至考证无门，再加之版本的差异，评价者若无一定的版本学、训诂学、语言学、社会学、文化学、译介学、传播学等方面的学力和研判能力，欲得出全面客观的评价可谓难上加难。这也是本书作者要提倡典籍翻译的群体、社会评价的原因之一。再则，考虑到典籍某些词句意义的难以确定以及现代阐释学的意义观，在原文意义的读解方面，我们似乎可以采用吕俊（2002：41-45）提出的一个评判标准：（1）符合知识的客观性；（2）理解的合理性与解释的普遍有效性；（3），符合原文的定向性。这一标准在要求译文能够经得起知识客观性的检验、符合原文的意向的同时，也给了译者一定的阐释空间，更加符合典籍译者特别是文学典籍译者的读解实际，不失为一个较现实的、较合理的评价译本知识价值的读解标准。但是，在客体价值评价体系里，我们就需要将这一（抽象）标准具体化，变为更具可操作性和可分析性的指标，并对这些指标赋权，这绝非易事，非本书作者一己之力可为，仍需译界同仁探索。事实上，理想的评价体系的构建是当前所有领域都面临的难题，但我们必须明确这个方向并为之而努力。

除了价值客体的伦理价值、知识价值，另一个较为重要的价值就是审美价值。英语的"aesthetics"通常译为"美学"，但其词根"aesthe"是希腊语，意为"感觉、感知"，派生出的形容词"aesthetic"本义是"感觉的，与感觉感知有关的"，名词的本义自然就是"感性学"了，它不仅关乎"美"，也关乎"丑"，译为"美学"具有一定的误导性，容易让人只把"美"当成艺术的本质特征。但由于德国哲学家和美学家鲍姆嘉通（Alexander Gottlieb Baumgarten，1714-1762）将美学规定为研究人感性认识的学科，并使用了"aesthetics"来称之，故有今日之译。我们常说的审美价值，实际上就是事物的艺术价值，是价值客体具有的对价值主体的感官上的冲击力和心灵上的震撼力，这种冲击力和震撼力能够带给价值主体以情感上的宣泄和精神上的愉悦。事物的这种功能，有时候来自于其表现形式，有时候来自其内容，但更多时候则来自其形式与内容的完美结合。比如"最纯粹的书法欣赏也是只看其形，看其笔路的走向，而不去关注它的概念性内容要表达的是什么"（翟振明，2006：85-91），欣赏一首歌曲或戏曲唱段，我们也可不去关注歌曲或唱段的内容，但一般文字作品尤其是文学作品则通常要靠其表现形式和内容来共同打动读者，只不过其表现形式比起其他类型的文本更为重要而已。

审美价值或曰艺术价值是重要的精神价值，具有调节、改善、丰富和发展人的精神生活的作用。在《翻译美学理论》中，刘宓庆（2011：74-75）

对审美客体作了界定:"简要地说,有审美价值的事物就是能满足人的审美需求,从而使人得到审美愉悦的事物"。他在谈论审美客体的审美价值时,列出了"三项经过康德论证过的基本素质":首先,"审美是一种'感觉的认知'(Sensitive Cognition, P. Guyer, 2004: 15, BGA),因此,很显然,具有能促使人实现感觉认知的目的的素质就具有审美价值,反之亦然";其次,"审美同时又是一种对美的情感体验,因此,很显然,具有能促使人实现情感体验的目的的素质就具有审美价值,反之亦然";再则,"审美同时又是一种对美的精神陶冶,因此,很显然,具有能促使人实现精神陶冶的目的的素质就具有审美价值,反之亦然"。以上三点,分别对应知、情、志三个维度,而"美"属于"情"的范围,与人的主观心理感受联系最为密切,充当了"真"(知)与"善"(志)的中介。他对审美价值的界定是:"审美价值(Aesthetic Value, AV),指审美客体对主体的审美意义和心理效能,AV是主客体相互作用的结果,是合规律性与合目的性的统一"(2011: 181)。

从刘宓庆对审美价值的论述中,我们可以看出,审美客体中也包含了客体的知识价值和伦理价值,这与我们在"价值的分类"一节中所说的一样,许多价值都不是单一的,审美价值涵盖知识价值、道德伦理价值但主要关涉主体审美体验的情感价值。因此,所有典籍都具有一定的审美价值,所以典籍英译也都具有审美价值,只不过有些具有较多的审美价值,如文学典籍和哲学典籍译本。

总之,从价值客体角度构建典籍翻译批评的评价体系,我们需要更多关注客体的"合规律性",或者说"合规范性",关注价值客体(译事、典籍译本、典籍原文本)的形式特征、内容特征、价值类型(物质价值与精神价值)、翻译转换的规范与实际情形,同时,评价者还要关注识别以上因素对价值主体具有的潜在价值和实际价值,在评价体系中制定好这些因素的观察点(观测点)、分析面以及评价权重,具体的评价体系应当结合具体评价语境而定。一个科学的评价体系,应该包括评价目的、评价原则、评价标准、主要评价要素及其观察点(观测点)、各要素分析需要收集的数据、各要素的权重等主要内容。

5.3.6 典籍翻译批评的方法与程序

在构建了典籍翻译批评的评价体系之后，我们就可以开始实施评价了。科学系统的评价必须遵循一定的评价程序与方法，这也是我们本节所要重点探讨的。

评价程序主要是评价流程，即评价行为的先后顺序。通常，我们要首先确定评价对象，然后是确定评价目标（目的）、评价原则、评价标准、构建评价体系、收集相关资料信息和各类相关数据（包括数据的收集与分析处理方法），再就是对评价体系中的各个评价要素及其观察点（观测点）的单个和综合考察，最后得出评价结论。

评价方法从宏观上讲，首先是遵从评价程序，其次是参照评价体系。在微观层面上，评价者需要遵从定量与定性相结合的方法，遵从定量、定性分析的规范，如采用语料库翻译研究方法、社会学抽样法、统计法、问卷调查法、访谈法等并遵从它们各自的规范。定量分析关键是要确保数据的真实可靠和处理的科学规范，定性分析关键要定义清晰、事实清楚，推理时逻辑严密，使解释和判断建立在对事物的全面考察和缜密思辨基础之上。

第四章在讨论评价方法与程序时，我们重点介绍了戴维森的评价框架。该框架中的重点观察点是评价标准、评价对象的形式与内容、对直接接受者和其他受影响者的影响（包括预期的和非预期的）、评价对象对受众、赞助人而言的成本与效益、评价对象在哪些方面价值较为突出（甚至对其他同类事物具有借鉴意义）、评价对象在哪些方面有欠缺（甚至于负价值）、评价对象是否最有效地利用了现有资源来满足价值主体的需求。此外，该框架还提到了评价者对评价对象提出改进建议或是对某些现象或判断作出解释（可选项），并要反思评价本身是否有问题，如是否涵盖了所有观察点（观测点）、表述是否准确、结论是否适当等。戴维森给出的框架是指导性的，她明确表示评价者可以依据具体评价目的、开展评价的时间限度和资源等具体因素，灵活确定评价方法，必要时也可只对某些较为重要的因素加以考察（Davidson，2005：4-7）。

依据戴维森（2005：4-7）的评价框架和评价步骤方面的建议，我们在开展典籍英译评价时需要具体问题具体分析，但主要步骤可分为：（1）确定典籍英译评价的主要目的；（2）确定典籍英译评价标准；（3）制定典籍英译评价指标体系；（4）选择典籍英译评价的相关证据数据来源；（5）收集处理各个观察点（观测点）相关证据数据并分析因果关系；（6）在综合、比较的基础上作出译事或译本的价值判断；（7）评价要包括译事或译本的非预期价值，特别是那些较为突出的非预期价值；（8）针对评价中发现的问题，指出其可能的原因并提出相应的改进建议；（9）在特定情况下为了某一特定目的，评价者可以只挑选出一两个较为重要的观察点（观测点）加以考察评价，但必须说明该评价是不全面的；（10）对本次评价总结反思，甚至发起另一个视角的新的评价。

关于上述我们建议的评价步骤，有几点需要加以说明。

第一，"观察点"与"观测点"的并列，旨在表明评价指标中的有些因素可以量化，有些则无法量化，只能做质性考察。

第二，评价步骤的第六步强调了要"在综合、比较的基础上"对译事或译本作出价值判断，因为全面科学和客观的或曰合理的评价不能少了译文与原文的对比，不能少了不同译本间的对比，不能没有翻译任务的难易程度的比较，不能没有译事或译作与价值主体合理需求之间的比较，虽然现实评价中确实存在着不看原文、不加对比的评论。马塔拉索（1996：2）曾经指出："没有比较的评价就像试图测量一个房间而不压住卷尺的一端一样没有意义（evaluation without comparison is as meaningless as trying to measure a room without holding one end of the tape measure down）"。莱斯（Reiss, 2004: 15）也说过，即使要判断一本译作的总体意义的连贯与否，也应该基于与原作的比较，因为原作是"客观标准"（objective criteria）。

第三，评价步骤的第七步通常是一般翻译批评所忽略的，尤其是单纯"目的导向"的批评，但对于全面的评价来说，这一步却是非常重要的，比如我们在评价典籍英译中常常会指出一些误解和误译，但这些误解和误译对于比较文学研究而言，却是极具价值的。

第四，我们建议的评价步骤的第八步，在戴维森的评价框架里只是可有可无的，但本书作者却认为它是必不可少的，因为我们认为全面科学的批评应该是实践取向的，从根本上讲应该是务实的，建设性的，是为了发现问题和解决或改进问题的。正如德国功能主义翻译理论家莱斯（Reiss，2004：15）所说，"毫无疑问，建设性的翻译批评也必须提供令人满意的替代翻译，并有令人信服的证据支持（it goes without saying that constructive translation criticism must also offer satisfactory alternative translations, substantiated with convincing evidence）"。

第五，评价的第九步，实际上是出于我们对评价的现实考量，作出的一点对评价方法的补充，严格来说不是一个步骤。米汉（1969：61-62）在谈论评价方法时曾经指出，"无论在实践中还是在原则上，我们的审查都不可能时时处处面面俱到，也不可能去确定每一种可能的选择的每一种可能的后果。必须对变量有所选择，要有一个优先次序（it is impossible both in practice and in principle to examine every aspect of every situation or to seek to determine every possible consequence of every possible choice. There must be a selection of variables, an order of priorities）"。米汉所言给典籍翻译批评两点启示：首先，如果我们想要制定一个绝对全面的评价指标体系并据此作出价值判断，那我们就必须要考虑无数的语境因素，这显然是极其困难的。在实际评价中，考虑到评价者能够利用的资源和时间成本等，我们可以选择一些主要因素来衡量。这一点与著名社会语言学家海姆斯（D. H. Hymes）关于言语事件（speech event）的分析观点一致（Brown & Yule，1983：38-39），也正是本书作者对大多数个体评价主体的建议。

海姆斯开发了一个模型用于帮助识别具体语境中构成某一言语事件的成分。布朗和尤尔（Brown & Yule，1983：38-39）在其《话语分析》中称，海姆斯以一种类似于英国著名功能主义语言学家Firth的方式来确定语境特征，这些特征有助于识别某种类型的言语事件。

海姆斯（1974：53-62）开列的用于描述和解释言语事件的语境特征如下：信息形式；信息内容；场合；场景；说话人/信息发送者；发话人；听者/接收者/观众；受话人；目的（结果）；目的（目标）；语调；渠道；语码；言语形式；互动规范；解释的规范；体裁（message form; message content; setting; scene; speaker/sender; addressor; hearer/receiver/audience; addressee; purposes/outcomes; purposes/goals; key; channels; code; forms of speech; norms of interaction; norms of interpretation; and genres）。

受海姆斯的言语事件分析框架的启发，本书作者（2008：205-209）曾经提出了一个可用于翻译与翻译批评的言语语境特征分析框架，选择了如"发话人及其认知状态、受话人及其认知状态（译者既是原作者的受话人，也是译文的发话人）、话题、场景、渠道、语码（使用什么语言或方言或语言风格）、信息形式、交际事件（体裁）、语调（语气和风格）、目的、效果"这些语境因素作为翻译和翻译批评需要考虑的主要因素，并提出可以从这些主要因素中选择一些对特定语境来说更为重要的因素来分析。其次，我们的批评指标体系必须包括特定言语（注意不是语言）语境下的价值等级。比如，通常情况下，伦理价值最高，知识价值次之，但有时文学典籍翻译的审美价值要优先于知识价值。总之，各类价值的权重要依据具体言语语境而定，言语语境因素的任何一个变化，都会引起翻译和翻译批评的变化。

第六，评价是我们的生存方式，社会就是在评价中发展进步的，一个评价的结束常常意味着另一个评价的开始。例如庞德对中国古典诗歌的英译。如果评价者着眼于译者和译文对原作者和原作的忠实，就会得出庞德的英译是谬译、胡译甚至根本不是翻译的结论，就会认为他的翻译不仅毫无价值，甚至只有负价值。这也是我们以往常可看到的译评。但是，如果我们着眼于庞德的英译对于美国文学乃至美国文化的影响，又会认为他的英译对美国意象主义运动做出了很大贡献，可视为一场诗歌和诗学的革命。根茨勒（Gentzler，2004：24）曾经这样评论："庞德成功利用翻译挑战和改变了当时的文学规范。……庞德无情抨击了当时盛行的维多利亚式/爱德华式的文学品位。正如庞德在文化斗争中使用翻译作为工具一样，六七十年代的欧美翻译家也使用翻译来挑战西方（北美）社会的流行品位和文化观念，并为当时的反文化运动提供了能量（Pound, thus, successfully used translation to challenge and change the prevailing literary norms....Pound relentlessly attacked the prevailing Victorian/Edwardian literary tastes. As Pound used translations as a tool in his cultural struggle, so too have Euro-American translators of the sixties and seventies used translation to challenge prevailing tastes and cultural conceptions in Western [North American] society as well as to lend energy to the counter-culture movement.)"。

从以上步骤描述中我们可以看出，评价标准问题和观察点（观测点）以及数据问题是典籍英译批评的最重要的问题，而这些问题，包括其他诸多问题，也都要看具体言语语境，没有具体言语语境，我们就无法再进行有意义的深入探讨。因此，在下一章里，我们将结合具体译事和译本加以讨论。

5.3.7 典籍翻译批评的特征

讨论典籍翻译批评的特征，也就是要探讨典籍翻译批评的个性，即它与别的类型翻译批评的差异性。总体而言，典籍翻译批评与其他类型的翻译批评的共性远大于其个性。

"典籍翻译"，本书中特指将中国的"典籍"翻译为外语。典籍与非典籍区分的依据就是文献对于一个国家和社会发展的重要程度，但是，文献的重要程度在不同的历史时期也是不一样的，因此，对典籍应该有一种历史的动态的认识，认识到它是一个历史性概念。典籍按照文献产生的时间再分为古代典籍、先秦典籍（公元前221年）、近代典籍（1840—1919）、现代典籍（1919—1949）、当代典籍（1949— ），在不同的历史时期，按照语言又可分为汉语典籍和其他民族语言典籍，按照其内容，又可分为哲学、文学和医学、农学等各类。按照语言的发展演变，典籍又可分为古文和白话文典籍。这些不同种类的翻译，在介入翻译这个跨时空言语事件后，就变成了一个重要的语境因素，并在很大程度上影响着译者的翻译决策和方法，当然也影响着我们的翻译批评，包括非常重要的翻译标准和翻译批评标准的确立。

以古代汉语哲学典籍翻译为例，它们大都要经历一个语内翻译到语际翻译的过程，虽然这并不绝对，但特殊情形下，它们还会经历不止一次的语际翻译：

> 据张西平和费乐仁（2011：2）的介绍，由Philippe Couplet（1623—1693）带头翻译的《论语》拉丁文版本，"所有的翻译和解释也都是严格遵循以下两位学者的评注：一位是宋代学者朱熹（1130—1200），另一位是万历皇帝的老师张居正（1525—1582）"。因此，从文言文到拉丁文，中间已经有了语内翻译和语

际翻译这两个过程；从拉丁文再翻译成英文，这又是一个语际翻译过程。因此，从1687年的拉丁文版本到1691年的英文版本，所经过的应该是一个语内翻译过程和三个语际翻译过程：古汉语《论语》→ 语内翻译 → 语际翻译 → 拉丁文版（1687）→ 语际翻译→ 法文版（1688）→ 语际翻译→英文版（1691）。（黄国文，2012：64-71）

而许多这样的典籍又有不同的版本和众多注释本，在进行这类典籍的翻译批评时，评价者就要考虑比一般翻译更多的因素。此外，这类典籍的译者，有的是外国人，有的是中国人，还有的是中外译者合作翻译，更有当今的机器翻译参与，这也给这类典籍翻译批评带来了更多需要考察的点面，一个合格的评价者需要对此类典籍翻译中涉及的众多因素、众多数据都能掌握，这样理想的评价者觅之不易，最好的译评应该由一个专家团队组成，其评价指标体系的制定还应该由国外英文读者的参与。在"《大中华文库》出版工程"项目中，很多译者是中国人，英语并非其母语，这样就产生了所谓的"逆向翻译"。"逆向翻译"自有其独特的地方，译者经常自觉或不自觉地持有自己的文化立场与价值取向，其所采用的翻译策略与方法有时还深受赞助人的影响与制约，评价者在评价译者和译本时，这些因素也都需要考虑在内。即便是从英语读者需求的角度，评价者也要分析其现时实际价值和长远潜在价值，不可仅依一时的销量和反响仅作当下价值评判。影响目标语读者接受的因素也不仅仅是译文的质量，社会的大环境也是一个十分重要的影响因子，任何特定时期的社会形态都有该社会特有的主流意识形态和文化需要，译评者对此也不可不察。

对于古代文言哲学、文学典籍翻译，在理解与表达方面，评价者也要抱持更为宽容的态度，尤其是对一些长期以来有颇多争议的字词或片段的翻译。

而对于现当代典籍的翻译及其批评，我们的研究还几乎是空白，因为人们通常都将典籍等同于古代典籍了，这种理解实际上是有偏颇的，比如我国的《中华人民共和国宪法》，新中国第一部以法典命名的法律文献《中华人民共和国民法典》，都属于典籍，只不过是当代典籍而已。当代典籍因其自身的重要性，要求译者在翻译时达到比一般普通文献更高的准确性和意义的清晰性，一些体现我国社会政治文化的话语和法律术语等，都要有相应的国家标准，在我们的评价体系里，典籍翻译的知识价值就是最高价值，至少是与伦理价值同等重要。

总之，典籍翻译与典籍翻译批评有着与其他翻译与批评不同的特性，其内部又有着不同种类不同时代典籍特有的性质，我们对它们的认识还十分薄弱，亟待深入，尤其是在中国文化走出去的当下，在国际话语权争夺日趋激烈的当今，在我国大力开展国际传播能力建设的背景下。

5.3.8 典籍翻译批评的批评

我们上一节谈到评价的最后一步是元评价，也即元批评，它是对已有批评的批评。本节主要谈谈对典籍翻译批评的批评需要注意的事项。

评价可以是对产品或结果的评价，也可以是对某一项目过程的评价。无论何种评价，都是社会实践的一种方式，其目的都是为了实现更大的价值、创造更多的价值，典籍翻译批评也不例外。一个评价（批评）总是导致另一个评价，社会也就是在这样的不断评价中进步发展的。对典籍翻译批评的批评，是一种对已有评价的反思，具体需要反思已有评价是否满足了以下要求：

（1）批评是否达到它的预定目的。

（2）批评是否对相关人员，尤其是典籍翻译项目及其产品的负责人有益。

（3）批评是否合乎道德准则。这一点实际上包含了许多其他要求，如批评是否揭示了译事或译文的优缺点；评价者的分析和价值判断是否是合理和有根据的；评价者是否给予了被评价者应有的尊重，比如考虑到了翻译任务的困难程度；评价者是否做到了客观公正、不偏不倚，是否严格遵守了评价程序；收集的数据是否真实可靠；表达的情感是否真实、友好。此外，还要允许并表达对反批评的欢迎。

（4）批评是否及时。

（5）批评是否具有建设性，是否提出了可供选择的翻译问题的解决方案，指出了改进的方向。

（6）批评是否做到了尽量全面，尽可能多地考虑了相关语境因素。

（7）批评是否有条理，观点表达是否清楚易懂。

（8）采用的评价标准是否与应用于同类项目或同一体裁译作的标准相一致。

总而言之，元批评和批评本身一样重要，从某种意义上来说甚至更重要，尤其是对像典籍翻译批评这样复杂的批评而言。元批评更具批判性和反思性，对前面已有批评的缺点和优点的反思有助于评价者更好地开展翻译批评，这对典籍翻译批评、乃至于整个翻译批评研究的发展和翻译批评学科的建设都具有重要意义。

第六章 评价学取向的文学典籍英译批评

在上一章里，我们探讨了典籍翻译批评的目的与功能、原则与标准、典籍翻译分类、价值类型、评价类型、评价主体、价值主体、价值客体、评价体系的构建、批评方法与程序等主要相关因素，在较前章节中，我们还谈到了翻译类型学以及典籍的分类，因为不同类型的文本及其翻译有其自身的特性，而这些将会影响我们对它们的批评标准与方法，本章我们将以文学典籍英译为例，进一步探讨典籍翻译批评的评价学路径。

6.1 文学典籍英译的物质价值与评价

谈到文学典籍，我们知道它有着与其他类型典籍的共性，但也有自身的个性，主要表现在其突出的审美价值上。但这并不是说文学典籍就只有审美价值，或者说其审美价值就是最重要的价值。事实上，文学典籍翻译的价值众多，但正如我们在第四章中讨论的那样，价值总体上可以分为物质价值和精神价值。文学典籍翻译的价值也不例外。

物质价值主要是价值客体对价值主体的经济价值、功利价值、工具价值、服务价值，这类价值的讨论，是我们以往的翻译批评中常常遗忘或忽视的，但是，从价值学的角度来说，对于评价的全面性而言，这一点又是不能忽略的，尤其是当我们考虑到翻译是一项社会实践活动，是某个有目的的言语事件时，当我们考虑到评价的总体标准是合目的性与合规律性的统一时，因为翻译是跨文化传播，我们的目的，特别是典籍翻译的目的，是要对外传播中国文化，而不同社会都有着自身的文化体系、文化传统，对于外来文化通常不是通盘接受、不是轻易接受的，意识形态差异较大的社会文化间甚至还会相互抵制。如果我们想要一种文化，如中国文化，走进另一种文化，我们就需要选择合适的材料（文本）以合适的方式进行传播，也就是要有合适的工具并合乎外来文化异域传播接受的规律。从目标语国家对外来文化的审查、过滤和接受规律来看，相较于白皮书一类的文本，文学文本因其所含意识形态的隐蔽性和其娱乐性，更容易通过审查并被目标语文化所接受，而文学典籍因为它在本土具有的经典地位，更容易引起目标文化受众的注意和兴趣，使他们减少抵触，在潜移默化中接触、接受他国文化，这也是文学典籍英译的一种功利价值。当然，文学典籍英译的普通经济价值一般也要高于其他类型的典籍，也高于译为其他语种的典籍，因为英语是现在世界上的通用语。

有一点我们必须意识到，当我们作出以上表述时，实际上它已经是一种评价了，而且是站在文化输出方（价值主体）立场上的价值评价，其中既有客观性，如文化传播的规律，也有主观性，如对其经济价值的表述，其中包含了我们自己对国际出版市场的一种理解或判断，具体某一译本的经济价值的多少实际上是充满变数的。如果换成另一个评价主体、站在另一个价值主体，如英译文海外读者的立场来对典籍英译发表看法，那就未必会有同样的结论了。产生价值判断差异的原因主要有三点：一是不同价值主体的合理需求与利益不同，二是评价者（评价主体）对价值主体的合理需求与利益的理解不同，三是评价者对价值客体满足价值主体合理需求与利益的程度的判断不同。价值是价值主体与价值客体之间的一种价值关系，所以，评价时必须先要确定价值主体与价值客体，然后才能确定价值主体的合理需求与利益，并以此作为评价的标准，再描写与分析价值客体具有的性能，最后才是判断价值客体的性能满足价值主体合理需求与利益的程度。

6.2 文学典籍英译的精神价值与评价

在精神价值方面，前文我们也已谈过，本书作者倾向于将之分为三大类：伦理（社会）价值、知识价值和审美价值。以下分别对这几类价值及其评价原则、标准、评价体系与方法加以说明。

6.2.1 文学典籍英译的伦理价值

伦理学关注的是对人类行为的评价，它也被称为道德哲学，核心议题是人的责任或义务、应该不应该及对错正误，也即"善"的观念。在我国，我们常常会把"伦理"与"道德"连在一起使用，而有时又将它们分开，用作两个概念，且"伦理"主要用来指人际关系。但是在价值学中，如前文第四章所讲，"伦理"包括了"道德"，本书中的"伦理价值"涵盖各种政治及意识形态价值、宗教价值与各类善念、德行的价值，指事物或理念有利于维系人类社会健康和谐发展的特性。总括地讲，"伦理"就是一套价值观，"伦理价值"的评价，就是对各类价值观的对错与多少的衡量。中国文学典籍中有大量对中国人的政治生态观、人生观、信仰信念、人际关系准则、道德规范等的文化信息，它们无疑都具有一定的伦理价值，如孔子的"四海之内皆兄弟"所体现的人人平等和博爱思想。但是，我们也必须有相应的文化自觉，需要认识到自身文化也具有局限性，其中也有不合理处，尤其是要意识到一些古代典籍中的伦理价值观很可能已经不适合当今中国社会了，对当今人类其他社会的健康发展也许就更无益处。此外，典籍英译的许多价值，包括伦理价值，在没有被目标语读者阅读之前，其实都是其潜在价值，只有当典籍译本被购买和阅读后，才会产生实际价值。

依据罗佐夫（Rozov，1998），现代价值学中的"建设性价值学"或曰"建构性价值学"（constructive axiology），倾向于用"普遍意义的价值"（the values of general significance）来取代古典价值学所青睐的"普世价值"（universal values）。"有普遍意义的价值"被认为是特定社区接受的价值观，是该社区实现其基本社会和文化功能所必需的，但是，它是否可以超越该社区扩展到整个国家或全人类、对不同文化和社会群体的其他价值观与处事原则无害，是需要检验的。这种学派承认伦理价值的相对性，同时认为有些伦理具有普遍意义，对其他文化而言具有推广潜质和借鉴价值。

此外，伦理价值还包括译者翻译行为所蕴含的伦理价值。译者作为翻译活动的主体（之一），可以是个体译者，也可以是一个译者团体，需要考虑翻译活动发起人或赞助人的合理需求，考虑原作者、原文本的意向、意图，考虑目标读者的合理需求，考虑源语文化和译入语文化的意识形态异同，尽力做到对参与翻译这一言语事件的各方都有关照，用诺德的话说，就是坚持"功能加忠诚（function plus loyalty）"的原则，"忠诚"（loyalty）不同于"忠信"（fidelity），它是一个伦理概念，体现的是一种翻译中的人际关系规范（Nord,2001:125），体现的是一种伦理价值。

但是，译者如何做到以及能不能做到对翻译活动参与各方的忠诚呢？这个问题是译者行为研究与评价中的一个关键问题，也是人们现如今关注较多的一个伦理问题。

法国翻译理论家贝尔曼（Antoine Berman）1984年提出了"翻译伦理"（etique de traduction）概念，国际知名的由圣哲罗姆出版社出版的《译者》（The Translator）期刊，在2001年出版了由皮姆（Anthony Pym）组稿的一期专门探讨翻译伦理的特刊，题目就是《回归到伦理学》（The Return to Ethics），其中的文章聚焦于作为社会人的译者，从不同层面探讨了译者究竟应该"服务"于谁、"忠诚"于谁及各种"忠诚"与"服务"之间的矛盾等诸多问题。同年，国内学者吕俊也在其著作《跨越文化障碍——巴别塔的重建》中首次提出要建立翻译伦理学，倡导以哈贝马斯的话语伦理学和交往行为理论为基础来确立翻译的伦理规范。

翻译伦理是个极为复杂的社会问题，是一个古已有之的问题，所以皮姆才会用"回归"一词。传统观念上，译者只是一个"仆人"，人们视译者对原作者和原作的忠诚和对服务对象的忠诚为天经地义，译者常常被置于一种左右为难的境地。贝尔曼则从尊重原作者的角度出发，反对译者为了迎合译入语读者而改变原文，而"背叛"原作者。他开列了在小说翻译中译者容易产生的十二种他认为不该有的"变形倾向"，如调整原语句法结构的合理化、变隐晦为浅显的明晰化、"超额翻译"造成的扁平化、改变原文风格的"高雅化"、质的减损、量的减损、节奏的破坏、对潜在的意义网络的破坏、语言模式的破坏、对方言网络和异国情调的破坏、对固定表达与习语的破坏、多种语言叠加的消除等，提倡译者保留原文的异质性（Munday, 2001: 149-151）。

韦努蒂从后殖民主义的视角审视了翻译的政治性，认为翻译是一种文化政治行为，英美以归化为主的翻译传统助长了西方中心主义，是强权政治的表现。为了利用翻译来抵制西方文化霸权主义，他提出了异化翻译策略理论，提倡译者在将弱势文化翻译到强势文化时奉行一种"存异的伦理"（ethics of difference）、"抵抗的伦理"（ethics of resistance），旨在彰显异域文化的异质性。但是，韦努蒂同时也认识到了翻译中归化与异化并非天然的一对矛盾体，其异化策略理论中就含有归化翻译，只要归化有助于削弱强势文化的我族中心主义即可。此外，在这个全球化时代和国际现存政治文化现实下，归化翻译的不可避免性和必要性，并据此提出了一种"因地制宜的伦理"（ethics of location），即依据关涉到的两种文化的等级关系，灵活采取翻译策略的"翻译伦理"（王大智，2012：32-34）。这种所谓的"因地制宜的伦理"，在本书作者看来，更像是一种伦理方针，一种特殊的"目的论"，因为它认为只要能够实现文化间交流与创新的目的，译者就既可以采取"存异的伦理"，也可以采取"求同的伦理"。

切斯特曼（Andrew Chesterman）曾经提出四种现行翻译伦理模式：（1）表现的伦理（ethics of representation），即传统意义上的对原作者和发话人所要表达意义的忠实，注重的是译文对原文的"信"和"真"；（2）服务的伦理（ethics of service），即译者对客户的责任，对参与翻译活动各方的"忠诚"，类似于诺德的"功能加忠诚"；（3）交际的伦理（ethics of communication），即译者要能够促进跨文化交际双方的交流与合作，忠诚于自己的职业和职责；（4）基于规范的伦理（norm-based ethics），即译者应该遵循目标语文化规范，以目标语读者期待的方式来翻译。切斯特曼认为以上四种模式都有问题，他建议我们从"美德"的视角来探寻翻译伦理，并提出了一种"承诺的伦理"（ethics of commitment），即一种类似契约的伦理，译者应该遵循与翻译活动参与方约定或翻译协会组织的职业操守（Chesterman，2001：139-154），这应该是一个较具现实意义的翻译伦理。

总之，除了文学典籍英译译本中蕴含的伦理价值外，如果一个译者遵循了某种翻译伦理（不管是何种），那他的行为本身就也有一定的伦理价值，这种价值的评判也是我们典籍英译批评中不可忽视的一个因素。文学典籍英译批评中有关伦理价值的评价原则与标准，下文将会进一步论述。

6.2.2 文学典籍英译的伦理价值评价原则

对文学典籍英译伦理价值的评价原则总体上与我们上一章讨论的典籍英译评价原则一致,这里不多重复,但需要强调两点:首先,评价应主要基于目标语社会和个体读者对自身需求和利益的认识和他们对译本的理解与接受,不能只是源语文化方的需求和利益。当然,也不是说文化产品输出方就不能作为评价主体对译事或译本进行评价,而是说我们在对文学典籍英译进行评价时,一定要考虑到伦理价值的绝对性(普遍性)与相对性的统一和评价标准的绝对性与相对性统一。这种绝对性与相对性来自于人类的共性与人类社会(社区)的个性,所谓有些价值具有普世性和普适性,有些则具有独特性和唯一性。

其次,所有的价值判断都有主观性,伦理价值判断也不例外。但这绝不意味着我们对伦理价值和其他价值的判断只能是评价者的主观臆断。个体主体的需求和价值观,包括伦理价值观,客观上会受到社会规范的制约或影响。也就是说,在特定的社会语境中,作为社会的一员,个体主体是具有主体间性的,意义是依赖于主体间建构的(韩丹,2009:161-165),因此,伦理价值判断也具有一定的客观性。

当代著名伦理学家斯坎伦(Thomas Scanlon,1998:333)提倡道德伦理评价的"良性相对主义"(benign relativism),认为道德标准既有相对性也有客观性。我们在对文学典籍译事、译作进行伦理价值评价时,适宜采取良性相对主义的态度,既要坚持相对性与普遍性的统一,又要坚持主观性与客观性的统一。

6.2.3 文学典籍英译的伦理价值评价标准及体系

评价标准问题是一切评价的核心问题,文学典籍英译批评的伦理价值评价标准,应该在我们上一章讨论过的典籍翻译批评的总体标准下,结合文学典籍英译的特性进一步细化,形成一个隶属于整个译事、译本评价指标体系中的伦理价值评价体系,如文本伦理价值内涵评价标准与译者行为伦理价值判断标准。前者可考察译本中体现了多少原文本中蕴含的普世(普适)性伦理价值观或双语间共有的伦理价值观以及原文本中不存在但存于译本中的潜在的有益于目标语社会文化发展的价值观；后者可考察译者或翻译机构具体翻译行为、翻译方式所体现的伦理价值的多少。

每一个译本都含有其特定的伦理价值，其价值的大小取决于其对人类社会进步意义的大小和对译事、译本涉及的源语文化和目标语社会进步意义的大小。

文学典籍英译首先应该有利于"人类命运共同体"的健康和谐发展，其宣扬的价值观应该是符合全人类共同利益的。这可以成为一个统领性伦理价值评价标准。比如，1993年的"全球伦理宣言"中，就包含了一些具有普世（普适）意义的伦理观："我们必须像我们希望别人如何对待我们那样对待别人。我们承诺尊重生命和尊严、个性和多样性，让每个人都毫无例外地得到人道对待"①。又比如马斯洛（1908—1970）的人类需求层次论中的"对自尊和来自他人的尊重的需求"等。这些宣扬人道主义和相互尊重等的价值观无疑都具有正价值，多多益善。

斯坎伦作为当代有影响的道德哲学家，为人类道德合理性的重建做出了巨大贡献。作为一个道德价值多元主义者和契约主义者，他的契约主义道德观认为，道德是基于契约或协议的，道德标准来自"相互认可"（mutual recognition），道德上的对错判断依赖于判定其对错的道德框架或道德共识（http://www.hup.Harvard.edu/catalog/SCA wha.html），这种观点显然与我们赞同的社会建构主义和共识性真理观是一致的，为我们判断伦理价值提供了借鉴。根据斯坎伦（1998：333），契约论伦理标准是一种"良性相对主义"（benign relativism），它承认道德相对主义和道德客观性。"良性相对主义"是一种"主体间相对主义"（intersubjective relativism），可以表达为"主体间的共识是万物/道德的尺度"。陈真（2008：40-50）在其"道德相对主义与道德的客观性"一文中称，"人们的利益以及利害关系是客观存在的，是不依人们的意志为转移的。而道德的核心部分应当是公平调节人们利益关系的行为规范。这种行为规范或行为规范的体系是否公平地处理了人们的利益关系是有着客观标准的，……违反这样的道德的要求通常会导致每个人的利益受损，如诚信的要求"。

---

① 原文见：http://www.religioustolerance.org/parliame.htm

相较于伦理价值的绝对性,其相对性总体上更为明显。由于不同文化中的人可能有不同的伦理价值观,我们应该谨慎地进行跨文化的伦理价值判断。伦理价值的跨文化判断只能基于跨文化接受的标准(或曰文化间伦理价值共识)。否则,如果我们采用只有在特定时间特定文化才能接受的标准来衡量另一种文化的伦理价值,我们就会犯民族中心主义的错误。文化间的伦理价值共识可以用作文学典籍英译伦理价值的评价标准,因为它们在翻译关涉的两种文化间具有了普世和普适性,即便它们不是全世界都认可的。当然,这样的共识在两种意识形态差异较大的文化间还是比较少的,因此,对文学典籍英译的伦理价值的评判,很多时候还是要加上不同主体的伦理价值标准,即既要从文化输出方的伦理价值需求考虑伦理价值标准体系的构建,也要从典籍接受方的伦理价值需求来考虑典籍英译批评的伦理价值标准体系的构建。在冷战时代,社会主义和资本主义的政治意识形态的差异形成的伦理价值观的冲突非常明显,而在当今,冷战虽已结束,但世界正面临着百年未见之大变局,社会主义和资本主义的政治意识形态的差异形成的伦理价值观的冲突看似淡化了,但实际上仍然存在,虽然亨廷顿(Samuel Huntington,1927—2008)在其1996年出版的《文明冲突和世界秩序重建》一书中,认为冷战后的世界,冲突的基本根源不再是意识形态,而是文化、文明上的差异,但现在看来,亨廷顿的判断未必都对。不过,他关于世界秩序将会受制于"文明的冲突"(Clash of Civilizations)且这种冲突持久而难以调和的观点,却提醒我们在进行文学典籍英译批评的伦理价值判断时,要谨防以自己的价值观去度量他国文化的价值观。

再则,原文本中的一些相异于目标语文化的价值观,可能对目标语社会文化无害或是对其社会发展具有一定的甚至是巨大的潜在价值,而这些价值普通读者一般很难意识到,但这也正是两种不同文化交流的重大价值,对这类价值的揭示,理应是评价包括典籍英译评价的一个重要功能,但我们必须说,这样的评价无疑具有一定的主观性。同时,我们也必须说,评价具有的一定的主观性不可避免也并不可怕,因为评价实际上也是一种意义建构,我们提倡的社会建构主义的民主审议评价原则,秉持的正是意义的社会建构性和评价的对话性,希冀的是在对话中达成共识。这里还需要提及的是,文学作品中的意识形态具有较强的隐蔽性，很多时候需要评价者透过故事情节和字里行间来分析判断。

翻译是人类交往的一个特殊形式，就文学典籍英译批评中译者行为的伦理价值批评而言，我们首先可以依据哈贝马斯的话语伦理学和交往行为理论，来确立一个具有普遍意义的翻译伦理规范，如"真诚"，如"己所不欲勿施于人"等；其次，也可寻求一种交流双方都能接受的翻译伦理，可以参考斯坎伦的契约主义道德观，找到交流双方"相互认可"的伦理道德标准或道德共识。同时，我们也可以参考切斯特曼提出的更为实际的"承诺的伦理"，看一下各国翻译协会特别是国际译联对翻译工作者职业操守的相关规定。

威廉姆斯和切斯特曼（Williams & Chesterman，2004：19）指出："在更实际的层面上，许多国家的翻译协会都对职业译员应该遵守的道德准则有正式规约，这些准则旨在将抽象的思想和价值观转变为具体的形式，……（At a more practical level, many national professional associations of translators have an official code of good practice which states the ethical principles that professional translators are expected to abide by. These codes are attempts to translate abstract ideas and values into concrete form...）"。国际译联的"译者宪章"（Translator's Charter）和"内罗毕宣言"（Nairobi Declaration）都是国际公认的关于翻译伦理的文件。在第一份文件中，我们可以看到这样的表述："每一个译本都必须是忠实的，要准确再现原文的思想和形式——这种忠信构成了译者的道德和法律义务（every translation shall be faithful and render exactly the idea and form of the original— this fidelity constituting both a moral and legal obligation for the translator）"。还有："然而，忠实的翻译不应与直译相混淆，忠实的翻译不排除旨在使另一种语言和国家的读者感受到作品的形式、氛围和更深层含义的改编（a faithful translation, however, should not be confused with a literal translation, the fidelity of a translation not excluding an adaptation to make the form, the atmosphere and deeper meaning of the work felt in another language and country）"[1]。

---

[1] 原文见：http://www.fit-ift.org/en/charter.php

综上，文学典籍英译批评中的译者行为伦理价值的评价标准似可定为诚信、诚实、相互尊重、遵守契约、履行承诺。

6.2.4 文学典籍英译的伦理价值评价方法与程序

依照我们在上一章中讨论的典籍英译批评的方法与程序，文学典籍英译批评要想做到全面科学、客观公正或曰合理，就必须先确定我们的评价目的、目标，再确定或制定一个评价指标体系，然后是观察（观测）相关因素，收集尽可能多的可靠数据，并在此基础上进行分析、比较（译文与原文、不同译本、不同的译者行为等），最终作出综合的价值判断。但是，正如豪斯和豪（1999：9）所说，在价值判断中，保持客观是指"致力于通过专业程序得到无偏见的陈述，遵守适当论断和方法应该遵循的经验法则，保持健康的怀疑态度，并时刻警惕以消除偏见的根源（working toward unbiased statements through the procedures of the discipline, observing the canons of proper argument and methodology, maintaining a healthy skepticism, and being vigilant to eradicate sources of bias）"。评价中的完全客观，或者说像自然科学领域中的客观，是根本不可能的，评价的主观性是无可避免的，评价者只能尽可能将其减少到最低限度，依靠的主要是方法和程序的规范和评价者对"主观"和"偏见"的警惕之心。

全面的评价通常都是综合的，但这里我们讨论的只是伦理价值的评价，因此，关涉的因素主要是译本承载的价值观和译者的翻译行为。二者相较，前者在评价中应该占有更多的权重，因为伦理价值主要靠文本中的意识形态和价值观体现。

从价值学和评价学的角度看，翻译伦理不仅仅涉及人际关系，作为一项跨文化（亚文化）、跨语际、跨符际的社会实践，翻译也会涉及两种社会和文化，也即"文化际关系"，它是"言语事件"，同时又是"政治事件"，涉及的可能是不同群体、不同文化、不同宗教、不同国家之间的交往伦理。译者作为交际双方的居中调和者，应该遵循契约或组织章程中规定的翻译伦理规范，以真诚之心对待翻译活动参与各方，在译出和译入文化发生伦理价值冲突时，综合考虑各方的现实需求与利益，乃至人类社会健康和谐发展的现实需求与利益,作出恰当的取舍与变通,译评者对译者的这些行为要依照设定的译者翻译伦理标准进行评判。如果译者没有将一些他认为包含已经过时的伦理价值观的内容翻译出来,评价者对此应该持一种理解的态度。对译者行为伦理价值评判最重要的一点,就是首先要看译者的翻译目的以及该目的的正当性,然后再看其手段的正当性与合规律性或合规范性。如果译本是要将原文作为存在于源语文化中的一个文献完整地移植到目标语文化里并让译语读者知道源语文化中有一个这样的文献,即诺德所说的"文献型翻译",那么,译者应该将源语文化的伦理价值观,不管它们是否与目标语文化的伦理价值观冲突,准确无误地传递到译语文化中。

此外,由于文化产业和文化软实力的建设是增强国家综合竞争力的重要因素,当今世界各个国家、各个民族对文化和价值观的敏感性都普遍提高了,甚至将文化软实力建设提高到了国际话语权竞争的高度,有些还制定有文化发展的中长期战略目标,作为文学典籍英译批评者,也应该增强自身的政治意识和站位,能够在评价中敏锐地识别文本中隐含的意识形态因素及潜在价值和实际价值,不能仅考虑其明显的伦理价值和短期伦理价值。

还有,文化霸权主义和民族中心主义是全人类的公敌,在评价文学典籍译本中的伦理价值时,译评者还应该站在人类社会长远发展的角度,对异域文化的伦理价值及译者对异域文化价值观的尊重给予充分考虑,发挥好评价的价值导向功能。

就译事批评而言,中国文学典籍英译中,过去存在着大量改写和过度归化现象,这很多都与翻译活动"赞助人"有关,他们为了获取更大的商业利润而纵容和支持甚至要求译者采用能够迎合他们目标读者喜好的翻译策略,剥夺了读者接触那些他们不熟悉的文学作品形式和内容的权利。这对于原作者来说是背叛,对于读者来说,实际上是欺骗。同时,翻译活动中还存在着译者与"赞助人"之间的不平等权利关系,存在着译者自身伦理观与社会主流意识形态和权力话语之间的矛盾和不平等关系,这其中蕴含的伦理价值也需要批评者予以揭示。比如,众所周知,在圣经翻译史上,马丁·路德的译本曾被禁止,威廉·廷代尔甚至被处以绞刑,因为他们的翻译威胁了教会的利益,被主流意识形态判定为具有负面价值和对社会有害。吕俊(2002b:

106-109）在"翻译研究：从文本理论到权力话语"一文中，谈到伊万·金在翻译老舍小说《骆驼祥子》时，把悲剧结局改成了喜剧，大量歪曲了原小说的情节，这使作者老舍非常生气，称伊万·金翻译的不是他的小说。当该译者翻译老舍的另一部小说《离婚》时，作者再次被迫做出同样的声明，因为译者"把老舍原来作品中对民族软弱性、苟且与庸懦的深刻讽刺与批判这一严肃主题变成了轻浮的小闹剧"。译者之所以有此"暴力行为"，主要是美国当时社会的权力话语在干预，这两本书的翻译均在40年代初期，大众文化的兴起给文化带来了物化特征，用娱乐来有意掩饰现实的痛苦与矛盾。"这种代表统治阶级利益的意识形态与文化传统所造成的强大权力话语如一只无形之手在左右和支配着译者"。又比如昆德拉曾经抱怨对他的小说的曲解和误译，说他花在修改译文上的时间比写原著还多。活着的作者尚可对不负责任的译文提出批评和抗议，而那些早已故去的典籍的作者则只能含冤地下了。斯内尔-霍恩比（2006：107）曾经就此评论说，这不仅是文化传移的问题，也是"翻译伦理，以及译者、编辑和出版商对作者和读者的责任"问题。

当然，在翻译活动中，译者也并非总是屈从于主流意识形态和权力话语，也并非屈从于主流意识形态和权力话语的翻译就是伦理价值更高的翻译，相反，有时是译者坚持的伦理价值观代表了社会发展的长期需求和利益，而这一点常常被一些译评者所忽略。因此，当我们对文学典籍翻译进行批评时，评价者也应该对译事有一个全方位、深层次的思考，只有这样，才能使我们的翻译批评做到全面科学、客观公正。

总之，在译事批评牵涉因素甚多，有一些还常常被译评者忽视，评价者不仅要对原作、译作和译者行为蕴含的伦理价值进行分析评定，还要对翻译活动参与各方的关系、对"赞助人"以及译事背后的意识形态和权力话语中体现出的伦理价值的正负与大小进行评价。此外，如果批评家不严格遵循全面的、细致的描述、解释、分析和比较的方法与程序，就很难期望得出文学典籍英译批评的合理的伦理价值判断。

6.2.5 文学典籍英译的知识价值

知识价值主要指客体具有满足价值主体对客观世界和人类社会的了解、

理解的潜质。人们对客观世界的认识，主要通过阅读科技论著或科普读物来获得，而文学作品主要描写的是与人类生活、社会文化习俗、人们对物质世界和社会世界的感知和感受。如果说文学典籍英译的伦理价值主要关乎人们对"善"的需求的话，那么其知识价值就主要体现在它能满足人们对"真"的需求，也就是读者对"真知"和"求知"的需求。一部文学典籍译本的知识价值的大小与多少，既与原文本的知识含量有关，也与译者对原文本所含知识的传递质量有关。通常，文学作品反映的是作者对人类社会的认识和人类情感，但也经常会涉及对客观世界的描写和反映，只不过其表述的方式不同于一般非文学作品，依靠的是其独特的表现形式，富有感染力的表现手法，因此，文学作品的形式同样也具有一定的知识价值。对文学作品译本知识价值的评价，主要考察的就是原作和译作的形式与内容中蕴含的人类社会文化信息的多少。此外，文学作品译本知识价值还在于其附带的学术研究方面的应用价值，即它可以帮助人们更好地认识翻译，特别是文学翻译，研究不同国家的文学和文化，可用于翻译研究、比较文学和文化研究等。

6.2.6　文学典籍英译的知识价值的评价原则

文学典籍英译批评的总体原则依照上一章中典籍翻译批评的原则，这里不多重复。需要强调的是，文学典籍与非文学典籍相比，因其知识价值更多体现在社会生活和人性认识方面，其表现形式没有非文学典籍文本那么直接，意义常常具有多解性，而且多了形式意义一维，所以要求批评者要有更多综合性思维，既要有强大的抽象逻辑思维能力，又要有强大的形象思维能力；既要有冷静的理性判断，也要有积极的情感投入；既要有语言文化层面的客观分析，又要有伦理与精神层面的主观判断；既要有对不同文学形式的识别与鉴赏能力，又要有百科全书式的知识积累（特别是古代历史文化知识）和一定的想象力。这些看似矛盾的几方面，在评价中需要有机地结合起来。

6.2.7　文学典籍英译的知识价值的评价标准及体系

文学典籍英译知识价值的评价总体标准，就是它对目标读者"求知""求真"需求的满足度。因此，译本的"信息足度"应成为评价的重要参照（张志强，1998：28-30）。

文学作品区别于非文学作品的主要特征，在于它不仅对读者说了什么，也在于它是怎么说的，我们对其知识价值的考量就必须兼顾其内容与形式两方面，评价体系就应该包含这两个方面的指标。内容方面主要看其在多大程度上传递了原文承载的社会文化信息，形式方面主要看其在多大程度上保留了原文的文学规范和表现形式。

对于全面客观的译文知识价值的评价，可以从质与量两个维度上考察。"质"的维度上，评价者应该主要考察译文传递原文形式意义和内容意义的真实程度；"量"的方面，主要看译文传递原文形式意义和内容意义的多少。知识价值传递"量"的多少，可以通过知识点的统计做一定的量化分析，而知识价值传递"质"的高低，则可通过对词语语义成分分析对比了解译文表意的准确度，但必须要有对译文整体与局部的综合考量，还必须考察译本的副文本，如译者的序言、注释、插图等。当然，由于文学作品的形式与语义通常联系紧密，评价者在分析判断时也要将这两方面结合起来考察。

在形式与语义的权重方面，语义要有更高的占比，虽然我们常说文学文本的形式与意义同等重要，但语言的主要功能仍然是语义信息的传递。当然，文学作品又有不同的样式，对于诗歌及诗歌翻译而言，其形式信息的传递则要比小说、散文的更为重要，在评价体系中的权重也应适当提高。

在译文形式意义的评价方面，标准体系中必须设定某个形式及形式意义传递的难度系数，因为由于语言间的差异和文学规范的差异，不同形式和形式意义传递的难度显然是不一样的，诗歌的就远比小说、散文的要难得多，律诗的又要比其他形式诗歌的更难，戏剧译本供演出用的也难于供阅读用的。有些文本的形式可以甚至必须对原文本有一定的偏离，而有些形式特征与意义比较显著的则应尽可能保持一致，如《三字经》，如果译文能够保留其三字一句的形式同时又能将其意义较为准确地传递出去，则其译文的形式知识价值就大于那些不能保留其形式特征的译文。

6.2.8 文学典籍英译的知识价值的评价方法与程序

对文学典籍英译知识价值的评价，总体上也要遵循分类评价与综合评价相结合的原则，并将价值判断建立在事实描述的基础之上。首先要有对原作和译作以及不同译作间的内容与形式的描写、比较，然后再依据评价指标做出价值评判。

在译文语义信息评价方面，主要以语义信息的真实、完整传递为标准，通过两种语言间的语义成分分析来确定译文与原文间的对等程度，以知识点传递的多少来判断知识价值传递量的多少。同时，传递不同于接受，内容的表达方式要尽可能考虑目标读者的接受和理解能力，读者接受到的原文信息越多越好。

文学典籍在意义上通常具有多解性，译评者对此也应有所考虑。多解性有时是作者有意为之，如"双关"辞格的运用，有时则是作者无意间的产物，译评者对此应该有所辨识，并允许译者有不同的但又合理的解释。对文学典籍英译而言，有时候原文本意义本身就十分模糊，如《诗经》《道德经》（兼具哲学与文学双重属性）等，源语读者也有许多不同的解释，乃至不同的版本，这种时候，译评者就更应慎重对待译者的读解与翻译，对译文对错的评判一定要有充分的依据。在牵涉文化信息时，总体上也应以"传真"为原则，但需要考虑译语文化的接受和社会伦理价值的问题，译者可以增加必要的注解和进行相应的变通，译评者要做到具体问题具体分析。

关于文学文本意义的多解性、意义的识别和传译问题，从根本上讲是一个认识论与方法论的问题。意义是如何产生的？意义能够被识别吗？怎样识别？解构主义否定意义的"确定性"，以意义的流变否定了翻译中"对等"的存在，使得人们无法对意义的真伪对错作出评价。但是，如果我们接受了意义的不确定性，那也就等于否定了人际交流的可能性，翻译也就没有标准可言了。因此，这种意义观显然是违背语言交流的实际的，也是不被社会建构主义的评价理论所接受的。

面对解构主义的挑战，安伯托·艾柯（Umberto Eco，1975）在他的《符号学理论》一书中称，理想的读者或解码者总是尊重原文及其作者的，他们仅享有有限的解释文本的自由。通过文本语境分析，他们可以了解作者在特定历史环境中所要传达的信息。艾柯认为，读者的解读是有一定限度的，超出限度就可能成为过度解释。比如："对文本某一部分的任何解释，如果得到同一文本另一部分的确认，就可以被接受；如果受到同一文本另一部分的质疑，就必须被拒绝。从这个意义上说，语篇内部的连贯控制着读者不可控制的欲望（Any interpretation given of a certain portion of a text can be accepted if it is confirmed by, and must be rejected if it is challenged by, another portion of the same text. In this sense the internal textual coherence controls the otherwise uncontrollable drives of the reader）"（Eco, 1992: 65）。此外，艾科还提醒我们，解释文本和使用文本是不一样的，使用一个文本时可以对它戏仿，解释时则必须尊重原作的文化和语言背景（同上: 68-69）。此外，在现实生活中，我们也应注意到，人们阅读和使用文本的目的可能是不同的，存在着对他人所说或所写的东西故意误读现象，这显然违背了哈贝马斯提出的交往伦理，译评者对此应该有所觉察。

我们在第四章中谈到了认识论，谈到了不同的知识观，存在着知识的客观论和相对论，有"知识的符合论"（correspondence theory of knowledge）和"知识的共识论"（consensus theory of knowledge）。卡尔·波普尔（Karl Popper, 1972: 106）在他的《客观知识:进化的路径》中确定了三个世界：第一个是物质对象或物质状态的世界，由我们试图表现的实际真相和现实组成；第二个是意识状态或者精神状态的世界，主要由个人感知、体验和认知组成；第三个是思想的客观内容的世界，主要由科学的和诗意的思想和艺术作品组成，是人类思维的客观抽象产品的总和，包括书籍、工具、理论、模型、图书馆、计算机和网络等人工制品，那里的知识受到主体间的检验，可以被批评或可能被证伪。在他的一次演讲中，波普尔（1978）对他的理论进一步解释说，客观意义上的知识是由思维内容组成，包括我们用语言表述的理论的内容，它至少可以近似地从一种语言翻译成另一种语言，而且好的翻译中这些内容可以保持不变。

总之，文学典籍翻译批评的知识价值的评判，要看译本对原文本的形式意义和内容意义传递的质与量的高低多少，文学文本的意义虽然有多解性特征，对其理解和阐释有主观性的一面，但同样有其客观性的一面。

6.2.9 文学典籍英译的审美价值

审美价值通常被认为是文学文本区别于非文学文本的最显著的特征。刘宓庆（2011：181）对审美价值的定义是："审美价值（Aesthetic Value, AV），指审美客体对主体的审美意义和心理效能，AV是主客体相互作用的结果，是合规律性与合目的性的统一"。这个定义无论从价值论角度还是从定义的规范性上来看，都不是一个理想的定义，因为价值论告诉我们，价值是一种关系存在，正如我们第四章中的讨论所示，美学研究的是美的本质、艺术、品位以及美的创造和欣赏，审美价值是审美客体具有的并被审美主体感知到的能够满足审美主体美感体验需求的特性。文学典籍英译的审美价值就是作为审美客体的译本具有的或潜在的能够满足审美主体对美感体验的需求的特质。不过，刘宓庆（同上：74-75）对审美客体具有的审美功能的总结还是较为全面的，他认为对审美主体而言，审美价值包括"三项经过康德论证过的基本素质"：一是"具有能促使人实现感觉认知的目的的素质"；二是"具有能促使人实现情感体验的目的的素质"；三是"具有能促使人实现精神陶冶的目的的素质"。"审美价值具有知、情、志三个维度的综合功能，三者中以情最具动态性，而美则恰恰属于情感范围，与人的主观心理感受紧密相连，这就是说，'情'实际上充当了知性和精神的中介，充当了'真'与'善'的中介"。

对文学文本和文学翻译的审美价值的判断历来是文学艺术研究和翻译研究中最有争议的问题，这主要是因为不同的价值主体对美的感知、感受会很不相同，对文学翻译的审美价值的判断涉及了太多的因素。它不仅涉及到我们谈到的对文学文本、艺术作品的理解和解释，还涉及到美是如何被感知、被欣赏的。此外，对美的感知实际上也与审美主体的伦理观、道德观有关，有较强的个体性和主观性。也就是说，审美价值的判断是一种既包含知识价值判断又包含伦理价值判断和美学与美感问题的综合价值判断。

6.2.10 文学典籍英译的审美价值评价原则

价值论和价值美学告诉我们，审美价值的判断主要取决于评价者的审美观。"情人眼里出西施"和英谚"Beauty lies in the eyes of the beholder"似乎都在告诉我们，美的标准因人而异，具有极强的主观性和相对性。但是，我们同时也必须意识到，优秀的文学作品是社会实践的产物，作为一种审美客体，其自身通常都具有某种属性，这些属性的审美价值，不是天然就有的，而是在人类长期社会实践中不断进化的结果，即是审美主体的感官和心灵"发现"和适应了客体的不断呈现的（形式上和内容上的）某种属性，如人们对节奏和韵律的感知效应。因此，审美价值是主体与客体、主观与客观的统一，是合目的性与合规律性的统一。刘宓庆在其《翻译美学理论》中称："主体的审美标准源自长期的审美体验和审美实践，同时也具有一定的客观规律性，受人文地缘和人文社会的深刻影响"（刘宓庆、章艳，2011：140）。审美价值也是价值的一种，有其个性，但也有其他价值的共性，如主体性、相对性、社会性、实践性等。在进行审美价值判断时，评价者应该坚持我们在第四章里陈述的典籍英译批评的总体原则，同时，特别留意文学典籍英译批评审美价值判断中的阐释性、民族性与历史性，坚持定量与定性相结合、主观与客观相统一、局部与整体相结合、抽象标准与具体标准相结合的原则，并综合考量"美"与"真""善"的关系。

6.2.11 文学典籍英译的审美价值评价标准及体系

如果说文学典籍英译的知识价值尚可以"真"或"意义对等"为标准来衡量的话，其审美价值的评判就很难以"审美等效"为标准了，因为审美问题远比知识价值的评价要复杂得多。如果说译文知识价值的多少更多的是看原文知识点传递的多少的话，那么，译文审美价值的多少则既要看原文知识点传递的多少，也要看原文形式美的传递的多少，还要看它传递了哪些内容，这些内容对价值主体而言是否具有更多的伦理价值。也就是说，"真善美"这三者几乎同等重要。

文学典籍英译审美价值评判涉及评价者和价值主体的文学观、美学观、翻译观、文学翻译观、源语社会文化历史、原文本、译者、译本（语言形式、意义、风格、意境、神韵）、读者、译语社会文化历史等诸多因素，涉及两种语言、两种文化、政治权力、伦理、文学传统和文学作品的翻译传统、读者的文学概念、文学体裁的差异、读者的审美趣味和期望、批评者对翻译和文学翻译的理解、批评者的认知能力、审美能力、想象力、他的批评方式、他表达意见的能力等等。就文学观和美学观而言，如果一个人认为美的本质是对现实的模仿或展示，他/她就会寻求文学作品中事物的真实性；如果他/她认为"真就是美"，他/她就会把他/她认为"真实"的内容或属性判断为美。这样的人在判断文学翻译的审美价值时，会把忠实于原文作为最重要的标准，如刘宓庆认为，"在任何情况下，'真'都是第一条审美标准"（刘宓庆、章艳，2011：210）。但不同的人又有不同的文学翻译观，如辛格（Singh，1996：67）认为，译者"在翻译文学文本时，在解释方面有更大的自由和主观能动性……具有美学性质的文学翻译是一种独立的文本，因为它容忍和鼓励偏离、增加和省略（there is greater freedom and subjectivity in interpretation in the case of the translation of a literary text…a literary translation, aesthetic in nature, is an independent text because it tolerates and encourages deviations, additions and omissions）"。现代哲学阐释学认为，由于没有人能够超越他或她理解的历史性，而所有人类的理解都涉及解释，解释本身又受到特定文化和语言的历史制约，因此就有了"理解的历史性"（historicity of understanding）这一概念，作品也因此有了不断重新解释和重新评价的余地，总会有不同的意义投射到某个作品中（Blackburn，1996）。伽达默尔的哲学阐释学对姚斯（Hans Robert Jauss，1921—1997）和沃尔夫冈·伊泽尔（Wolfgang Iser，1926—2007）这两位德国接受美学（Reception Aesthetics）最著名的人物有很大的影响。他们认为"文学史是一个审美接受和生产的过程，是作为接受者的读者、反思性的批评家和不断生产的作者的对文本的完成（history of literature is a process of aesthetic reception and production that takes place in the realization of literary texts on the part of the receptive reader, the reflective critic, and the author in his continuing productivity）"（朱刚，2001：186）。俄国形式主义极其重视文学作品表现形式的新颖性、陌生化，视之为文学性的主要来源，持此主张的人又会将文本形式放到极其重要的位置。那些把审美价值视为趣味的人，则会否认审美活动的客观性，仅以个人情趣为审美价值判断标准。还有，审美价值判断中常常包含着伦理价值判断，这甚至会使一些形式

| 典籍翻译评价原理与评价体系构建 |

上具有很高审美价值的翻译在某些人眼里变成令人厌恶和丑陋的作品。此外，翻译评价中的审美主体至少有两个：译者和普通读者，而如果评价者不是译者或读者，那就还会有第三者。他们很可能会有各不相同的文学观、美学观、翻译观、价值观，评价标准自然会有差异。这些主观因素之外，一些客观因素，如两种语言文化之间的差异，也会使得人们的审美价值判断极其困难。米歇尔·耶（Michelle Yeh）就曾经说过，"在一种语言中具有诗意的东西在另一种语言中可能就不是这样，因为意象的联想依赖于文化语境（what is poetic in one language may not be so in another, and the associations of imagery are dependent on cultural context）"（Yeh，1995：275）。所有这些都在昭示着审美价值评判标准体系构建的困难。然而，审美价值也是由其效用体现的，而效用在很大程度上是可以被观察和体验到甚至是可检验的，因为审美价值同时包含了知识价值、伦理价值和美感价值。当然，如果以效用作为标准，这些效用应该是对全人类或至少是对包含了个体的某个社会而言的，不能是仅对某个个体，这样的效用具有一定的社会性、实践性、历史性和客观性，审美价值评判也因而具有了一定的客观标准："能够帮助人类社会升到更高的水平，决定社会不断前进，符合社会历史发展规律，使人的全面发展和社会自由得以丰富和扩展，就是真正的价值，或者是真正的审美价值"（李连科，2003：259）。

由于翻译是两种语言文化间的转换，译文的审美价值大小的评判就需要与原文的进行比较。由于文本有多个维度，比较就需要在不同的维度上展开，刘宓庆就开列了五个维度：一是翻译的审美意义—意向转换，价值体现是认知上的准确性，标准是"真善美"；二是翻译的审美形式转换，价值体现是感知上的愉悦感，审美标准是功能主义的"择善从优"；三是翻译的审美情感转换，价值体现是情感上的满足感，标准是符合主体在审美情态感受中的满足感；四是翻译的审美意蕴转换，价值体现是情志上的充实感，标准是符合主体在审美情致感受中的充实感。而"'意蕴'一般指文辞、文本的暗含义、含蓄义以及意象、意境、气韵、风格等模糊的、常常是超文本的审美信息"。第五是翻译的文化审美转换，价值体现是文化上的受益感，审美价值的评判标准是符合主体在审美文化信息获得上的受益感（刘宓庆、章艳，2011：184）。以上几个维度主要是针对文学文本的，其他类型文本的审美价值判断标准应各有侧重，这里不赘。

6.2.12　文学典籍英译的审美价值评价程序及方法

依据我们在上一章建议的典籍英译评价方法与步骤，文学典籍英译的审美价值评价可分为以下几步：（1）确定文学典籍英译审美价值评价的主要目的；（2）确定文学典籍英译审美价值评价的评价标准；（3）制定文学典籍英译审美价值评价的指标体系；（4）选择文学典籍英译审美价值评价的相关证据、数据来源；（5）收集处理各个观察点（观测点）相关证据、数据并分析因果关系；（6）在综合、比较的基础上作出译本的审美价值判断；（7）针对译本审美价值的不足之处，指出其可能的原因并提出相应的改进建议；（8）对本次评价进行总结反思。在实施过程中，要定量与定性相结合、译文与原文相比较、译文之间相比较、预期效果与实际效果相比较，综合考察预期效果与非预期效果、综合考察实际效果与潜在效果、当下效果与长期效果，综合考察伦理价值、知识价值与审美价值，观察点（观测点）也要尽可能全面，尽可能将"发话人及其认知状态、受话人及其认知状态（译者既是原作者的受话人，也是译文的发话人）、话题、场景、渠道、语码（使用什么语言或方言或语言风格）、信息形式、交际事件（体裁）、语调（语气和风格）、目的、效果"这些言语语境因素都考虑在内（张志强，2008：205-209）。此外，译评者还要有对译文审美价值实现的难易程度加以说明。

为了对文学典籍英译批评涉及的诸多因素有一个更清楚的认识，我们下一章将结合具体批评案例加以讨论。

6.3　文学典籍英译价值的综合评价

在我们前文谈到的评价原则中，很重要的一条就是分类评价与综合评价相结合，本节我们就主要探讨一下该如何构建文学典籍英译批评的综合评价体系。

典籍翻译评价原理与评价体系构建

　　文学典籍具有多种价值，前两节我们已经做了较为详细的论述，但是，由于各类价值之间有时会有交叉，也因为全面科学的评价需要有分析评价的整体观，以下我们尝试对文学典籍英译批评提出一个相对综合的评价体系架构。同时，由于文学典籍又可分为各种体裁，而诗歌又是其中最具代表性的，我们就仅以诗歌翻译为例加以建构，其他如小说、散文、戏剧等，均可参照这一架构建立自己的综合评价体系。

表6-1　　　　　　　　诗歌英译价值综合评价体系架构

一级指标	二级指标	占比	三级指标	占比
审美价值（30%）	意义、情感表达准确；意象、意境营造成功，但不一定保留原意象	40%	意义、情感	70%
			意象、意境	30%
	音韵和谐，但节律和韵式可以依照目标语规范有所变通	30%	韵式	40%
			节奏（英诗中比韵更重要）	60%
	形式与风格对原作有较多体现，诗体允许一定程度的变通	30%	样式（体裁类型、行数、句子长短）	40%
			修辞手段	60%
伦理（社会）价值（40%）	译事或译作在特定历史时期对源语和目标语社会文化发展所起的作用及其潜在的、长远的推动作用（或负作用）	60%	受众群体的类别（大众读者、专家读者）与数量及其正面影响	100%
			受众群体的类别（大众读者、专家读者）与数量及其负面影响	-100%
	译事或译作对源语和目标语社会文化发展潜在的、长远的推动作用（或负作用）	30%	受众群体的类别（大众读者、专家读者）与数量及其正面影响	100%
			受众群体的类别（大众读者、专家读者）与数量及其负面影响	-100%
	译者行为所蕴含的伦理价值	10%	正面价值	100%
			负面价值	-100%
知识价值（20%）	提供给读者所需的原作社会文化信息足够	90%	内容信息的质与量	50%
			形式信息的质与量	30%
			副文本的质与量	20%
	蕴含的学术研究价值	10%	对文化、历史、比较文学等研究具有的价值	100%

(续表)

一级指标	二级指标	占比	三级指标	占比
经济价值（10%）	出版发行情况	50%	出版社声誉	50%
			发行量与再版数量	50%
	绩效考核	50%	产出投入比（时间、人力、财力与经济效益）	100%

人们通常认为，文学文本的价值主要体现在其审美娱悦功能上，但实际上，其最主要的功能还是社会教化。正如勒菲弗尔在其《翻译、重写及其对文学声誉的操控》中所言，"在翻译的每一个层面，假如语言学方面的考虑与意识形态或诗学的本质发生冲突的话，后者往往占上风"（Lefevere，2004：39）。而在意识形态或诗学当中，意识形态又是制约译者翻译策略选择和译评者对译作评价的第一因素，且译者的意识形态可能是自有的，但很多时候是由赞助机构强加的，诗学通常也要受其所处时代的主流意识形态的影响，译评者也会成为主流意识形态的"同谋"（2004：16；41）。虽然在人类翻译史上，人们也能观察到不同于以上的现象，但总体而言，文学都是为意识形态服务的。因此，在文学典籍翻译众多不同的价值中，伦理（社会）价值是首要的，占据着核心地位，所以在我们的评价体系中就应该占有最大权重。其次才是审美价值，它要比知识价值更为重要，其中也包含一部分知识价值，因为对于许多读者来说，如果译作没有原文文本知识内容的真实传递，也就失去了美的根基（这里还需区分不同类型的读者和译评者）。经济价值也是衡量某一译事或译作的一项不可或缺的指标，但在我们常见的批评中却经常被忽视，这不符合评价的综合整体原则。但是，我们对经济价值的考量，一定要采取综合、辩证的态度，首先，它在文学典籍翻译批评的整个评价体系中占比应当是最小的，因为文学典籍作为人类的精神产品，其主要价值自然是其精神价值；其次，社会价值高的译本不一定经济价值高，而反过来说，经济价值高的译本不一定就具有较高的伦理或美学价值。

第七章　文学典籍英译批评案例评析

本章我们将在前边有关典籍英译批评的原则、标准、方法等的探讨的基础上，结合文学典籍译本的具体批评案例，进一步探究如何实现文学典籍英译批评的全面系统与科学，或曰"合理化"。由于文学典籍作为文本的一类，包括了不同的体裁——小说、散文、诗词歌赋、戏剧等，而这些不同的体裁又各有个性，所以，系统的翻译批评研究就需要对它们分别探讨。然而，要对这些体裁逐一探讨，可以说又是一项浩大的工程，所以，本章我们仅取小说英译批评的案例加以探讨。

就小说而言，最为人熟知的莫过于四大古典名著了，我们下边的讨论将围绕其中的《水浒传》英译本的批评展开。

7.1　《水浒传》英译批评概览

《水浒传》是中国历史上第一部用白话文写成的长篇小说，开创了白话章回小说的先河，是汉语文学中最具史诗特征的作品之一。

《水浒传》有多个版本，章回70、100到120不等，主要讲述了北宋末年以宋江为首的梁山泊农民起义的酝酿、形成和发展过程，生动形象地刻画了众多英雄形象，全景式描绘了当时的社会现实，深刻揭示了当时官府的腐败、平民的疾苦等种种社会矛盾，反映了人们追求平等、公平、正义的美好愿望，歌颂了梁山英雄的劫富济贫、除暴安良、见义勇为、惩恶扬善的美德。当然，以现代眼光看，其中也不乏一些封建糟粕。在国外，《水浒传》很早便被翻译成日、法、德、俄、拉丁文、英等多国语言。仅以《水浒传》英译而言，从 1933 年到 2002 年的 80 年间，已经有四个英语全译本。按时间顺序分别是 1933 年美国作家赛珍珠的七十回译本 *All Men Are Brothers*；英国学者杰克逊 1937 年的七十回译本 *Water Margin*；1980 年中籍美国人沙博理的一百回译本 Outlaws of the Marsh；1994年到2002年香港中文大学陆续出版的英国学者登特—杨父子的一百二十回译本 The Marshes of Mount Liang。为方便起见，下文有时分别将这四个译本称为赛译、杰译、沙译及登译。随着这些译本的相继出现，国内期刊陆续发表了一些评论《水浒传》英译的文章。笔者2022年5月16日在中国知网数据库以"水浒英译"为"题名/关键词/篇名/摘要"检索，发现有关《水浒传》英译的学术论文162篇。除论文外，一些论者也在其文中或书中发表过一些《水浒传》英译评论，但只是偶尔提及的不予统计。以下按照这些文章和评论发表时间，就批评者的研究对象和批评方法、评价内容等加以综述。

表7-1　　　　　　　　162篇论文按发表年份列表

年份	1980–1999	2000–2004	2005–2009	2010–2014	2015–2019	2020–2022
文章数量	2	1	32	63	43	21

20世纪80年代初，著名学者钱歌川先生在《翻译的基本知识》中，举了赛译对"放屁"的翻译"pass your wind"作为误译的例子（钱歌川，1981：10），给赛译定下了"死译""劣译"的基调。此后的20年间，《水浒传》英译批评几乎处于失语状态。2003年，马红军发表《为赛珍珠的"误译"正名》一文，倡导学界应克服盲目追随和主观臆断两种倾向，正确认识赛译中的所谓"误译"。2003年，姚君伟在《我们今天研究赛珍珠什么?》一文中肯定了赛珍珠翻译研究的价值，并认为她的翻译与其小说创作所传达的精神相一致，"均在于追求平等、正义和交流"，一定程度上扭转了对赛译全盘否定的倾向。自2005年起，研究《水浒传》英译的文章一下子多起来。2010—2014年，批评文章数量达到高峰，伴随国内学界对赛译的正名，以及《水浒传》各个译本热度的不断提高，大批翻译批评学者开始全方位、多角度地对各个译本开展研究。2015—2019年，研究热度比前一个五年阶段稍有减弱；2020年至今，相关批评文章已达21篇，表明《水浒传》英译研究仍是当前国内学界的热门话题。

从研究对象来看，162篇批评文章以赛译和沙译为主，没有单独以杰译为研究对象的文章，对比多个的版本的文章有25篇，总体来看，对国内学者而言，研究热度最高的还是赛珍珠的译文，达到36篇。

从批评方法来看，评论者多依据各种理论来对译文进行评判。162篇文章中，题目中明显表明的有近20个理论视角：认知隐喻视角、形象学、目的论、宗教隐喻视角、改写理论、功能对等理论、框架理论、女性主义、创造性叛逆、接受理论、多元系统理论、流散语境、变换语境、后殖民主义、文化翻译观、译者主体性、诗学视角、语义翻译和交际翻译、生态翻译观等，其中依据目的论的有5篇，创造性叛逆有3篇。这些文章从不同理论视角揭示了《水浒传》英译的特征与意义，但仍有一些挑出错误或是把佳译和"误译"放在一起评点一番的。近几年来，出现了以语料库为工具对译文进行研究的文章，如任东升、马婷（2015：65）在"基于语料库的《水浒传》沙博理英译本意合句式研究"一文中，运用自建的《水浒传》沙译本双语语料库及单语类比语料库，"发现隐性衔接的意合句式广泛分布于《水浒传》的沙博理译本，且句式的意合程度要高于标准英语"。随着认知语言学的兴起，最近几年隐喻理论视角下的译论也多了起来，如曹灵美、柳超健（2018：98）在"'草'隐喻的英译认知研究——以《水浒传》四个译本为例"一文中，分析了《水浒传》中"草"的隐喻，如草寇、草贼、打草惊蛇、青草蛇李四、斩草除根等，建议采用"直译喻体""转换喻体""直译喻体＋释义""转换喻体＋释义"的翻译方法，接通汉英隐喻的关联文化内涵。总之，《水浒传》英译批评呈现出了多元化倾向。

从评价内容看，批评者的关注点有20多个：中国话语、译者习惯、人物绰号、中西文化交流、服饰文化、饮食文化、社交指示语、兵器名、汉语特色句式、粗俗语、称谓语、人物本名、回目标题、动词、习语、方言、书名、汉语四字格、文化负载词、地名、历史、中国形象、翻译策略、风格转换等。其中，评论最多的是对于人物绰号的翻译，对翻译策略的评论次之。伴随中国文化走出去倡议的实施，有关中国话语、汉语特色句式英译的批评也在逐渐增多，如贺彤（2021：73-75）在《'讲好中国故事'视域下汉语特色句式的英译研究——以赛珍珠《水浒传》英译本为例》等。

在对不同译本的批评方面，受关注最多的仍是赛珍珠的译本。赛译于1933年在美国和英国同时出版后，立刻登上了美国权威的"每月图书俱乐部"排行榜,赢得巨多好评。先后被美国、英国及加拿大等地的多家出版机构再版多达10余次,直到2006年还有美国金斯顿莫雅·贝尔出版社再版了赛译。此外,世界其他国家也有一些出版社希望出版赛译本,还有依据赛译本转译成其他语言的译本。在1948年再版之时,林语堂更是欣然为之作序,并曾多次予以高度评价(钟再强,2014:71-75)。唐艳芳(2010:19-42)指出赛珍珠在中美两国的接受大致经历了三个阶段:20世纪30、40年代中期尽管不乏争议,但以肯定为基调;20世纪40、80年代中期,在东西方意识形态对立的大背景影响下受到双方的排斥和冷落;80年代末以降的"重新发现"和"历史地评价"。前两个阶段,基本无人开展翻译角度的专门研究;后一阶段局面虽有所改观,但研究基调以负面评价为主。自钱歌川赛译批评之后,对赛译的负面评价还有"文化陷阱""误读""歪译""死译""胡译""超额翻译""亏损""偏离""失真""语用失误"等(马红军,2003:122-126)。正如前文所说,2002年后出现了对赛译的"翻案"。许燕(2009:106-110)认为赛译是一个成功的译本,且主要得益于其陌生化取向。她结合历史语境,从文本特色分析出发,认为译本在文学范式、叙事形式、形象构建和语言特色方面所体现的多维度的陌生化取向,是译本赢得西方读者喜爱的主要因素。赛珍珠翻译《水浒传》,前后耗时五年,其翻译态度是相当认真的。赛珍珠采取异化的翻译策略极力保持原文的风采,尽最大努力向西方读者展现一个逼真的中国,这一点无疑是应该肯定的,其翻译的过程中因追求贴近原文可能会产生一些看起来不自然的译文,这也在所难免。钟再强(2013:119-122)在宏观语境视角下,探讨了赛珍珠作为译者的主体性选择,认为赛珍珠的翻译,旨在向西方阐释中国,是为实现其本人文化和合主义的理想而奋斗。赛珍珠具体翻译工作从1928年开始,于1932年底结束,而当时的中国积贫积弱,内乱不止,列强的殖民与中国人民的反殖民、新文化运动的思想启蒙、中西文化论战以及西方世界对中国人及其文化的大肆歪曲和污蔑互相交织,构成了赛珍珠翻译《水浒传》的宏观语境,促使她在文本选择及翻译策略选择等方面充分发挥了译者的主观能动性。赛珍珠从文化和合主义的视野出发,敏锐地捕捉到在中国社会变革中应努力保存传统文化精髓的重要性。她对中西文化论战中革新派主张彻底否定和摒弃儒家思想的做法表示了强烈的不满，提出了"中国古典美谁来继承"这样的前瞻性命题，并通过文学创作、演讲及翻译等途径，对西方人进行中国传统文化的启蒙。总体而言，随着翻译研究的文化转向，对赛译《水浒传》的评论正日渐多元。

赛译本之外，被评论较多的是沙博理译文。

沙译作为《水浒传》唯一一部百回英译本，1980年由上海外文出版社以精装三卷本的形式出版，1993年又以普通三卷本再版。1999年外文出版社推出了《大中华文库（汉英对照）水浒传》全五册，也采用了沙氏的译本。

对沙译的评论也有多种理论视角，如徐学平（2001：96-99）从跨文化交际的角度研究沙译《水浒传》英雄绰号的翻译，讨论了文化的民族性与翻译的关系。崔素花（2009：70-73）以社会符号学理论为依据，从语音、词汇、句法三个层面探讨了沙译本中言内意义的翻译。任东升、马婷（2015：69）指出，沙博理隶属于国家翻译机构，20世纪70年代初，他受外文局指派翻译《水浒传》。不同于西方国家的独立译者从事的翻译活动，沙译具有特殊的意义，因为国家翻译机构的翻译政策总在有形和无形之间影响着译者的翻译策略与方法等。总体而言，对沙译以褒扬居多。

相对于赛译和沙译，专门研究杰译和登译的很少。到目前为止，没有发现以杰译为主要研究对象的文献，登译由于问世较晚，目前能检索到的也只有6篇，评译褒贬不一。如孙建成、温秀颖（2008：81-86）从历史文化语境、翻译体制、翻译价值取向、翻译策略与方法四个维度对登译进行了考察，认为后殖民语境下的登译《水浒传》体现了译者对目的语读者阅读期待的主动迎合，反映了西方意识形态的价值取向。刘幼玲（2020：120-124）分析了登特—杨父子对于《水浒传》中"头巾"的翻译，认为译者对服饰文化词语如"万字巾""一字巾"等的翻译处理比较随意，误译与前后不一现象较为严重，归化倾向明显等。

本书这里对《水浒传》英译批评的综述，目的是让读者对《水浒传》英译批评的全貌有一个大体认识，故而述多评少，以下主要结合具体案例加以评述。

7.2 《水浒传》英译批评个案评析

孙建成（2008）的《〈水浒传〉英译的语言与文化》（简称孙著）主要探讨了《水浒传》英译对中西方文化交流的诗学价值、美学价值和史学价值，是《水浒传》英译批评中为数不多的从价值维度上考察四个英译本的专著，因此，笔者选择以该书作为《水浒传》英译批评的例子进行个案分析，以期进一步探讨评价学取向的典籍英译批评的路径。

对一本翻译批评论著的评论，在性质上属于一种元批评。因此，我们需要参照本书第五章中对元批评的讨论，以便使我们的反思性评价更为科学、合理。需要反思的内容主要有以下几点：（1）该批评是否达到它的预定目的；（2）批评是否对翻译项目及其产品的负责人等相关人员有益；（3）批评是否合乎道德准则，包括批评是否揭示了译事或译文的优缺点、评价者的分析和价值判断是否合理、是否有根据、评价者是否给予了被评价者应有的尊重（比如考虑到了翻译任务的困难程度）、评价者是否做到了客观公正、是否严格遵守了评价程序、收集的数据是否真实可靠、表达的情感是否真实、友好等；（4）批评是否及时；（5）批评是否具有建设性，是否提出了可供选择的翻译问题的解决方案，指出了改进的方向；（6）批评是否做到了尽量全面，尽可能多地考虑了相关语境因素；（7）批评是否有条理，观点表达是否清楚易懂；（8）采用的评价标准是否与应用于同类项目或同一体裁译作的标准相一致。

评价是一项极其复杂的社会实践活动，元评价亦然，甚至更为复杂，因为在很多地方它只能是阐释的阐释，要做到阐释的合理有诸多不易，尤其是对像《〈水浒传〉英译的语言与文化》这样的考察比较《水浒传》四个英译本各类价值的专著而言。限于作者的时间和精力，这里对《〈水浒传〉英译的语言与文化》的评析很难面面俱到，只能是有详有略，有些地方就扼要评述了，因为笔者的主要目的还是要阐述典籍翻译评价的原则与评价体系的构建。

7.2.1 《〈水浒传〉英译的语言与文化》之总体评价

关于《〈水浒传〉英译的语言与文化》一书的研究目的，该书第一章中用了一页多的篇幅陈述，这里只摘其要："……从整体上概括《水浒传》英译的翻译背景、翻译意图、翻译策略、翻译方法和翻译效果,总结《水浒传》英译的美学价值、诗学价值和史学价值,提出《水浒传》英译可能的翻译原则、策略和方法,从而弥补《水浒传》英译研究的不足和缺陷,……"(孙建成,2008:8)。

纵观全书,我们发现《〈水浒传〉英译的语言与文化》一书的作者完成了大部分预期目标,如对《水浒传》四个英译本的翻译背景、翻译意图、翻译策略与方法均有较多的描述和分析,但描述和分析实际上仍然远不够详尽,因为正如作者自己在书末所言,对译者翻译策略与方法的考察,主要只是关注了一些文化负载词及其所在句子或段落,而对译本翻译效果的考察,又由于严重缺乏国外相关文献与数据,更是失之"单薄与肤浅"(同上:275)。从作者的自评中,我们一方面可看到作者较强的反思意识,另一方面则也说明了译评者并未能够很好完成本次评价,因为译评者未能对评价客体做出较为全面的描述,掌握的数据也不全面、不充分,人们难免就会怀疑其评价结论的客观与公正。

《〈水浒传〉英译的语言与文化》一书专有一章(第五章)讨论《水浒传》英译的美学价值、诗学价值和史学价值,对上述每种价值分别做了总结评价,但最后所得结论却有些让人费解:作者一方面"肯定了《水浒传》英译对传播中国文化,进而促进中西文化交流所起的重要作用和所具有的重要价值"(孙建成,2008:218)、"译作对原作的思想精神、艺术形态和社会状态进行了有效的传播",另一方面又说译作"压抑、消解,甚至歪曲了原语的意识形态和文学规范,结果破坏了原语的文学系统,改变了译语的民族形象,伤害了译语读者的感情,阻碍了中西文化的交流与合作"(同上:258)。这种意义上前后抵牾的评价难免让人感到困惑,译评者的观点表述似乎还不够清晰明了。

此外,在人们期待的具有建设性的"提出《水浒传》英译可能的翻译原则、策略和方法"上,读者最终也并未发现译评者明确的建议。

总体而言,《〈水浒传〉英译的语言与文化》有着明确的评价(研究)目的、目标,译评者也对其所设议题进行了逐一剖析,考察了几个译本的翻译策略与方法及其各自优缺点,但上述问题的存在也给读者留下了较大遗憾。

当然，我们这里的批评，依照评价原则，也应该考虑到原评价的难度。要对四个《水浒传》英译本的方方面面进行详细的分析，对于任何一个译评者都是极为不易的，因此，译评存在这样那样的缺点也在情理之中。事实上，由于评价的复杂性，世界上不存在绝对客观全面的评价，我们所能做的，就是尽我们的最大努力来减少评价的主观性和片面性。

7.2.2 《〈水浒传〉英译的语言与文化》的描述性评析

依照我们在第五章中讨论的典籍英译批评的方法与程序以及第六章中有关文学典籍英译批评的方法与程序的讨论，为了使我们的个案评析尽可能全面科学、客观公正或曰尽可能合理，必须先确定我们的评价目的、目标，再确定或制定一个评价指标体系，然后是观察（观测）相关因素，收集尽可能多的可靠数据，并在此基础上进行分析、比较，最终作出综合的价值判断。

《〈水浒传〉英译的语言与文化》一书将现有的《水浒传》四个英译本全都纳入了研究视野，并将四个译本的"译序"和原本的"前言"也纳入了考察范围，对推进《水浒传》英译批评无疑具有较大的学术价值，但本书此处对其评述的主要目的，是要探讨文学典籍翻译批评如何能够更加全面系统、客观公正，如何能够更加合理，更合目的性与规律性（规范性），也更具有建设性，因此，以下的评析以发现问题、提出改进意见为主。为了减少作者评析的主观性，我们将首先就孙建成《〈水浒传〉英译的语言与文化》一书（以下一些地方简称之为"孙著"）对《水浒传》英译价值的评论加以描述，然后在价值评价理论观照下对其评论加以评述，着重探讨对《水浒传》英译的伦理价值、审美价值和知识价值的评价问题。

7.2.2.1 由孙著对诗学价值的评判到本书对伦理价值的评析

依据《〈水浒传〉英译的语言与文化》（作者的叙述，一书的主要任务之一是总结《水浒传》英译的诗学价值、美学价值和史学价值，采用的研究方法主要有三种：一是描写法，即对原作者的创作意图和译者的翻译意图、对原文本和译本的生成过程、对译本的传播与接受和社会影响与作用进行历时和共时的描写；二是比较法，即对原本与译本、不同原著版本与不同译本的不同效果进行多维比较；三是实证法，即对原本与译本的文化典故、诗歌和叙事结构等进行抽样案例分析，以说明《水浒传》英译与中西方文化交流的关系（孙建成，2008：14）。

孙著对《水浒传》英译三类价值的探讨，理论基础不是价值评价理论，而是"国内外相关的文化政治、文学文本和文学翻译批评理论"（2008：12）。然而，该书也对价值的定义、价值观以及翻译的价值等问题做了一些说明，认为"翻译也是一种商品，同样具有交换价值和使用价值"，其用途与作用"主要体现在精神交换层面上"，"翻译价值是译者与原作者、译文与原文、译文与读者的一种特定关系"（2008：87-89）。孙著认为，译本的价值主要取决于译者的价值观，而译者的价值观主要可通过两种途径加以考察：一是译者宏观上的思想观念；二是微观上的文本分析，主要是对译本的定量分析（2008：94）。但是，纵观全书，读者很少能够看到真正的定量分析，作者所说的"实证法"，实际上也仅仅是数量有限的一些译例分析而已。

孙著首先考察的是《水浒传》英译的诗学价值，对其诗学价值的考察主要在系统理论的观照下进行。虽然要对诗学价值进行考察，但该书并没有给出自己对"诗学"的明确定义，较多的是引用了勒菲弗尔有关诗学的论述，如："一种诗学可以说是由两部分组成的：一是概述文学的手段、体裁、主题、原型人物、原型情景和象征意义；二是界定文学作为一个整体的社会系统的作用是什么或应该是什么。后者的界定对主题的选择具有重要的影响作用，如果文学作品的目的是要引起别人注意的话，这些主题就必须与特定的社会系统相联系"（2008：192）。此外，该书还引用了柏拉图和亚里士多德的观点，如"诗学的主要任务就是研究文学的本质"，并在上述引用后称，"系统与诗学的关系水乳交融，密不可分，诗学的本质就是文学的本质"（孙建成，2008：192）。由此推断，孙著所说的诗学价值，主要就是文学文化价值。对《水浒传》英译的诗学价值的考察与结论，主要集中在《〈水浒传〉英译的语言与文化》一书的194到198页。该书认为，《水浒传》的不同译者，都意识到了"《水浒传》中反映的现实主义人文精神和社会象征意义正是汉英国家两种不同社会系统，两种不同文学系统所共有的东西。……他/她们在各自的译序和其他评论中都以不同的方式称赞《水浒传》的现实主义精神，并将小说中的人物比作英国小说中的罗宾汉式的绿林豪杰，以此吸引英语读者的阅读兴趣，唤起读者对自身社会经历的意义联想，从而使译本得到读者的接受和认可。……几位译者通过各种形式的翻译策略和方法对原著的写作手法、文学体裁、原型人物和情景都做了不同程度的调整和变通。"变通的例子有很多，如原文中的"放屁""身后""和尚""唾手而取""不足挂齿"，赛珍珠译为"pass your wind""incarnation""priest""spit on our hands""need not hang upon the teeth"；原文中的"鬼脸儿""天书""鲁班""南柯一梦""替天行道"，杰克逊译为"the Devil Faced Man""the Divine Books""the god of the carpenters""have a dream""the agent of Heaven"；原文中的"星主""天书""天母娘娘""替天行道""张天师祈禳瘟疫"，沙博理译为"Star Lord""Heavenly Books""the Queen""Heaven's behest""Zhang the Devine Teacher Prays to Dispel a Plague"；原文中的"星主""天使""天母娘娘"，登特—杨的译文是"Lord of the Stars""goodness""Holy Mother"。此外，"杰克逊将原著中许多口语特点十分突出的人物对话改成了抒发译者个人见解的间接引语；登特—杨则以英文散文的形式处理了原语中的故事情节和诗歌；而不约而同的是，几位译者不仅都对原著中他/她认为在英语语境中并不重要或没有现实联想意义的东西进行了长度不同的删节，而且都有他/她认为符合英文行文需要和适应英语读者阅读期待而对原著内容和形式所做的不同程度的增添"，所有这些"都是译语社会系统主流文化形式手段和文学功能途径的不同体现"。虽然经过译者的不同变通，"改变了原文的文学系统、主题思想和象征意义"，但是，"原文的很多内容和形式还是得到了保留和再现，因而译文在客观上还是通过故事的信息程度不同地传递了汉语的某些文学形式和文化意义，对英语的文学形式和意识形态产生了一些不可避免的影响和作用"。《水浒传》英译的诗学价值主要体现在三个方面：一是它总体上"促成、加强并深化了两种不同社会语言文化文学系统的碰撞、交融和影响，既彰显了英语强势文化的文学功能和地位，也在客观上程度不同地传播了汉语文化的社会情境和文学形态，在文化交流的互动过程中潜移默化地影响和构建着不同社会的文学系统"；二是进入译语文化的"原语文学章回体的写作手段集小说、散文、诗歌并用方言和白话于一体的文学体裁，具有鲜明儒释道思想教化意义的现实主义主题、鲜活逼真的人物造型、独特别致的社会风情、充满诗情画意的故事情节以及对现实社会反观的象征意义，都会在不同程度上对英语社会文化形态和语言文学系统带来一定的影响和冲击，进而丰富英语社会文化和英语文学表现形式，促进英语文学系统的革新和繁荣"；三是"原语的一些文学因素受到了压抑，表现形式受到了制约、文学体裁受到了改编、主题思想得到了转喻、人物形象发生了变形、社会风俗得到了抑制、文化意象产生了偏离，所有这些对原语文学系统无疑是一种扭曲和破坏，但与此同时，也会在一个侧面使原语文学系统从中得到启示和教益，通过对某些文学因素的扬弃，丰富原语的语言文化表现力和感染力，从而促进原语语言文化系统的更新和进步"。在总结了以上三方面的价值后，孙著进一步指出，"这些诗学价值尽管体现在不同的文学系统中，但其功能导向却是有所偏重的，功效是不对称的（asymmetrical），原语的文学价值，由于译文的漏译、误译、删节和改写，发生了倒错和失落；而译语的文学系统，由于英语规范的突出、新鲜内容和形式的引进，得到了巩固和改善，进而强化了英语文化帝国主义（cultural imperialism）压抑和同化汉语的进程"。

上述《〈水浒传〉英译的语言与文化》一书对于《水浒传》英译的诗学价值的探讨，虽然给出了一些较有见地的评论，但参照评价学取向的基于评价理论的文学典籍英译批评原则、标准与方法等，其评价的不足之处也是较为明显的。

首先，系统的价值研究要求我们对价值进行合理的分类。在价值学中，人们对价值的分类虽然有所不同，但通常认为分类应该尽量清晰、合理，避免不必要的混杂（必须承认会有混杂，见前文有关价值分类的讨论），而孙著将《水浒传》英译的精神价值分为了诗学价值、美学价值和史学价值三类，其中的"诗学价值"，从上文介绍的该书对"诗学"的说明可以看出，实际上就是"文学文化价值"。但是，人们通常说到"文学价值"时，都会将其与文学的社会价值与美学价值，尤其是后者联系起来。这样一来，一个"诗学价值"就已然包括了"社会价值""美学价值"和"史学价值"，这给我们的价值评判带来了不必要的混杂，不利于我们对各类价值的系统分析与清晰评判。

依据价值评价理论，译作的价值可以分为物质价值和精神价值，而其精神价值又可分为伦理价值、知识价值和审美价值。伦理价值可以说是文学翻译的首要价值，因为"艺术作品理应教给我们正确的道德准则，否则这些作品就该被谴责或禁止。这种观念无疑远远早于柏拉图的理想国，而且时至今日它确实依然活跃在我们的世界中"（布斯，2009：187）。关于文学的伦理价值以及批评者该不该关注它，文学评论界一直存有争议。当代美国著名文论家韦恩·布斯（2009：243-244）曾经就此评述道："能否对作品进行真正的道德探究？或者说对作品进行道德的探究和衡量其文学价值是否相关？在西方文化中，历来对这个问题的回答可以概括为从肯定到否定再到肯定的钟摆运动"，当代大多数评论家都认为，"如果要有'正确'的批评，这种批评必须强化'正确的'道德影响，同时使听众远离'错误的'道德影响，又不至玷污艺术的光彩"。由于价值是价值主体与价值客体之间的一种关系，我们在评判译作的伦理价值时，首先需要明确谁是价值主体，价值主体有何伦理（社会发展、意识形态、价值观等）方面的合理需求，并确定伦理价值评判的标准及评价体系，然后才能描述、分析客体在多大程度上满足了主体的需求。我们在第六章谈论文学典籍英译的伦理价值时，对"伦理价值"有一个基本定义，它是指各种政治及意识形态价值、宗教价值与各类善念、德行的价值，指事物或理念有利于维系人类社会健康和谐发展的特性，译者的翻译行为、赞助人以及译事背后的意识形态和权力话语也蕴含着一定的伦理价值。而"伦理价值"的评价，就是对客体（译事、译作乃至译者）相对于价值主体而言具有的上述价值或特性的对错与多少的衡量。由于价值的相对性和两种语言与文化之间的差异，原作对于原语社会文化和原语读者所具有的伦理价值，很可能与译作对于译语社会文化和译语读者的伦理价值不相匹配，这一点从登译本的译序中可以清楚看出，从一些国外读者包括一些外籍华人的评论中也可一见端倪，如认为"《水浒传》塑造的是土匪形象，书中充斥着酗酒、杀戮及食人肉现象，缺乏良好的道德判断"等（钟再强，2014：71-75）。因此，评价者不能完全以原作对于原语社会文化和原语读者所具有的伦理价值作为衡量译作对于译语社会文化和译语读者的伦理价值的标准，必须分别探讨价值客体对不同价值主体的现实价值与潜在价值，如分析描述有哪些符合译语社会文化的健康发展意识形态（价值观、宗教信仰、社会准则、道德规范等）被传译或被改换、被误读或被添加进了译语中，并在此基础上确定译事和译作对译语社会文化的伦理价值。这一点《〈水浒传〉英译的语言与文化》一书显然做得不够。

我们在第六章谈论文学典籍英译的伦理价值时，还谈到了伦理价值的评价体系问题，目的是要让我们的评价更为全面、系统，更为科学。比如针对伦理价值，至少可以确立文本伦理价值内涵评价标准与译者行为伦理价值判断标准。前者可考察译本中体现了多少原文本中蕴含的"具有普遍意义"的普适性伦理价值观或双语间共有的伦理价值观以及原文本中没有但译本中存在的可能有益于目标语社会文化发展的价值观；后者可考察译者或翻译机构具体翻译行为、翻译方式所体现的伦理价值的多少。

每一个译本都含有其特定的伦理价值，其价值的大小取决于其对人类社会进步意义的大小和对译事、译本涉及的源语文化和目标语社会进步意义的大小。《水浒传》原作中有大量体现中国平民百姓宗教信仰、政治生态观、人际关系准则、道德规范、忠义观、正义观、英雄观、社会理想等的意识形态，它们在中国社会的不同发展阶段都蕴含了一定的伦理价值，其中有些还属于"普遍意义的价值"，即可以推广到其他社会的伦理价值，有的则只适合中国社会的某一历史阶段。作为典籍英译的批评者，我们需要考察的是有哪些可以推广到译语社会文化的伦理价值在译本中得到了体现，哪些没有得到体现，又有哪些原作中没有的但却能满足译语社会需求的伦理价值被添加到了译作中。比如，赛译《水浒传》的书名*All Men Are Brothers*，体现的既是儒家的"四海之内皆兄弟"的理想的人际关系，也是基督教的人人平等的博爱思想，可以视为对两种社会文化都具有的"普遍意义的价值"。虽然鲁迅先生在评价赛译时曾言，"但其书名，取'皆兄弟也'之意，便不确，因为山泊中人，是并不将一切人们都作兄弟看的"（姚锡佩，1990：38-42）。但是，笔者认为，鲁迅的评论也不尽合理，因为"水浒"一词据考最早出于《诗经·大雅·绵》：绵绵瓜瓞，民之初生，自土沮漆。古公亶父，陶复陶穴，未有家室。古公亶父，来朝走马，率西水浒，至于岐下。爰及姜女，聿来胥宇。周原膴膴，堇荼如饴。爰始爰谋，爰契我龟，曰止曰时，筑室于兹。该诗讲的是周王朝基业的开创者古公亶父，带领家族成员寻找安身立命之地，沿着河岸来到岐山下，在周原找到了理想的居所并发展壮大的故事。"水浒"暗指理想的乐土，"皆兄弟也"实为水泊梁山的一种社会理想，它本不是对其现实的描写。另外，《水浒传》原作中的英雄"聚义"、没有亲缘的好汉间表现出的兄弟情义等故事情节，确也蕴含了"四海之内皆兄弟"之意。而且，这句话在《水浒传》原作中出现过三次，分别出自第一回中的跳涧虎陈达之口、第三回中的赵员外之口、第四十三回中的杨林之口，从上下文看，所表达的意思都是"不分彼此""一家人"之意。此外，依据钟再强（2018：103-109），"在金批七十回本《水浒传》的第二十六回，当武松为兄报仇之后，分别得到东平府府尹陈文昭和众节级牢子的庇护和照顾时，金圣叹在评语中感慨曰：'读至此处，忽又忆四海之内皆兄弟一语，叹其然也'"。笔者认为，赛珍珠对原作书名的翻译是非常谨慎的，在其译序中她解释道，直译"水浒传"不仅几乎毫无意义，而且也会使读者对原作产生一种"unjust impression"（不应有的印象），因此，她便"arbitrarily"（自作主张地）选择《论语》中的"四海之内皆兄弟"作为英译本的书名，因为All Men Are Brothers能够契合水泊梁山这帮"正义的盗匪"的精神内涵（"a title which in amplitude and in implication expresses the spirit of this band of righteous robbers"）。可见，译者并非在有意宣扬基督教的平等博爱思想，这只是一种恰巧暗合。事实上，赛珍珠对中西方的宗教信仰问题持有包容开放的态度，她反感、反对西方的传教活动。赛珍珠曾在其自传里写道，她父亲曾经写过一篇"关于基督教和佛教的共通性的论文"，认为"耶稣既懂得孔子学说，又知道佛经，因为孔夫子和耶稣的圣训几乎同出一辙。仅这一例就可以证明他们的思想决非偶合"。她自己在上海的白人学校里，由于她的同学"称中国人为异教徒而惊诧不已"（赛珍珠，1991：69-70）。1932年，赛珍珠"在一个正式场合发表了'海外传教有必要吗？'的长篇演讲，观点鲜明地彻底否定了海外传教活动。赛珍珠批评美国传教士是一帮'心胸狭隘、缺乏同情心、傲慢无礼、愚昧无知'之辈"（姚君伟，2005：141-145）。赛珍珠对《水浒传》书名的翻译，反映了原语文化和译语文化中相同的价值理念，无疑增加了这一译作的伦理价值。此外，赛译也传递了译语和

典籍翻译评价原理与评价体系构建

原语两种社会共有的希冀社会公平正义的美好理想和扶弱济贫、见义勇为等共同的价值观,这些也都是其蕴含的伦理价值。对其他译本,我们也应对应原语逐一分析,挖掘出其中对两种语言文化或是译语社会文化发展有益的意识形态,并据此确定其伦理价值的大小。

当然,任何价值都是相对于价值主体而言的,译本的伦理价值的大小多少,对于原语社会而言,肯定不同于它对于译语社会的,这一点《〈水浒传〉英译的语言与文化》一书也有论及,但主要谈的是译本针对原语文学系统的影响,该书称《水浒传》译本"对原语文学系统无疑是一种扭曲和破坏,但与此同时,也会在一个侧面使原语文学系统从中得到启示和教益,通过对某些文学因素的扬弃,丰富原语的语言文化表现力和感染力,从而促进原语语言文化系统的更新和进步"(孙建成,2008:197)。一个显见的事实是,译本的目标读者通常都是不懂原语的异域读者,原语读者是很少有人去读译本的,译本对原语社会文化的影响,很少体现在对原语文学文化系统的促进方面,更多是体现在对原语文化和文学的世界声誉的影响上,体现在译本对原语文化和文学形象的再现与塑造上,这就是为什么我们国家如此重视中国文化的对外译介和传播,而在这一点上《〈水浒传〉英译的语言与文化》一书并未给出详细论述。事实上,站在原语社会文化的角度来评价《水浒传》译本的伦理价值时,我们更关心译本中体现了怎样的中国社会伦理价值,是有益于人类社会发展的价值观呢还是有悖于当今社会道德伦理规范的行为与意识形态? 赛珍珠创作的《大地》(*The Good Earth*)出版后,虽然在国外广受好评,但许多中国读者,包括在国外的华人,对其中反映的中国社会的落后的文化习俗和社会现象,如纳妾和妇女裹脚,都表示了不同程度的不满,而《水浒传》中包含着一些滥杀无辜和食人肉一类的情节,这类描写的忠实翻译,单从伦理价值方面考虑,其实只有负价值。但是,站在历史的角度看,这也确实是很可能发生的事情,同时它也是作者认为人物形象塑造方面所需要的。负责任的译者和译评者,对此应当有所解释,说明中国社会古今之不同。因此,对原作和译作的伦理价值批评时,评价者也不能忘记历史的维度和必要的阐释。

此外,译者的翻译行为也蕴含有一定的价值取向和伦理价值。在这一点上，评价者需要对不同的译者的翻译行为分别加以考察，对其翻译动机、目的、采用的翻译策略与方法、读者的阅读期待等进行详尽的描述分析，并对不同译者翻译行为所蕴含的价值取向和伦理价值分别加以评价，这一点《〈水浒传〉英译的语言与文化》一书虽然在该书第三章中有讨论，但仍失之笼统，远不够详尽，致使所得结论有失客观公允。比如该书认为几个译本"强化了英语文化帝国主义（cultural imperialism）压抑和同化汉语的进程"，"体现的是译语社会文化的意识'共识'，迎合的是译语特定读者的审美趣味，维系的是译语的社会权力，促进的是译语的文学系统，巩固的是译语的中心文化和普遍意义，并最终加强译语语言文化中心的霸主统治地位"（孙建成，2008：197；236）。但事实上，以赛译为例，正如译者在译本序言中所说，该译本旨在"尽可能地保留中文的原汁原味，以使不懂中文的读者起码能产生一种他们正在读中文的感觉"（姚君伟，2012：76；"起码"是笔者对引文中原有用词"至少"的改动，笔者注）。为了实现这一目标，译者虽然以异化为主，但语言层面也绝非通盘的直译，而是直译辅之以意译，文化层面上异化与归化相结合，并辅之以简化、显化等翻译方法，使译文在文学规范、语言层面和文化层面都呈现出了一种"杂合"特征，而不是像《〈水浒传〉英译的语言与文化》一书评论的那样："在赛珍珠的译文中，凡是涉及原文语言形式和思维习惯的方面，基本上均采用了字词对应的异化和直译，而凡是涉及原语文化意象主题思想的内容则基本上采用了意象置换的归化和意译"（孙建成，2008：229）。为了证明笔者所言不虚，让我们看看赛译《水浒传》第25回中的几个例子。

例1：

……把酒浇奠了，烧化冥用纸钱，放声大哭，哭得那两边邻舍无不凄惶。

Then he poured out the wine and he burned the paper money that shades use and let his voice out in mighty weeping. He wept so that the neighbors on either hand hearing themselves were moved to tears.

此处的"冥用纸钱"，反映的是中国古时的丧葬文化，译文"paper money that shades use"就是典型的异化手法，如实再现了原语文化的丧葬习俗。

例2：

……脱去了红裙绣袄，穿上孝裙孝衫，这才从楼上哽哽咽咽地假哭着下来。

...and took off her red skirt and her embroidered coat and put on mourning garments of white.

此处的"孝裙孝衫"，赛珍珠译为"mourning garments of white"，如实保留了这一文化意象，其中的"white"是原语丧葬文化的典型色，较好地向译文读者说明了中国孝服的颜色。这种译法彰显了东西方的文化差异，因为白色在西方是新娘结婚礼服的颜色和整个婚礼的主色调。

例3：

那妇人说："亏杀了这个干娘。我又是个没脚蟹，不是这个干娘，邻舍家谁肯来帮我！"

And that woman said, "To this foster-mother I owe everything. I was like a legless crab, and had it not been for this foster-mother who of the neighbors would have been willing to come and help me!"

译文中的"foster-mother"，在英语里是"养母"之意，即母女之间是收养关系，用它来译中国文化中特有的"干娘"，无疑是将汉语文化归化到英语文化中去了。而用以比喻一个人无依无靠、孤独无助的"没脚蟹"意象，则被以直译的形式保留了下来。

例4：

士兵斟到第四杯酒，前后共吃了七杯了，众人却好像吃了吕太后一千个筵席似的。

So the soldier came again and poured out four rounds of wine and this made seven rounds altogether and it seemed to the guests that by now they had sat through the length of a thousand feasts.

这是一个对原语文化意象简化的例子，但在语言形式上却是典型的异化。译文漏掉了"吕太后"。对于"吕太后的筵席"这个典故，赛珍珠没作介绍，因为详细解释可能要费许多文字。中国有个歇后语，叫作"吕太后的筵席——难吃"。了解中国历史的读者大都明白，这个歇后语是说吃吕太后的筵席有杀头之危险。赛珍珠这里简化成了"it seemed to the guests that by now they had sat through the length of a thousand feasts"。西方读者恐怕很难完全领略到客人的惊恐万分之状，但通过上下文还是可以理解到客人的恐惧之情的（张志强，2010：44-48）。

中国丧葬文化中的"灵床子"指放置灵牌和祭品的桌子，或者是为死人虚设的上边放置灵牌的坐卧具。赛珍珠在翻译该文化意象时，要么误译为"spirit tablet"（灵牌），要么译为"niche"（壁龛，墙上凿出的供奉神位、佛像的小阁子，它是房体原有的），再不就是省去不译。这里仅举两例。

例5：

且说武松到门前揭起帘子，探身进去，见了灵床子，又见写着"亡夫武大郎之位"七个字，呆了；

...and there he saw the spirit tablet on which was written the seven characters "Seat of the spirit of Wu The Elder," and he fell into a daze ...

这里的"灵床子"，赛珍珠也误译成了"spirit tablet"（灵牌），在下文中"灵床子"多次出现，赛珍珠或是将它译为"niche"（壁龛），或是"spirit tablet"（灵牌）。

例6：

见一个人从灵床子底下钻了出来，……

he saw a being come out from beneath the niche, ...

赛珍珠把西方人不熟悉的中国的"灵床子"译成了西方人熟悉的"壁龛"（张志强、李世英，2009：46-49）。

通过以上几个具体例子，我们可以看出，赛珍珠对中国文化专有项的翻译，绝非大都采用归化或意译，而是表现出灵活多样的"杂合化"，其中不乏异化，当然也有个别误译，语言形式上则尽量靠近原文。这种以异化为主要倾向的杂合译文"有助于消解西方文化霸权，有助于彰显弱势文化声音，从长远看也有利于消解强势文化和弱势文化间的二元对立"，有利于遏制狭隘的民族主义和文化自恋。在接受效果上，赛译一出版就赢得了目标读者的喜爱，上了美国"每月读书俱乐部"排行榜（张志强，2010：44-48）。因此，称赛译本"凡是涉及原语文化意象主题思想的内容则基本上采用了意象置换的归化和意译",说它加强了"译语语言文化中心的霸主统治地位"似乎都是有失公允的。

《〈水浒传〉英译的语言与文化》一书还认为,赛珍珠"是在用现代西方的写作标准评断中国的传统文学"(孙建成,2008:99),"她所持有的价值立场始终是以美国的实际需要为出发点和归宿点的,她采用的评价标准是西方的文学标准,至于中国传统文学的评判标准和译文在中国读者心目中的感受和反应似乎都是无关紧要的"(2008:101)。但事实上,赛珍珠对中国传统文学,特别是传统小说,推崇备至。1938年,她的诺贝尔文学奖授奖仪式上的演讲题目就是"中国小说"。她在演讲一开始就宣称:"我属于美国,但是恰恰是中国小说而不是美国小说决定了我在写作上的成就。我最早的小说知识,……都是在中国学到的。今天不承认这点,在我来说就是忘恩负义。……我说中国小说时指的是地道的中国小说,不是指那种杂牌产品,即现代中国作家所写的那些小说,这些作家过多地受了外国的影响,而对他们自己国家的文化财富却相当无知"(姚君伟,2012:114)。她向全世界介绍了中国小说的历史与现状,说明了其语言与形式特征,认为《水浒传》《三国演义》和《红楼梦》是中国三部最伟大的小说,称她"想不出西方文学中有任何作品可以与它们相媲美"(姚君伟,2012:129),并对它们的成书过程、对中国人的影响等情况,做了较为详尽的介绍,从中我们也可以获悉她的价值取向和她对这些作品价值的认识。比如她说,"如果说《水浒传》今天作为一部人民的小说在他们争取自由的斗争中具有重要意义,那么《三国》的重要性则因为它详细地描写了战争的科学和艺术"(2012:132)。在赛珍珠另一篇题为"东方、西方及其小说"的演讲中,她也论及了中国传统小说与英国小说的不同,并盛赞中国小说写作手法具有的高超的艺术性(2012:33-52)。事实上,赛珍珠曾经花费十年左右的时间,"致力于中国小说发展史之研究"(2012:53)。她对中国小说的了解,可以说比我们普通中国人要深入、深刻得多。由于赛珍珠对中国小说极其推崇,使得她想要在翻译中尽可能地保留原作的叙事手法和句法特征;此外,赛珍珠一出生就被传教士父母带到了中国,掌握英语之前就先跟着中国保姆和中国玩伴儿学会了汉语，父母还给她请了一个儒家文人做家庭教师，指导赛珍珠广泛阅读儒家经典。与此同时，她母亲又辅导她学习英美及欧洲国家和古希腊罗马的历史、文学等。而她自己，则是背着大人看了许多中国小说（赛珍珠，1991）。生活在这样一个环境里，接受了中西方两种文化的教育，赛珍珠自然成为了一个信仰文化多元主义、文化相对主义与和合主义的"文化边缘人"。依据姚君伟（2005：141-145），赛珍珠的文化相对主义是一种相对的文化相对主义，既承认文化差异，又超越文化差异：在其自传《我的中国世界》（英文书名是 *My Several Worlds*，笔者是该自传的主要译者，汉译书名不甚准确，但反映了自传的主要内容，同时也是为了吸引中国读者）里，她常常论及中美文化、中西文化诸多方面的差异和相似，同时对两种文化特别是西方文化，又保持着清醒的批判，认为传教士是不请自来的入侵，是一种文化帝国主义行径。1932年，赛珍珠发表了"海外传教有必要吗？"的长篇演讲，观点鲜明地彻底否定了海外传教活动。她在自己已经较好掌握汉语的情况下，仍然邀请了其第二位中文教师龙墨乡先生与其合作翻译《水浒传》。试想，这样的译者能对原语文化和文学不尊重吗？但是，由于两种社会文化与语言的差异，在以异化翻译策略为主的同时，赛氏也确实采用了一些归化译法，使译文呈现出了较为显著的"杂合"特征，而这样的译本客观上也促进了文化和文学间的平等交流，起到了增进世界不同文化的互通与包容、增进文明互鉴的作用。进入新世纪以来，许多学者都撰文肯定了赛译对增进中西文化文学交流方面的贡献（参见马红军，2003；姚君伟，2001；2003；2005；2012；2016；李林波，2004；许燕，2009；唐艳芳，2009；2010；张志强、李世英，2009；张志强，2010；董琇，2010；庄华萍，2010；韩红建、蒋跃，2013；钟再强，2011；2013；2014；2017；2018；曹灵美、唐艳芳，2017等等）。

总之，对赛珍珠的翻译行为的仔细考察可以看出，译者的翻译目的是正当的，翻译手段合于跨文化传播的规律。赛珍珠的翻译行为不仅符合法国翻译理论家贝尔曼（Antoine Berman）提出的"诗性"加"伦理性"的翻译标准（徐普，2011：67-75），符合哈贝马斯提出的交往伦理，符合韦努蒂提出的"因地制宜的伦理"，也符合当今国际文化交流中维护文化多样性的吁求,这种翻译行为中体现出的相互尊重的伦理价值是应当充分予以肯定的。

当然,价值问题是个十分复杂的问题,伦理价值尤甚。对于《水浒传》英译的伦理价值的评判,我们必须采取良性相对主义的态度,既要坚持评价标准的相对性与普遍性的统一,又要坚持主观性与客观性的统一,谨慎地进行跨文化的伦理价值判断。对译事译作总体上的伦理价值的跨文化判断只能依据文化间伦理价值共识,否则就会犯民族中心主义错误。由于伦理价值共识在两种意识形态差异较大的文化间比较少,对文学典籍英译的伦理价值的评判,要更多地关注伦理价值的相对性,既要有以文化输出方为价值主体的伦理价值标准体系,也要有以典籍接受方为价值主体的伦理价值标准体系。只有这样,才能使我们的典籍英译伦理价值的批评变得全面、系统、公正、合理。

再则,原文本和译本中可能蕴含着一些相异于目标语文化的意识形态,它们对当下的目标语社会文化可能不具伦理价值甚至是负价值,但是,它们可能具有一些潜在价值,对此评价者也应有所觉察和挖掘。比如《水浒传》原作和英译本中蕴含的水泊梁山小世界(理想国)里"同甘共苦""天下一家"的社会理想,对于当今信奉"零和"游戏的西方霸权主义来说,可能不具任何价值,但这种"共同体"意识,对我们构建"人类命运共同体"与平等互利的国际社会新秩序却具有相当大的潜在的伦理价值。这种潜在价值的评析,也有利于更好地发挥评价的价值导向功能。

7.2.2.2 由孙著对美学价值的评判到本书对审美价值的评析

对《水浒传》英译的美学价值评判,《〈水浒传〉英译的语言与文化》一书首先从什么是美学和美学思想谈起,认为中西美学和美学思想在视界和形态上有很大不同,并概括为以下四个方面:(1)中国人重内在感性和美感体验;西方人重本质追求和理性精神。(2)中国人重直觉感受和情理兼容,西方人重理性分析和情理分离。(3)中国人重物我同一、物象同一、神物互动和情景互动;西方人重个体精细、形式逻辑、哲理思维和互动过程。(4)中国人重人性和模糊,西方人重物性和精细。但接着又说:这些差异只是相对中西传统美学而言的,其实,就现当代中西美学来看,由于历史语境的不断演变,各民族语言文化的频繁交流,中西美学思想在有些方面的区别并不是十分明显,而是出现了相互包容和合的趋势(孙建成,2008:200-201)。

第七章　文学典籍英译批评案例评析

在接下来的段落中，孙著从微观和宏观层面讨论了译本与原作的审美价值。在微观层面上该书举出了几个例子，其中之一是：

林冲道："原本是本管高太尉的衙内，不认得荆妇，一时间无礼。林冲本待要痛打那厮一顿，太尉面上须不好看。自古道：'不怕官，只怕管'。林冲不合吃着他的请受，权且让他这一次"。智深道："你却怕他本管太尉，洒家怕他甚鸟！俺若撞见那撮鸟时，且叫他吃洒家三百禅杖了去"。

四个译本的译文如下：

译者	译文
赛珍珠	Ling Ch'ung answered, "It was the young lord of Kao Ch'iu who did not recognize my wife and so behaved without virtue. I was about to beat him, but if I had it would have been an insult to his father. In ancient times was it said, 'Do not fear the person of the magistrate, but fear his power.' I do not wish to put myself under that power and so I let the young man go free this once." Lu Chi Shen said, "Of course you are afraid of him, for he is your magistrate, but why should I fear him? If I had seen that filthy thing, I would have made him eat three hundred blows of my staff!" (Chapter 6. P128)
杰克逊	Lin Ch'ung explained what had occurred and said that he had that Master Kao off this time as he did not wish to annoy Kao Chiu. He referred to the old saying, "There is no fear of the government, but rather fear to be governed." "You are afraid of the Minister for War," said Lu Ta, "but I am not. If I had met that young rascal I would have given him three hundred blows with my staff." (Chapter 6. P71)
沙博理	The young man turned out to be the son of our Marshal Gao. He hadn't recognized my wife and behaved discourteously. I was going to give the lout a good drubbing, but then I thought it would make the marshal lose too much face," Lin Chung explained. "You know the old saying, 'Fear not officials—except those who officiate over you!' After all, I'm on his payroll. I decided to let the young fiscal off this time." "You may be afraid of the marshal, but he doesn't scare me a bit," Shouted Sagacious. "If I ever run into that young whelp of his I'll give him three hundred licks of my iron staff." (Chapter 7.P118-119)
登特—杨	"It turned out to be the son of the Commander in Chief, Marshal Gao," Lin Chong said. "He didn't see it was my wife, that's why he forgot himself, I was on the point of thrashing the scoundrel, but I know the Marshall would never be able to swallow it, and as the saying is, 'Fear not the law, but the one who wields the law.' It wouldn't do me any good, when I'm serving under the Marshal, so for the moment I've let him off." "You've reason to fear the Marshal, but I'm not scared of him," said Zhishen. "If I run into that little shit, he'll get three hundred of the best from my steel staff!" (Chapter 7. P156)

孙著对原作这段对话的评价是：语言简练，蕴含深刻，体现出作者高超的写作技法和深邃的艺术境界，读来令人回味无穷，具有很高的审美价值。……四个译文基本上都传达了原文的信息，但在生动和准确方面都有不足，主要表现在选词、造句、时态和谋篇四个方面（孙建成，2008：203-204）。

孙著接下来对几个译本在这几个方面存在的不足进行了分析说明，这种微观层面的分析，对于批评的客观性非常重要，值得肯定。但是，该书的分析仍不够细致，很大程度上影响了评判的客观性；同时，局部文本分析应该和译本其他部分以及整体文本分析相结合，这一点该书也有待改进。例如，在谈到谋篇方面时，该书称"几位译者都采用了英语的句式和结构，将原文一段内的对话分成两个部分，体现了译者对行文结构形式的审美要求"，这样的评论显然与事实不符，因为从上文引例就可清楚看出登译并非如此。此外，对于"太尉""衙内""禅杖""荆妇""洒家""撮鸟""不怕官，只怕管"这些包含中国社会文化信息的词语、俗语和粗话翻译的分析，要么没有，要么很不具体。比如"禅杖"，它本是佛门之中坐禅时用以警睡的法器，通常是竹杖，一端以软物相包，如坐禅有昏睡者，则用软头敲之。它也泛指僧人用的手杖。而《水浒传》中，鲁智深使用的禅杖则非同一般，是其标志性的长五尺、重六十二斤（北宋衡制）的一般人根本使不动的铁杖。上边几个译文，前两个简化处理为"staff"，后两个分别译为"iron staff"和"steel staff"。但是，如果我们考察一下上下文，就会发现赛译本的上上一段就有一句：Then he saw Lu Chi Shen, holding his iron staff and leading some twenty or thirty idlers, and with great strides he was rushing toward the temple. 也就是说，因为上文已有交代，所以赛译在下文对话中省去了"iron"，这样可以使句子更简短些，使说话人语气更有力些。

"衙内"是古时对官二代的一种尊称，赛珍珠将"高太尉的衙内"译为"the young lord of Kao Ch'iu"（原作其他地方的"高衙内"多译为"young lord Kao"）；杰译本是"Master Kao"；沙译是"the son of our Marshal Gao"；登译是"the son of the Commander in Chief, Marshal Gao"。后两个译文均未译出"衙内"之尊称文化内涵。对于"太尉"这一官职，赛译这里没有直接译出，但在别处均译为"the Commander"；杰译是"the Minister for War"；沙译是"the Marshal"；登译则是"the Marshall"和"the Commander in Chief"。由于中西文化的差异，中国古代的官职称谓等具有较大的不可译性，音译国外受众看不懂，意译又难免归化，当然也可以采取淡化的释义，所以，译评者对不同译者的处理一定要有同情与理解并分别考察。

"荆妇"或"拙荆"是古时丈夫对妻子的谦称，尊称与谦称反映的是中国社会人际交往中一种规范，是整个原作叙事的不可分割的一部分，站在原语社会文化的角度和尊重原作的角度，我们认为译文最好还是要呈现这一文化信息。此处我们讨论的这几个译文都没能做到这一点，但是，在小说别的地方，赛译本基本上都保留了这一信息。如第六回中此处之前的情节。林冲和娘子到大相国寺菜园隔壁的岳庙烧香还愿，走到菜园外时，看见鲁智深表演禅杖，两人一见如故，结拜为兄弟，鲁智深问林冲为何到此，林冲便解释道：

"恰才与拙荆一同来隔壁岳庙里还香愿,林冲听得使棒，看得入眼，着女使锦儿自和荆妇去庙里烧香，林冲就只此间相等，不想得遇师兄。"

I was just now coming to the temple to fulfill a vow with that stupid one who is my wife. I heard you were here fencing and as I perceived it was easy to watch you at it, I told my maidservant Chin Er to go with my wife to the temple, and I would wait for them here. But I did not dream of meeting my elder brother.（Buck,1933：126）

这里赛珍珠对林冲对妻子的自谦称谓的翻译，就很好地反映了她在对待中国文化方面与其他几位译者的不同。

再就是对俗话"不怕官，只怕管"的翻译。这是中国民间常见的一种说法，在《水浒传》中多个地方都有出现，类似的说法还有"现官不如现管"，意思是"人在矮檐下，怎敢不低头"，其中包含着对比和谐音两种修辞手段。我们知道，文学作品的审美价值许多时候体现在作品的语言形式上，作为一部表现平民生活又以平民为主要目标读者的小说,《水浒传》中有大量俗语，而这些俗语很多时候又包含着一些修辞手段，作为译者，为了再现原作的审美价值，就应该尽可能在译作中保留这些俗语和其中的修辞手段。但是，由于两种语言文化的差异，原作的修辞手段与效果很多时候很难在译作中表现出来，特别是那些与文字的形音义皆相关的辞格，比如谐音，但这也正是检验一个译者翻译手法高超与否的地方。以下仅以赛译和沙译为例加以比较。

在"王教头私走延安府，九纹龙大闹史家村"一回中，当王教头发现他的顶头上司正是昔日被他父亲打成重伤的高俅时，只能叹道：

"……他今日发迹，做得殿帅府太尉，正待要报仇，我不想正属他管！自古道：'不怕官，只怕管。'俺如何与他争得？怎生奈何是好？"

这几句话的赛译是：

"...and today he is an official in as high a position as Commander of the Guard and certainly now he will revenge himself. I never dreamed I would ever be under his authority. It has been said from ancient times, 'A man need not fear an official but he must fear his authority.' How can I bring him to reason? What way can I use?"（Buck,1933：24）

沙译是：

"...Now that he's come up in the world and been appointed commander of the Imperial Guards he's sure to want revenge. Who would have thought that I'd be under him? As the old saying goes: 'Fear not officials—except those who officiate over you!' How can I stand up against him? What am I going to do?"（Shapiro,2009：43）

在"武松威镇安平寨，施恩义夺快活林"一回中，众囚徒见刚到牢里的武松不惧牢里差拨，便劝道：

"好汉！休说这话！古人道：'不怕官，只怕管。''在人矮檐下，怎敢不低头。'只是小心便好。"

这几句话的赛译是：

"Good Fellow, do not speak like this! The ancients have said, 'Do not fear magistrates but fear their power. If the eaves are low how dare we not bow our heads?' Be careful, for this is best."（Buck,1933：482）

沙译：

"Don't talk like that," cried the prisoners. "You know the old sayings：'Fear not officials—except when they officiate!' and 'Neath a low-eaved roof who dares raise his head?' It's better to be careful!"

对比两位译者的翻译，对原作中三个不同地方出现的"不怕官，只怕管"，赛译给出了三个不同的译文，但它们大同小异，应该说都较好地表达出了原作语义，同时也部分照顾到了原作的修辞手段，原作中的对比手法以"but"连接两个"fear"（怕）得到了较好的体现，但原作的谐音修辞及其效果却未能再现；而沙译对原作中这几个地方的"不怕官，只怕管"的翻译，两处完全相同，一处稍有改变，原作中的对比手法虽然未能充分体现，但谐音修辞却得到了较好再现，分别巧妙地用名词"officials"和动词"officiate"代替了原作中的名词"官"和动词"管"，原作的谐音修辞在形音义三方面所具有的审美效果因此得以保留，相较于赛珍珠译文，具备了更多的审美价值。

上引杰译与登译，对"不怕官，只怕管"这个俗语的翻译，也较好地再现了原作中的对比修辞，只是在选词上离原文稍远，且谐音效果稍差，但原文意义仍在，应当说也具有一定的审美价值。

《〈水浒传〉英译的语言与文化》一书在211—215几页上，对译作宏观层面的审美价值也进行了评价，现摘录一部分以供评述：

《水浒传》的文体十分繁杂，集小说、散文、诗歌、戏剧和评书于一体，章回体叙事结构工整，白描和诗赋渲染结合，口语平民化特点突出，各色人物形象逼真，替天行道、安良除暴的主题鲜明。这种独特的文学样式、叙事结构、语言特征和政治性主题不仅构成了《水浒传》独有的文学特色和鲜明的民族风格，而且更由于它来自并服务于民间，因而深受人民大众的喜爱，具有珍贵的汉语民族文学的美学价值。

与此同时，我们在分析《水浒传》英译的基本情况时也发现，《水浒传》英译本基本沿用了原本的章回结构，反映了道德说教的主题，体现了种类繁杂的叙事结构，刻画了各类人物的性格特征，传递了汉语社会的风土人情，因而在整体上部分地再现了原著的文学形态，起到了传播中国古典白话文学样式和古代传统社会文化的作用。

然而，由于语言文化、社会制度、文学系统的不同，尤其是译本产生的时空不同，四个译本在全面反映原本文学体裁、再现语言文化特色、体现社会文化主题等方面都不同程度地存在着这样或那样的明显差异。如：赛珍珠 *All Men Are Brothers* 的译名、模仿原文字句结构的直译、《圣经》体语言的大量使用以及对部分诗歌和社会习俗文化的删节；杰克逊普遍文化旗帜下的归化策略、意译方法、突出的《圣经》语言、叙事方式和语气的随意改变以及文字、句式、诗歌，甚至整个段落的大量删节；沙博理明显的《圣经》语言、对部分习俗文化和诗歌的删节；登特—杨大众文化召唤下的归化翻译、语言风格上的英语意识和对部分诗歌的删节，等等，都在一定程度上消损了原本的美学特征：对诗歌的删节去掉了原文最为突出的文学特色；对主题的改写转换了原文主题中儒释道精神的审美方向；对《圣经》语言的使用歪曲了原文的文化意象；对叙事结构的调整破坏了原文的体裁；语气和修辞上的刻意选择改变了原文人物的艺术形象。所有这些改变对原语读者来讲无异来到了异国他乡，他们所感受到的是一些陌生的意义和联想。但从译语审美视角来看，这些改变符合了英语文学的规范，突出了英语写作形式的中心地位，体现了英语社会的道德观念，从而适应了英语文学的审美标准，满足了普通英语读者的审美心理期待，同时译者也达到了预设的翻译目的，完成了个人的翻译审美追求，实现了译本在意义和交际上的审美功能（孙建成，2008：211-212）。

孙著接下来还从原语角度、译语角度、审美的形式和内容角度、美学与译学的关系角度概括了四个译本的美学价值。

总体而言，孙著对《水浒传》英译的审美价值的评判揭示了几个译本在原作艺术价值呈现方面的主要特征，对人们认识几个译本的艺术价值有所帮助。但是，这样的总括性的评价仍失之笼统，难以让人们系统地了解几个译本的审美价值，因为正如该书作者所言，四个译本实际上在再现原本文学体裁、语言文化特色、社会文化主题等方面，都存在着明显差异。也就是说，我们需要对每个译本的审美价值分别进行探讨，并且要依据价值评价理论，首先确立译本审美价值评价原则，根据不同的价值主体，制定出相应的

第七章 文学典籍英译批评案例评析

评判标准、评价体系和方法程序，依靠详细的定量与定性分析，整体与局部分析相结合，然后才能得出对每个译本的较为全面、客观、公正的审美价值评判。

孙著在谈论《水浒传》英译在国外的传播和接受时，引用了许多他人评述，也对几个译者的翻译策略与方法进行了论述和评价，但几乎没给出具体译例，这样的评述无疑减损了批评的客观性和说服力。当然，这也许是因为更多的译例分析工作量太大的缘故，但这也确实是翻译批评要做到全面、客观、公正所必须的。对译本审美价值的宏观层面的评价，应该更多地着眼于译本对原文本篇章结构和文类体裁方面的处理以及读者的整体阅读体验，对这几个方面的评析也必须有大量相关数据的分析才行。

对某个译本审美价值的批评，也如对其伦理价值的批评一样，是一件极其复杂的工程。在文学典籍英译批评中，像《水浒传》《红楼梦》这样的作品，不仅有其独特的叙事结构和方法，还包含一些诗词歌赋等文学体裁，而这些体裁又各具其独特的审美个性，这一切都无疑增加了我们审美评价的难度。

具体到《水浒传》里，诗歌在整个小说叙事中起到了什么作用，它们是什么形式的诗歌，也要搞清楚。一般来说，诗歌是最具审美性的，我们通常以"诗的语言"形容一篇文章的语言之美，而诗歌之美，不仅仅是在言辞的优美，还在于其韵律、情感、意境等，所以，从译本审美价值最大化的角度考虑，原文本中的诗歌都应该翻译出来。而现有几个译本，都有对原文诗歌的删节，但具体它们各自删节了多少，删节了哪些，这些在我们的审美价值评价中，都应该予以考察。此外，这些诗歌是怎样被翻译的，也要进入评价者的视野，同时，评价者还要考虑到两种语言文化在诗歌规范上的差异，考虑到读者的审美期待、诗歌翻译的难度等等因素。

关于《水浒传》英译的审美价值批评，我们还必须看到以下三点：

一是中西方的审美心理与特征，虽然像《〈水浒传〉英译的语言与文化》一书所说"中西美学思想在有些方面的区别并不是十分明显，而是出现了相互包容和合的趋势"（孙建成，2008：201），但是，两者在很多方面还是有较大区别的，尤其是当我们考虑到审美价值判断总是与伦理价值判断交织在一起时。刘宓庆（2011：175-176）在谈到中西审美情感特征比较时，认为"从审美价值差异来看，中国人的审美情感基本上以人格论为基石，比如，温柔忠厚、温良恭俭让……而西方人的审美感情基本上以人性论为基石，比如尊重个人、尊重天性……中国人的情感观注重群体内涵，指向'情操'，西方人的情感观注重个体内涵，指向'情愫'。"中国人把"情"放在了道德层面，热衷于将艺术情感道德化；西方人则倾向于把"情"放在生理、心理层面。"从审美情感的实质内容看，中国人的审美情感多有情怀、情义、情趣渗透，……西方人的审美情感则往往任由情理、情性、情欲冲撞"。而从审美情感的取向看，中国人"具有某种女性情结"，更欣赏阴柔之美，西方人则是"男性化取向"，更青睐阳刚之气。"从审美情感的指向（'投向'）看，……中国人对德政的憧憬之情几乎从未泯灭，并且通常表现为对太平盛世的虔诚的渴望和对'英明君主'近乎幼稚天真的褒奖或追求；而西方人则更多是求救于宗教带来的改革，试图借宗教之力来保护自己的纯良。直到今天，不少西方人还怀着对宗教的空洞的、近乎无奈的崇敬。中国人很珍视乡土情乃至家乡父老的期待，而西方人则很少表现出对家乡的一草一木的儿女情长，……中国人似乎更欣赏纯净而缠绵的忠贞爱恋，而西方人则讲求真诚、热烈、满足，似乎并不奢望地久天长"。而对自然美的爱，中西方虽然都有，但也有着不同的个性特征。"从审美基本特征和基本倾向来看，现代中国人的审美情感比较脆弱，具体表现是容易受到意识形态特别是时政的影响，……审美情感略微浅薄、疏淡。西方人的审美情感脆弱性则表现为将宗教情感审美化、神圣化，或诉诸于一种连自己也不确信的宗教救赎观。"笔者对刘宓庆的观点表示赞同，审美是深受审美主体的社会文化影响的，不可否认中西方文化间存有共性，但更多的则是差异性，或者是貌似相同，实则不一。审美价值评价时，评价者千万不可以己度人。比如《水浒传》中武松杀嫂、杀王婆、斗杀西门庆的情节，中国人看到后多半会有大快人心之感，这就是典型的将艺术情感道德化，而现代西方读者则多半不会如此。

二是中西方的审美心理与特征是随着时代的发展而逐渐发展变化着的，但是其变化速度和内容（方面）也会有所不同。当今的中西方社会文化，与过去相比，审美趣味都普遍走向了大众化、通俗化（黄凯锋，2001），人们的阅读方式、阅读喜好等在悄然改变。但是，中国人对成语的喜好，从古至今似乎从未改变，而西方人则更崇尚表达方式的创新。又比如对待诗歌中的用韵，中国人至今都普遍认为韵是诗歌不可或缺的元素，但现代西方读者多数认为它并非必须，甚至有些陈旧老套。对这种变化中的同与不同，审美评价者也应注意。中国人普遍认为诗体在美学价值上高于散体，对古诗词似乎更有一种天然的喜爱，认为那是诗人"戴着镣铐"跳出了优美的舞蹈，即便是在审美趣味普遍大众化、通俗化的今天，这种喜爱仍然不减，因为中国文字本身的构造——会意、形声、象形，加之诗词中包含的对仗和韵律，契合了偏重直觉的中国人骨子里的阴阳观和对匀称、和谐的偏好。《水浒传》中有不少诗词，它们带给中国读者的是发自内心的愉悦，而西方译者一方面会轻视这些诗词自身的价值，一方面一般很难有与我们等同的感受。汉语诗歌中的押韵通常是尾韵，古诗中的绝句和律诗一般都是偶数句押韵，且一韵到底，产生一种声音回环的音乐美。英语的押韵复杂多变，有头韵、谐韵、辅音韵、视韵、后缀韵等，且行末经常转韵，韵式灵活，常见的有aabb的联韵、abcb的隔行韵、abab的交叉韵、abba的交错韵，也有少数一韵到底的。这些用韵同样产生了某种音乐和视觉上的美感，但只是更适合英美人的耳目。此外，西方当代读者也更看重诗歌的节奏和表达形式的自由，加之对诗歌中一些文化意象的理解与联想的差异，译诗要想取得与原诗等同的审美效果是极其困难的，译评者既要将原诗与译诗的审美价值加以比较，也要将其作为一个在译语文化中"独立"的诗歌，对其审美价值加以评论。

　　三是我们需要看到人们对翻译的看法和对译作的接受也在改变。董琇（2017：114-124）在其"中国文学外译中'直译'表现形式的差异性及时代因素——以赛珍珠与罗慕士的翻译为例"一文中认为，随着原语文化与目标语文化接触愈加频繁和深入，两者之间的隔膜也将越来越少，随着英语国家人民对中国文化逐渐熟悉、对中华民族心理的逐渐了解，中国文学作品的对外翻译，不同形式的"直译"将会越来越多，充满吸引西方读者的"民族性元素"的"赛式"翻译，通过写实手法展现了原始的原语文化，更能满足当今西方读者希望了解日益崛起的中国的愿望，从而赢得广泛的读者。笔者认为，当今社会翻译方式可能会变得更加多元，译者可能会因为不同的翻译目的和不同的读者对象，选择自己认为合适的翻译方法，作为译评者，我们应该对译者的翻译目的和不同类型的读者的阅读期待、阅读目的、审美趣味，乃至读者的翻译观等有更多的了解，比如19世纪英美译者在翻译中国古诗词时，多数采用韵体来翻译，这符合当时英美诗歌创作的规范，而当代英美诗歌多数已不用韵了，因而当代多数译者也倾向于在翻译中国古诗词时不用韵，但这并不意味着当今翻译中国古诗词时就一定不能再用韵。事实上，一些用韵的译文也赢得了不少读者，因为存在着不同的读者群、不同的审美需求。

总之，在对文学典籍英译进行审美价值判断时，译评者必须有较强的审美主体意识，针对不同时代的不同审美主体，获取更多有关审美主体与审美客体的详细数据，这样才能更精准地考量译作对不同读者的各类价值，包括审美价值。

7.2.2.3 由孙著对史学价值的评判到本书对知识价值的评析

孙著讨论的《水浒传》英译的第三类价值是其史学价值。其史学价值指的是其社会历史价值，该书将其概括为四个方面：一是"对世界翻译文学史的理论与实践产生了重要的影响和作用"，二是"为中西文化交流做出了突出的贡献"，三是"对在中国和世界范围内开展并深化'水学'研究提供了多层面多视角的认知渠道"，四是"对考察翻译文学史的理论与实践具有较强的启发和借鉴作用"（孙建成，2008：216-217）。笔者认为，这几方面的价值，一部分可以归入译作的伦理价值，如第二点，一部分可以归入译作的知识价值，如第一、三、四点。

关于知识价值，本书第六章中有一个定义，它主要指客体具有满足价值主体对客观世界和人类社会的了解、理解的潜质。知识价值满足的是人们对"真"的需求，对"认识"的需求。文学作品的知识价值主要体现在两个方面，它能帮助我们了解社会现实，了解人类情感，获知不同社会中人们的生产、生活、习俗、宗教、价值观等，另一方面它能帮助我们了解人类对语言的运用、描述客观世界和表达上述人类社会生活的方式等。而文学作品翻译的知识价值则体现在译作对以上两个方面的再现上。此外，它也体现在译作对翻译研究、文学研究乃至文化研究的价值上，比如"误译"对于比较文学研究的价值。

对《水浒传》英译的知识价值的考察，主要看译作在多大程度上再现了原作所包含的内容及其呈现方式，可以从"质"与"量"两个方面设定知识价值的评价指标。"质"主要考察的是具体某一或某几个译文传递原文形式意义和内容意义的真实（忠实）程度，可通过译文与原文的语义成分对比分析加以确定；"量"主要看《水浒传》各译本传递原文形式意义和内容意义的多寡，可以对比译文与原文，进行知识点的统计和量化分析。在此基础上，我们可以进一步考察其对学术研究具有的认识价值。

对《水浒传》英译本知识价值"质"与"量"的考察，实际上也包含了对其伦理价值的考察，因为高质量的译本要求译者对原作抱有足够的尊重。"无论翻译策略的选择，还是翻译方法的运用，表面上看是翻译的语言层面和技术层面问题，但实际上却是与文化交流的立场和态度直接相关，或者，就像贝尔曼所说，这首先是伦理问题，其次才是方法问题"（刘云虹、许钧，2016：70-77）。

在对《水浒传》英译本知识价值进行"质"与"量"的评价时，译评者可以分层次对比原作与译作，在字词、句法、篇章、文体、修辞等方面详细对比分析，可以尝试借鉴安托瓦纳·贝尔曼1985年在《翻译与异的考验》（Translation and the Trial of the Foreign）中提出的所谓"负面清单分析"（negative analytic，常被人直译为"否定分析"）框架，考察译文是否存在贝尔曼所说的12种"变形"（deformation）情况（Munday，2001：149-151）。这12种"变形"分别是：（1）合理化，指的是译文对原语文本的句法结构、词序、标点符号等的改变，是译者自认为对原语的合理化重构，这常常会造成原文复杂句法被简化，带有变具象为抽象的倾向；（2）明晰化，指将原文本中一些含糊隐晦（可能是作者有意所为）之处清楚明白地表达出来，这可能造成原文审美价值的减损，如变多义为单义；（3）扩充，它常常是前两种倾向的结果，多因译者的"超额翻译"和对原作的"扁平化"处理，造成的是译文的长度增加但拖拉松散;(4)高雅化,指译文对原文风格上的改变,变口语为书面语,抑或是将其变得更"通俗";(5)质的减损,指译语用词在声音、形式、意指或象征意义等方面与原文中词语的不匹配;(6)量的减损,指译文与原文在词汇多样性方面的不匹配,如原文中某词有三个近义词,而译文中却只有一个;(7)节奏的破坏,除诗歌外,小说也包含有节奏,译文可能会因为词序和标点符号的不当使用而破坏了原文的节奏;(8)对潜在的意义网络的破坏,指译者对原文整个篇章的潜在的词汇网络失察,没能关照某些词在篇章中(不同地方出现)的用法与功能;(9)语言模式的破坏,指译文破坏了原文本原先的句子结构或行文模式,致使译文显得不像原文那么连贯;(10)对方言网络和异国情调的破坏,指译作将原文中的方言土语抹去,或是用目标语中的某地方言来代替原语中的方言;(11)对固定表达与习语的破坏,指译者用目标语中的习语、谚语来代替原语的习语、谚语等;(12)多种语言叠加的消除,指小说中可能存在的各种语言,包含社会方言、地域方言、普通语言、不同国家的语言等,而译本对此没能体现。依据贝尔曼,这12种变形倾向都是不可取的,是不成功的翻译,因为它们没有能够保留原文的"异"。

但是,依据价值评价理论,我们不能完全同意贝尔曼的观点(贝尔曼主要是从翻译伦理的角度来谈论这些"变形"的),笔者只是建议译评者可以参照贝尔曼提出的上述12种情形,开展原文与译文的对比分析,译评者应该正视两种语言文化之间的差异(度),尽可能地保留原语的异质成分,但不可完全不顾译语规范与读者接受硬性异化,尤其是当译语与原语的差异较大时,更应当允许译者选择适度的归化。

实际上,贝尔曼本人,包括深受贝尔曼影响的韦努蒂,后来都放弃了全然异化的主张。依据徐普(2011:67-75),在贝尔曼1995年的论著《翻译批评》中,他不再以"认可和接纳作为'他者'显现的'他者'"为翻译的终极目标,转而认为有关"归化"或"异化"和"直译"或"意译"的争论虽然仍有意义,但"完成和原著有关联的作品(faire œuvre-en-correspondance)从来都被视为翻译的最高任务",评判译文的标准也变成了"诗性"(la poéticité)和"伦理性"(l'éthicité)。前者指"译者真正完成了写作，完成了一部作品（a fait texte），而且译文要和原文的能指（la textualité）保持某种紧密的对应"，后者指"尊重，尤其是对原文某种程度上的尊重"。

因此，在《水浒传》英译知识价值的评价中，译评者可以借鉴贝尔曼的分析框架，注意微观与宏观分析的结合，定量与定性的结合，充分收集各方面语料，基于大量具体的译文语义和文体的对比分析以及英汉语文化文学规范上的差异，对译作进行综合性的知识价值评定。

总之，对《水浒传》英译各类价值的评判，应该在价值评价理论指导下，遵循社会建构主义的价值评价原理，遵循文学典籍英译批评的原则与程序，只有这样，才能使我们的批评尽可能系统全面、有理有据、合情合理。

第八章 结言

　　本书在价值评价理论的观照下,对翻译批评特别是典籍翻译批评的主要相关因素,做了较为详尽的梳理和探讨。本书首先交代了本课题研究的背景与动机及写作目的,说明了本课题关注的主要问题与研究方法,厘清了本课题研究的主要相关概念,对诸如典籍、翻译、典籍翻译、批评、翻译批评、范式、范式转换等这些与本课题密切相关的概念的名与实,进行了讨论与界定。为了对我国的典籍翻译批评研究的现状与存在的问题有一个全面清楚的认识,本书接下来对我国的翻译批评实践和理论研究、对我国的典籍翻译批评的实践形态和理论研究进行了评述。本书紧接着介绍了国内外价值学和评价学的相关理论,并选择基于社会建构主义和良性相对主义的价值评价理论为本课题研究的理论基础,详细探讨了典籍翻译批评的原则、标准、评价体系的构建、批评的方法与程序等相关因素,讨论了典籍翻译批评与一般翻译批评的共性与个性以及元批评等问题。由于文本有类型之别,典籍翻译中也有着不同类型的文本,本书接下来特意讨论了文学典籍翻译的评价问题,在此基础上,本书又进一步结合我国典籍英译批评的具体案例,探讨了如何在价值评价理论指导下使我们的典籍翻译批评及研究尽可能做到全面系统、客观公正并富有建设性。

　　以下简要总结一下本课题研究的主要观点和主要发现。

　　"典籍"有其时空维度和资质要求,人们以往对"典籍"的理解存在着一定的偏差。本书认为,"典籍"指的是中国各个民族古今各个时期的重要图书、文献,不仅仅是古代的,也包括近现代和当代中国的各类具有标准和典范性质的重要文献。

　　在对国内外不同的翻译识解进行了详细梳理后,基于翻译的社会现实与时代特征,本书作者给出了自己对翻译的定义,认为翻译是一种以语内、语际、符际意义转换生成表征的言语事件,是具有主体地位的个人或机构在特定文化语境中以某种方式将一种语言/符号生成的文本/话语转换为另一种语言/符号的文本/话语的社会行为。其中的"语言/符号"的实际呈现形态是各种具体的语言变体。

在对翻译类型学讨论的基础上,本书阐述了典籍翻译的内涵与外延以及典籍翻译的分类。基于对"典籍"与"翻译"的认识,本书认为"典籍翻译"是一个历史性概念,可以界定为一种以语内、语际、符际意义转换生成表征的言语事件,是具有主体地位的个人或机构在特定文化语境中以某种方式将中国社会重要文献转换为另一种语言/符号的文本/话语的社会行为。科学的文本分类应该基于科学的分类标准,按照图书的学科内容分类是它的主要标准,而按照图书的著者国别、著作体裁、著作体例、文字、版次等方面分类是它的辅助标准。参照《中国图书馆分类法》(第5版),我们可以将典籍分为哲学、宗教、政治、法律、军事、经济、文化、科学、体育、语言、文字、文学、医药、技术、综合性典籍(如辞书、年鉴)等类别,每一类又可按照时间与体裁等再细分为若干类。此外,依据原文本的语言形态,典籍也可划分为广义古文典籍、狭义古文(先秦古文)典籍和白话典籍以及少数民族典籍。清晰的典籍与典籍翻译分类,有助于我们对典籍翻译的系统研究。

翻译批评有广义和狭义之分。最广泛意义上的翻译批评指一切与翻译有关的研究,包括翻译政策、翻译环境、翻译教学、翻译理论等的研究;最狭义的翻译批评是对译事译作的负面评价;而相对广义的翻译批评才是本书的关注对象,它主要是对译事或译本(其中也会涉及译者)对原语社会文化和目标语社会文化尤其是目标语读者所产生的伦理价值(善)、知识价值(真)和审美价值(美)和各类影响的评判。

关于范式,虽然至今尚未有一个清晰的、统一的界定,但其核心要义却是较为明确的,即这个概念的提出者库恩所说的"一个科学共同体(scientific community)成员共享的东西",包括信仰、价值观、技术和行为模式。这一概念虽然在意义上存在一定的模糊性,但它已被学界普遍接受和使用,且被证明是一个较为有效的描写与分析工具。本书作者认为,"范式"是指某一"科学共同体"或曰"学术共同体"以及该共同体成员享有的共同的世界观、价值观与真理观，对研究对象本质的相同认识、大致相同的行动纲领和解决问题的方案。本书在系统理论的观照下，认为在翻译批评实践和翻译批评研究领域，都存在着一个由主（导）范式与次范式或曰子范式组成的范式系统，其中的主范式与次范式之间是一种竞争关系，表现为它们在系统中位置的主次变化，而"范式转换"不仅是这种变化的体现，也意味着新范式的诞生。在范式系统视域内，研究者可以更清楚地认识和辨别"范式""视角""路径""学派"这些经常被人混用的术语，可以看清在各类主范式下，实际上存在着不同的次范式或子范式。

笔者通过研究发现，我国最广泛意义上的翻译批评研究可分为如下范式：（1）将翻译视为语言转换的批评范式；（2）将翻译视为社会文化活动的批评范式；（3）语料库批评范式；（4）将翻译视为阐释与意义建构、"后起的生命"等的哲学范式。它们各自又有若干次范式，而本研究由于采用的是社会语言学的语言观和翻译观，运用的是基于社会建构主义和良性相对主义的价值评价学的理论与方法，因此可视为一种较具综合性的实践哲学范式下的典籍翻译批评的评价学次范式。

本书对我国的典籍翻译批评实践和典籍翻译批评理论研究的历史与现状进行了梳理，找出了该领域研究取得的成绩和存在的主要问题。研究发现，虽然我国的典籍翻译批评取得了很大成就，特别是进入21世纪以来，但在宏观层面和理论层面上，总体依然薄弱，尤其是对典籍翻译的特殊性和特殊问题的研究仍待加强。比如对典籍翻译过程的研究，对典籍翻译中是否要经过"语内翻译"以及是怎样的"语内翻译"等问题，仍缺乏深入细致的探讨。对将古代文言译成现代汉语这一过程中所涉及的不同版本、古今译注、注解和注疏等因素在翻译中的作用等问题，我们的研究也还很少。更为严重的是，我们对典籍英译的一些最基础、最核心问题的研究，比如对典籍翻译的本质、对典籍翻译的评判标准与评价方法等问题的研究仍然不足。

基于批评的本质是评价这一逻辑起点、这一"背景信念"和"前提预设"，本书选择了价值评价理论来指导典籍翻译批评研究。由于价值是世界上最为复杂的问题，对价值评价的研究便有了各种不同的流派，如逻辑实

第八章 结言

证主义、激进相对主义等，本书在对国内外价值学和评价学及其分支伦理学、美学等的发展历程和代表性观点进行介绍和评述后，确定了要以基于社会建构主义的良性相对主义评价理论作为翻译批评（评价）的理论基础。本书集中探讨了价值的定义与分类、评价及其本质、评价的类型、评价原则、评价标准、评价方法、评价的特征、对评价的评价等与本研究密切相关的问题，明确了价值在本质上具有的客观性与主观性，价值是客体和主体二者之间的关系存在。价值可以分为内在价值、工具价值、物质价值、精神价值、实际价值和潜在价值等，这些价值又可以再细分为不同种类的价值，且有些价值是不能截然分开的，如伦理价值与审美价值。评价有广义与狭义之分，广义的评价是对一切事物的认识和判断，狭义的评价仅指对价值（或价值关系）的认识和判断。评价与一般认识的不同之处在于，它不仅仅是描述性研究，不仅仅是收集分析数据，并试图以"价值中立的"词汇呈现结果，而是要在特定语境中将价值观应用于描述性数据分析，目的是要明确表述评价对象的质量或价值，并最终服务于人类的改造世界或创造价值的社会实践。评价并不属于传统认识论或曰狭义认识论的范畴，而是属于广义认识论中的认识，它既包括评价主体对价值客体本质和规律的探索发现，更包括评价主体对价值主体和价值客体之间价值关系的探究，既有实然判断，又有应然判断。因此，评价既有主观性，又有客观性。评价也有不同的类型，如形成性评价（过程评价）、终结性评价（结果评价），影响评价、无对比评价、有对比评价、元评价，个人评价、社会评价、事先评价、事后评价、综合评价、分类评价、专业评价与非专业评价等等，而其中的结果评价与影响评价、个人评价与社会评价有时也难以截然分开。评价的性质特征决定了我们的总体评价原则，那就是要秉持全面、系统、客观、科学、公正、包容、对话的理念，坚持分类评价原则，坚持主体性原则，坚持主体原则与客体原则、规范原则相结合、相统一。评价的标准问题是评价中至关重要又最具争议的核心问题，本书的讨论表明，评价者适宜于将特定语境中价值客体满足价值主体合理需求的程度作为评价标准。

评价是一种特殊形式的认识，评价的方法，在某种意义上也就是价值认识的方法。由于评价也是一种社会实践活动，而人类在特定情景中的活动都有某个特定目的，所以，评价的第一步也要首先明确评价的目的。其次就是寻找并确立评价标准及评价体系（其中应包含相关因素的加权信息），明确价值主体不同层面的合理需求。在此基础上，评价者需要广泛收集价值客体的相关数据，可量化与不可量化的数据，包括客体的存在背景、预期目标、性能、成本—效益等，再依据评价指标体系对相关数据进行分类，然后是对它们的定量与定性相结合的分析，同时还要将分类评价与综合评价相结合，最终是对价值客体满足价值主体合理需求程度的综合评定。对于建设性的评价而言，评价者还应给出改进建议或意见。站在评价研究的角度，为了使我们的评价日趋科学、合理，我们还需要在评价结束后，对此次评价本身进行评价，即所谓的"元评价"。"元评价"或曰"元批评"是对我们的批评的反思性批评，检视的是批评中存在的问题和不足以及需要提升改进的方面，它对于翻译批评实践，尤其是翻译批评研究而言，具有特殊的意义。

评价的主体性与语境性无疑会带来评价标准和价值判断的相对性，但这绝不表示评价就纯粹是相对的，不表示评价中就没有绝对性。社会建构主义的认识论和评价观认为，任何个体都是特定社会和特定语境中的个体，而特定社会语境中存在着事物发展变化的客观规律、规则或规范，这些规律、规则或规范需要每个个体共同遵守，这就使个体需求具有了一定的共性和客观基础。评价标准的相对性是某一语境相当于另一语境下的相对性，在给定的某一语境中，它就具有了普遍性和绝对性。基于社会建构主义的评价是一种良性相对主义，具有动态性、对话性和辩证性，对立统一是其显著标志。需要特别指出的是，对于翻译批评这种社会实践活动而言，虽然我们一直在强调批评的客观性，但它毕竟不同于自然科学研究，翻译批评的主观性是评价的主体性的必然体现和合理存在，我们能做的，只是尽量减少其主观性，尽力避免评价者的个人偏见或文化偏见。此外，我们还必须意识到，主体性也具有客观基础，虽然自笛卡尔以来的近代西方哲学高扬理性主义，促进了自然科学研究的发展，但其主客二分范式却忽视了主客体之间的对立统一关系。而现代西方哲学中的人本主义思潮以及现代阐释学等，已经实现了由主体性向主体间性的转向，认为所谓的主体性，实际上是一种具有交互性的主体间性，是一种主体间体验，一种不能独立于人们的共同感知的主体间意义建构。所谓的"此在",实际上是与他人的"共在",而且还不能脱离客观世界和社会的"先在"。当代著名哲学家哈贝马斯,更是以主体间性和文化间性来建构其交往行为理论,主张的是一种共识性真理观,而这种共识性真理观正是我们在翻译批评(评价)中应该秉持的真理观。

对典籍翻译的价值的考量是一项十分复杂的综合性系统工程,要想使我们的评价全面系统、客观公正、合情合理,就必须在良性相对主义价值评价理论观照下,尽力做好以下几个方面:

一是要贯彻主体性原则。评价者要分别站在翻译输出方和接受方的主体立场上分别加以考察,还可以站在是否有利于人类社会发展的角度来对译事和译作加以综合考察。

二是要贯彻分类评价以及分类评价与综合评价相结合的原则。评价者要对典籍翻译的伦理价值、知识价值和审美价值等分别进行考量,还要注意不能忽视了译作的潜在价值。同时,由于有些价值类型并非单一型,评价者还需要在分类评价的基础上对译事和译作的总体价值加以综合评定。

三是要留意翻译标准与翻译评价标准间的异同,要针对每次评价具体问题具体分析,明确具体语境下的评价目的、明确具体的基于特定价值主体合理需求的评价标准。翻译标准是翻译原则的更为具体的体现,是由各级翻译行业组织或社会权威机构为确保理想的翻译效果而协商制定的一套翻译行为规范与要求,现实当中某一译者或翻译机构或某一专业领域可能会自己设定翻译标准,而翻译的评价标准是翻译活动及其产品对价值主体(个体主体或社会主体)合理需求的满足度,它可能与某翻译标准重合,也可能全然不同。

四是要构建科学的典籍翻译评价指标体系。较为可行的评价体系建构,是先在价值主体和价值客体两个维度上分别构筑评价体系,然后再加以综合。就价值主体而言,可以分为个体主体、群体主体和社会主体三类,也可简单分为个体与社会两类,同时又可分为参与典籍翻译活动的各方:原作者、译者、读者、"赞助人"等。我们需要分别探讨它们各自的合理需求以及各种需求的重要程度,在此基础上制定出基于价值主体合理需求的评价体系。就价值客体而言,我们需要观察、描述并判断其表现形式、内容、性质特征、价值潜能与实际价值（物质价值与精神价值）以及它们各自的重要程度，具体到典籍翻译，其物质价值（经济价值、劳动价值、功利价值）通常远远小于其精神价值（伦理价值、知识价值、审美价值等）。当然，价值客体也有文本类型等方面的不同。我们需要将上述因素及其权重进行分类分析，制定出基于不同主体合理需求的较为科学的评价体系。

五是要严格遵循科学的评价方法与程序。这其中主要包括遵循定量与定性分析相结合、局部分析与整体分析（微观与宏观）相结合以及原作译作和不同译本间的比较等。定量、定性分析一定要规范。定量分析关键是要确保数据翔实、真实可靠以及对数据处理得科学，定性分析关键要定义清晰、事实清楚，推理时逻辑严密，使解释和判断建立在对事物的全面考察和缜密思辨基础之上。分析切不可以偏概全，防止以局部代整体，比如我们在谈论《水浒传》英译批评中看到的某些批评。

六是要秉持主客观相统一、相对性与绝对性相统一以及合目的性与合规律性（合规范性）相统一的辩证统一原则。

七是要注意典籍翻译与非典籍翻译之间的共性与个性。评价者要考虑到一些典籍的版本问题、理解和翻译的难度以及译者的历史局限，正确认识译作中的"误译"，并能提供建设性的建议或解决方案。

八是要充分发挥评价的各类功能，尤其是其导向功能。译评者应该充分揭示典籍翻译的各类价值，包括正价值与负价值，以高度的社会责任感对待所评对象，敢于提出译事和译作存在的问题，以促使我们的典籍翻译朝着更加合目的性与合规律性（合规范性）方向发展。

九是需要注意典籍翻译批评标准中的合目的性与合规律性的真正含义，"合目的性"不能理解为仅以预期目的尤其是译者的预期目的为评价标准，因为那样会给评价者带来一些很难评判的问题，比如某个典籍译本极好地实现了若干预期目标当中的一个目标却没能实现另一个目标，而极好地实现了的目标难度系数极小且意义不是太大，没能实现的目标难度非常大且对价值主体具有更大的重要性，评价者这时就会难以评定其价值大小；又比如某一译作产生了某种不在预期目标之内的特殊效果，如赛译《水浒传》的陌生化效果，评价者又该依据什么标准评定其价值呢？因此，评价者要将译作的预期和非预期效果都纳入自己的视野,以确保评价的全面公正;而"合规律性"实际上更多的是"合规范性",因为典籍翻译虽然应该也有自身的规律,但更多时候我们所能观察、认识到的,只是一些语言(原文可能是古汉语、译文是现代英语)构成规则和翻译的规则或规范,评价者要考察的是价值客体是否符合这些规则或规范。

十是在确定价值主体合理需求时,应该明确社会主体的合理需求高于个体主体的合理需求,同时,还要将个体主体的需求放到人类社会生活、社会实践中来考察,而所谓的"合理需求",一方面意味着价值主体的需求要受到价值客体自身的本质和规律、规范的制约,价值主体的欲求要受到客观现实的制约,另一方面则意味着某种需求是价值主体对价值客体性能与效益的最基本要求,价值客体如缺少了这些性能与效益,就可能给价值主体带来不良反应甚至是损失。此外,在确定典籍翻译价值主体需求的合理与否时,评价者还应该考虑价值主体的时代需求。比如当今世界动荡不安,国际秩序大乱,我们希望能输出传统文化中的中国智慧以更好地维护世界和平,而国外受众可能对当代中国社会更感兴趣,因此,我们的典籍翻译不仅要对外译介中国古代典籍,也要译介现当代典籍。

十一是要有对评价的现实考量。译评者既要尽可能使评价全面系统,又要适当考虑评价本身的成本—效益。由于时间和资源等限制,典籍翻译的评价中面面俱到常常很难实现,这时就必须对语境变量有所选择,对需要考察的因素依据其重要性进行排序。由于评价高度依赖语境,且本书视翻译为一种特定语境中的言语事件,故建议译评者在参考戴维森改编自斯克里文的评价要点清单(KEC,详见表4.2)的同时,参考本书作者依据海姆斯言语事件分析框架拟订的言语语境分析框架,并可从众多语境因素中选择部分对评价目的而言较为重要的因素加以考量。

十二是典籍翻译批评者自身既要有较高的道德操守,又要加强自身的理论素养、学识涵养,特别是古文修养,还要有较强的翻译实践能力,否则就很难成为一个合格的译评者。

为了更加深入地认识典籍翻译批评(评价),本书特意选择了关注译本价值评价的《〈水浒传〉英译的语言与文化》一书作为典籍翻译评价的个案,

典籍翻译评价原理与评价体系构建

对文学典籍英译批评,确切地说,对古典小说英译批评进行了案例评析,对小说《水浒传》英译的伦理价值评价、知识价值评价和审美价值评价进行了更为详细、更为直观的探讨,进一步论述了文学典籍翻译批评的原则、标准与方法,进一步论述了价值分类及分类评价与综合评价问题,讨论了如何在评价学理论指导下对文学典籍英译的伦理价值、知识价值和审美价值进行全面系统、客观公正的评判。

典籍翻译批评研究与典籍翻译批评实践一样,是一个复杂甚至更为复杂的系统工程,其中有许多问题仍有待我们的深入探讨,而这同样需要评价学以及系统理论的指导和引领。典籍翻译与典籍翻译批评有其自身的特性,除了其翻译过程中要涉及语内翻译和语际翻译之外,还有可能涉及转译和符际翻译。此外,典籍翻译中还有"正向翻译"和"逆向翻译"的不同,它们之间有共性也有差异性,涉及译者和译评者的文化立场与价值取向,也涉及主流意识形态和"赞助人"等因素的影响与制约,并最终影响着译评者对译事或译作的价值大小多少的判断。再者,典籍从内容和年代上均可分为不同类型,它们之间也是共性与个性并存,由于我们对典籍理解的偏差,当代典籍翻译一直未能进入典籍翻译批评研究的视野。随着国际、国内社会政治经济和科学技术的发展,日益显现的数字化和数智化使得典籍翻译的实践形态正日趋多元,机器翻译与机助翻译乃至人工智能在逐渐向典籍翻译领域渗透,翻译技术的评价以及机器或人工智能对译文的智能评价也会成为我们典籍翻译批评的一部分。对典籍翻译的成本—效益评价,长期以来也一直未被人们重视,而对于全面系统的典籍翻译批评而言,我们还不能忘记对典籍翻译的经济价值、译者的劳动价值等的考量。所有这些都意味着典籍翻译批评研究不仅需要深度的开掘,也需要广度的拓展。此外,随着社会的发展,评价的实践形态也在发生着变化,出现了越来越多的针对某一特定行业或领域的评价,呈现出了评价的细化、专业化、社会化和国际(合作)化等趋势,评价研究也在发生着相应的变化。但是,不论评价实践与研究怎样变化,不论我们的典籍翻译批评实践与典籍翻译批评研究的广度与深度怎样变化,批评的评价本质永远不会改变,价值评价理论对我们典籍翻译批评研究的指导作用始终都在,评价学取向的典籍翻译批评研究也将有助于典籍翻译实践与典籍翻译批评研究的健康发展，并最终孕育出一门崭新的典籍翻译评价学。

  本书是从价值评价学视角研究典籍翻译批评的一个尝试。作者在浩如烟海的中外文献中广涉相关著述，经常为搞清楚评价学或典籍翻译研究中的一个问题而大量查阅中外文献，苦思冥想，寝食不安。但是，由于作者精力与水平所限，对典籍翻译批评诸因素虽然做了宏观和微观的探讨，但微观层面讨论较多的只是文学典籍的英译，而文学典籍英译中讨论较多的也只是小说翻译，对其他类型的典籍翻译批评只能留待今后探讨了。此外，在本书行文上，作者虽然也尽力做到字斟句酌，尽可能使自己的表述准确清晰，但文字与表意疏漏之处恐在所难免，诚望读者诸君不吝批评指正。

参考文献

Appiah, K.A. Thick Translation[A]. In The Translation Studies Reader [C]. L. Venuti.(ed.). London & New York: Routledge. 2000.

Axtell, G. General Theory of Value 1909-2009: Reflections on the First Centennial of American Axiology[OL]. http://janusblog.squarespace.com/janusbloglibraryofpapersd/General%20Theory%20of%20Value%201909.doc. 2009.

Bahm, A. J. Axiology: The Science of Values[M]. Amsterdam / Atlanta, GA: Rodopi. 1993.

Baker, M.(ed.). Routledge Encyclopedia of Translation Studies[Z]. Shanghai: Shanghai Foreign Language Education Press. 2004.

Baker, M. Translation and Conflict: A Narrative Account[M]. New York: Routledge. 2006.

Bassnett & Lefevere.Constructing Culture: Essays on Literary Translation[C]. Shanghai: Shanghai Foreign Language Education Press. 2001.

Bassnett & Trivedi.(eds). Postcolonial Translation: Theory and Practice[C]. London and New York: Pinter. 1999.

Bassnett, S. Transaltion Studies[M]. Shanghai: Shanghai Foreign Language Education Press. 2004.

Bell, R. T. Translation and Translating: Theory and Practice[M]. Beijing: Foreign language Teaching and Research Press. 2001.

Berman, A. The Experience of the Foreign: Culture and Translation in Romantic Germany[M]. Heyvaert, S.(trans.). New York: State University of New York Press. 1992.

Berman, A. Translation and the Trials of the Foreign[A]. in Venuti, L.(ed. & trans.). The Translation Studies Reader (2nd ed.) [C]. London and New York: Routledge. 2000.

Bhabha, H. K. The Location of Culture[M]. London and New York: Routledge. 1994.

Blackburn, S.(ed.). The Oxford Dictionary of Philosophy[Z] [OL]. Oxford Reference Online: Oxford University Press. 1996.http://www.oxfordreference.com/views/ENTRY.html?subview=Main&entry=t98.e991.

Bourdieu, P. Language and Symbolic Power[M]. Raymond and Adamson(trans.). Massachusetts: Harvard University Press. 1983.

Bourdieu, P. Distinction: A Social Critique of the Judgement of Taste[M]. Nice, R.(trans.). Massachusetts: Harvard University Press. 1984.

Bourdieu, P. The Field of Cultural Production: Essays on Art and Literature[C]. Johnson, R.(ed.). Cambridge: Polity Press. 1993.

Brown & Yule. Discourse Analysis[M]. Beijing: Foreign Language Teaching and Research Press.1983/2000.

Brunette, L. Towards a Terminology for Translation Quality Assessment[J]. The Translator, 2000,(2): 169-182.

Carbaugh, D. Ethnography of Communication[OL]. in Wolfgang, D.(ed). The Blackwell International Encyclopedia of Communication[Z]. Blackwell Reference Online: Blackwell Publishing. 2007. http://www.blachwellreference.com/

Catford, J. C. A Linguistic Theory of Translation[M]. Oxford: Oxford University Press. 1965.

Chan, L. T. The Impressionistic Approach to Translation Theorizing; or: Twentieth-century Chinese Ideas of Translation through the Western Looking-glass[A]. in Snell-Hornby, Jettmarova & Kaindl(eds). Translation as Intercultural Communication: Selected Papers from the EST Congress - Prague 1995[C]. Amsterdam / Philadelphia: John Benjamins Publishing Co. 1997.

Chesterman,A. Proposal for a Hieronymic Oath[J]. The translator,(special issue):139-154. 2001.

Chesterman & Wagner. Can Theory Help Translators? A Dialogue between the Ivory Tower and the Wordface[M]. Manchester: St. Jerome Publishing. 2002.

Chesterman, A.(ed.). Readings in Translation Theory[C]. Oy Finn lectura Ab: Oy. 1989.

Chesterman, A. Memes of translation: The Spread of Ideas in Translation Theory[M]. Amsterdam & Philadelphia: John Benjamins Publishing Co. 1997.

Cheung, M. P. Y. "To Translate" Means "to Exchange"? A New Interpretation of the Earliest Chinese Attempts to Define Translation('fanyi') [J]. Target, 2005, (1): 27-48.

Classe, O.(ed.). Encyclopedia of Literary Translation into English[Z]. London and Chicago: Fitzroy Dearborn. 2000.

Collini, S.(ed.). Interpretation and Over-interpretation[C]. Cambridge: Cambridge University Press. 1992.

Cooper, D. E. A. Companion to Aesthetics[OL]. Blackwell Reference Online: Blackwell Publishing. 2007. http://www.blackwellreference.com/subscriber/book?id=g9780631196594_9780631196594.

Cowley, M. Webster's New Dictionary of Synonyms[Z]. Massachusetts: G. & C. Merriam Co. 1978.

Cronin, C. Translator's Note. in Cronin, C.(trans.). Justification and Application: Remarks on Discourse Ethics[M]. Cambridge: Polity Press. 1993.

Crotty, R. B. A Study of Paradigmatic System of Religious Knowledge and Associated Religious Social Groups with Special Reference to Thelogical Education in the Roman Catholic Church[D]. University of Adelaide. Doctoral dissertation. 1980.

Davidson, D. Epistemology and Truth[M]. Oxford: OUP. 2001.

Davidson, E. J. Evaluation Methodology Basics: The Nuts and Bolts of Sound Evaluation[M]. London/ California/ New Delhi: Sage Publications, Inc. 2005.

Davis, K. Deconstruction and Translation[M]. Shanghai: Shanghai Foreign Language and Education Press. 2004.

Delisle, Lee-Jahnke & Cormier. Translation Terminology[Z]. Kong Yifeng & Zhong Weihe(trans.), Beijing: Foreign language Teaching and Research Press. 2004.

Dollerup, C. Translation as Imposition vs. Translation as Requisition[A]. In Snell-Hornby, Jettmarova & Laindl.(eds). Translation as Intercultural Communication[C]. Amsterdam/Philadelphia: John Benjamins Publishing Co. 1997.

Eagleton, T. Literary Theory: An Introduction[M]. Oxford: Blackwell. 1983.

Eco, U. A Theory of Semiotics[M]. Bloomington: Indiana University Press. 1975.

Eco, U. Overinterpreting texts[A]. In Collini, S.(ed.). Interpretation and Over-interpretation[C]. Cambridge: Cambridge University Press. 1992.

Eco, U. Reply by Eco[A]. In Collini, S.(ed.). Interpretation and Over-interpretation[C]. Cambridge: Cambridge University Press. 1992.

Einstein & Infeld, The Evolution of Physics[M]. Cambridge: Cambridge University Press.1938.

France, P.(ed.). Oxford Guide to Literature in English Translation[Z]. Oxford & New York: Oxford University Press. 2000.

Frondizi, R. What Is Value?—An Introduction to Axiology(2nd ed.) [M]. Illinois: Open Court Publishing Company. 1971.

Gensler, H. J. ETHICS: A Contemporary Introduction[M]. London and New York: Routledge. 1998.

Gentzler, E. Contemporary Translation Theory(2nd ed.) [M]. Shanghai: Shanghai Foreign Language Education Press. 2004.

George, A. "Value, Value Theory". Encyclopedia of Science and Religion[Z] [OL]. The Gale Group Inc. 2003. http://www.encyclopedia.com/

doc/1G2-3404200530.html

Gerhart, M. The Question of Belief in Literary Criticism: An Introduction to the Hermeneutical Theory of Paul Ricoeur[M]. Stuttgart: Akademischer Verlag Stuttgart. 1979.

Gouanvic, J. A Bourdieusian Theory of Translation, or the Coincidence of Practical Instances: Field, "Habitus", Capital and "Illusio"[J]. The Translator, 2005,(2): 147-166.

Habermas, J. Discourse Ethics[M]. Cronin, C.(trans.). Cambridge: Polity Press. 1993.

Hartmann, R.R.K. An International Encyclopedia of Translation Studies (review)[J]. Target, 2006,(1):177-198.

Hatim & Mason. The Translator as Communicator[M]. London and New York: Routledge. 1997.

Hermans, T. Translation As Institution[A]. in Snell-Hornby, Jettmarova & Kaindl(eds). Translation as Intercultural Communication: Selected Papers from the EST Congress - Prague 1995[C]. Amsterdam / Philadelphia: John Benjamins Publishing Co. 1997.

Hermans, T. Translation in Systems: Descriptive and System-oriented Approaches Explained[M]. Shanghai: Shanghai Foreign Language Education Press. 2004.

Hermans, T. Literary Translation[A]. in Kuhiwczak & Littau(eds.).A Companion to Translation Studies[C]. Clevedon / Buffalo / Toronto: Multilingual Matters Ltd. 2007.

Holmes, J. Translated: Papers on Literary Translation and Translation Studies[C]. Amsterdam: Rodopi. 1988.

Honig, H. G. Position, Power and Practice: Functionalist Approaches and Translation Quality Assessment[A]. in Schaffner, C.(ed.). Translation and Quality[C]. Clevedon: Multilingua Matters Ltd. 1998.

House & Howe. Values in Evaluation and Social Research[M]. Thousand

Oaks: Sage Publications, Inc. 1999.

House, J. A Model for Translation Quality Assessment(2nd ed.)[M]. Tubingen: Narr. 1981.

House, J. Translation Quality Assessment: A Model Revisited[M]. Tubingen: Narr. 1997.

Huang Long. Translatology[M].Nanjing: Jiangsu Education Press. 1988.

Huang, Yunte. Transpacific Displacement: Ethnography, Translation and Intertextual Travel in Twentieth-Century American Literature[M]. Berlekey & Los Angeles: University of California Press. 2002.

Hymes, D. The Ethnography of Speaking[A]. in Gladwin & Sturtevant(eds.). Anthropology and Human Behavior[C]. Washington, DC: Anthropological Society of Washington. 1962.

Hymes,D. Foundations in Sociolinguistics: An Ethnographic Approach[M]. Philadelphia: University of Pennsylvania Press. 1974.

Ingarden, R. Artistic and Aesthetic Values[A]. in McCormick, P. J.(ed.). Selected Papers in Aesthetics[C]. Washington DC: The Catholic University of America Press. 1985.

Janaway, C. Value, Aesthetic. in The Oxford Companion to Philosophy[Z] [OL]. Oxford Reference Online: Oxford University Press. 2005.http://www.oxfordreference.com/views/ENTRY.html?subview=Main&entry=t116.e2619.

Ke Ping. Contrastive Linguistics[M]. Nanjing: Nanjing Normal University Press. 1999.

Kearney, R. Introduction: Ricoeur's Philosophy of Translation. in On Translation[M]. Brennan, E.(trans.). London and New York: Routledge. 2006.

Kovesi, J. Values and Evaluations: Essays on Ethics and Ideology. New York: Peter Lang Publishing Inc. 1998.

Kuhn, T. The Structure of Scientific Revolution(2nd ed.) [M]. Chicago: University of Chicago Press. 1970.

Lefevere, A. Translation, Rewriting and the Manipulation of Literary

Fame[M]. Shanghai: Shanghai Foreign Language Education Press. 2004.

Lefevere, A. Translation/History/Culture: A Sourcebook[M]. Shanghai: Shanghai Foreign Language Education Press. 2004.

Levinson, J.(ed.).The Oxford Companion to Philosophy[Z] [OL]. Oxford Reference Online: Oxford University Press. 2005. http://www.oxfordreference.com/views/ENTRY.html?subview=Main&entry=t116.e808.

Li Yunxing. Translation Evaluation in a Systemic Perspective[J]. Perspectives, 2001,Vol.9:15-21.

Littelejohn & Foss. Theories of Human Communication[M]. Belmont, CA: Wadsworth Publishing Company. 2005.

Liu ching-chih et al.(eds). The Question of Reception: Martial Arts. Fiction in English Translation[C]. Hong Kong: Centre for Literature and Translation. Lingnan College. 1997.

Liu Zhongde. Ten Lectures on Literary Translation[M]. Beijing: China Translation & Publishing Corporation. 1991.

Low, G. Evaluating Translations of Surrealist Poetry[J]. Target, 2002,(1): 1-41.

Maier, C. Reviewing and criticism. in Baker, M.(ed.). Routledge Encyclopedia of Translation Studies[Z]. Shanghai: Shanghai Foreign Language Education Press. 2004.

Matarasso, F. Defining Values: Evaluating Arts Programmes[M]. Nottingham: COMEDIA. 1996.

Meehan, E. J. Value Judgement and Social Science: Structure and Processes[M]. Georgetown: THE DORSEY PRESS. 1969.

Munday, J. Introducing Translation Studies: Theories and Applications[M]. London and New York: Routledge. 2001.

Newmark, P. About Translation[M]. Clecedon: Multilingual Matters. 1991.

Newmark, P. A Textbook of Translation[M]. Shanghai: Shanghai Foreign Language Education Press. 2001.

Nida & Taber. The Theory and Practice of Translation[M]. Shanghai: Shanghai Foreign Language and Education Press. 2004.

Nord, C. Text Analysis in Transaliton Theory, Methodology, and Didactic Application of a Model for Translaiton-oriented Text Analysis[M]. Nord & Sparrow(trans.). Amsterdam: Rodopi. 1991.

Nord, C. Translating as a Purposeful Activity: Functionalist Approaches Explained[M]. Shanghai: Shanghai Foreign Language and Education Press. 2001.

Norkus, Z. Axiology: Classical and Modern[A]. Personal Freedom and National Resurgence: Lithunian Philosophical Studies[C]. Bucharest: METEOPOL Publishing and Printing Company. 1994.

Popper, K. Objective Knowledge: An Evolutionary Approach[M]. Oxford: Clarendon Press. 1972.

Popper, K. Three Worlds[OL]. The Tanner Lectures on Human Values Delivered at The University of Michigan April 7, 1978. http://www.tannerlectures.utah.edu/lectures/documents/popper80.pdf.

Pym, A. Translation and Text Transfer: An Essay on the Principles of Intercultural Communication[M]. New York: Peter Lang. 1992.

Pym, A. Translational Ethics and Electronic Technologies [OL]. 2003. http://www.tinet.cat/~apym/on-line/translation/lisbon_ethics.pdf.

Pym, A. Philosophy and Translation[A]. in Kuhiwczak & Littau(eds). A Companion toTranslation Studies[C]. Clevedon / Buffalo / Toronto: Multilingual Matters Ltd. 2007.

Reiss, K. Translation Criticism: The Potentials & Limitations[M]. Shanghai: Shanghai Foreign Language and Education Press. 2004.

Ricoeur, P. On Translation[M]. Eileen Brennan(trans.). London and New York: Routledge. 2006.

Robinson, D. Translation and Empire: Postcolonial Theories Explained[M]. Manchester: St. Jerome. 1997.

Rose, M. G.Translation and Literary Criticism: Translation as Analysis[M]. Manchester: St. Jerome Publishing. 1997.

Rozov, N. S. Values in the Problematic World: Philosophical Foundations and Social Applications of Constructive Axiology[OL]. Novosibirsk: Novosibirsk State University. 1998. http://www.nsu.ru/filf/rozov/publ/val/summary.htm

Sager, J. C. Quality and Standards—the Evaluation of Translations[A]. in Picken, C. (ed.). The Translator's Handbook[C]. London: Aslib. 1983.

Sager, J. C. What Distinguishes Major Types of Translation? [J]. The Translator, 1998,(1): 69-89.

Scanlon,T. What We Owe to Each Other[M].Cambridge Massachusetts: The Belknap Press of Harvard University Press. 1998.

Schaffner & Adab. The Idea of the Hybrid Text in Translation Revisited[J]. Across Languages and Cultures. 2001,(2): 277-302.

Schaffner, C.(ed.). Translation and Quality[C]. Clevedon: Multilingua Matters Ltd. 1998.

Scott & Marshall.(eds.). A Dictionary of Sociology[Z][OL].Oxford Reference Online: Oxford University Press. 2005. http://www.oxfordreference.com/views/ENTRY.html?subview=Main&entry=t88.e1913

Scriven, M. Evaluation the Saurus(4th ed.)[M]. Newbury Park, CA: Sage Publications. 1991.

Shuttleworth & Cowie. Dictionary of Translation Studies[Z]. Shanghai: Shanghai Foreign Language and Education Press. 2004.

Simeoni, D. The Pivotal Status of the Translator's Habitus[J]. Target. 1998,(1): 1-39.

Simon. S. Gender in Translation: Cultural Identity and the Politics of Transmission[M]. London and New York: Routeledge. 1996.

Singh, A. K.(ed.). Translation: Its Theory and Practice[C]. New Delhi: Creative Books. 1996.

Snell-Hornby, M. Translation Studies: An Integrated Approach[M].

Shanghai: Shanghai Foreign Language and Education Press. 2001.

Snell-Hornby, M. The Turns of Translation Studies: New Paradigms or Shifting Viewpoints? [M]. Amsterdam/ Philadelphia: John Benjamins Publishing Co. 2006.

Spolsky, B. Sociolinguistics[M]. Shanghai: Shanghai Foreign Language Education Press. 2000.

Stufflebeam & Shinkfield. Systematic Evaluation: A Self-Instructional Guide to Theory and Practice[M]. Norwell: Kluwer-Nijhoff Publishing. 1985.

Toury, G. Descriptive Translation Studies and Beyond[M]. Shanghai: Shanghai Foreign Language Education Press. 2001.

Van den Broeck, R. The Concept of Equivalence[A]. in Holmes, Lambert & Van den Broeck(eds.). Translation Theory: Some Critical Reflections in Literature and Translation: New Perspectives in Literary Studies[C]. Lerven: ACCO. 1978.

Van den Broeck, R. Second Thought on Translation Criticism: A Model of its Analytic Function[A]. in Hermans, T.(ed.). The Manipulation of Literature: Studies in Literary Translation[C]. New York: St. Martin's Press. 1985.

Venuti, L.(ed.). The Translation Studies Reader(2nd ed.)[C]. London and New York: Routledge. 2000.

Venuti, L. The Scandals of Translation: Towards an Ethics of Difference [M]. London: Routledge. 1998.

Williams & Chesterman. The Map: A Beginner's Guide to Doing Research in Translation Studies[M]. Shanghai: Shanghai Foreign Language and Education Press. 2004.

Williams, M. The Application of Argumentation Theory to Translation Quality Assessment[J]. Meta, 2001,(2): 326-344.

Williams, M. Translation Quality Assessment: An Argumentation-Centred Approach[M]. Ottawa: University of Ottawa Press. 2004.

Wilss, W. The Science of Translation: Problems and Methods[M].

Shanghai: Shanghai Foreign Language Education Press. 2001.

Wisker, G. Key Concept in Postcolonial Literature[M]. Houndmills: Palgrave Macmillan. 2007.

Yannakopoulou, V. Norms and Translatorial Habitus: In Angelos Vlahos' Greek Translation of Hamlet[A]. in BOULOGNE, P.(ed.). Translation and Its Others: Selected Papers of the CETRA Research Seminar in Translation Studies 2007[C][OL]. 2008. http://www.kuleuven.be/cetra/papers/papers.html

Yeh, M. On English Translation of Modern Chinese Poetry—A Critical Survey (1936-1990)[A]. in Eugene Eoyang and Lin Yao-fu. (eds.). Translating Chinese Literature[C]. Bloomington & Indianapolis: Indiana University Press. 1995.

Zhang Zhongzai. Selected Readings in Classical Western Critical Theory[M]. Beijing: Foreign Language Teaching and Research Press. 2000.

Zhu Gang. Twentieth Century Western Critical Theories[M]. Shanghai: Shanghai Foreign Language Education Press. 2001.

Zilahy, S. P. Quality in Translation[A]. in Cary & Jumplet (eds.). Quality in Translation: Proceedings of the IIIrd Congress of the International Federation of Translation (FIT)[C]. New York: The Macmillan Company. 1963.

《翻译通讯》编辑部（编）. 翻译研究论文集：1894—1948[C]. 北京：外语教学与研究出版社. 1984.

《翻译通讯》编辑部（编）. 翻译研究论文集：1949—1983[C]. 北京：外语教学与研究出版社. 1984.

布斯（著）. 穆雷等（译）. 修辞的复兴[M]. 南京：译林出版社. 2009.

蔡骏. 基于历史和科学革命的社会科学范式新审视[J]. 情报资料工作，2013，（5）：11-14.

蔡新乐. 翻译的本体论研究[M]. 上海：上海译文出版社. 2005.

蔡新乐. 被历史遗忘的翻译本体：儒家观点看"心源"[J]. 外语教学，2022，（5）：87-92.

蔡新乐. "行有余力, 则以学文"译解的阴阳之道观[J]. 东方翻译, 2016, (5): 52-58.

蔡新乐. 从"近取诸身"看英文之中的中华文化的"天"的翻译处理[J]. 外语学刊, 2017a, (4): 93-98.

蔡新乐. "以儒解儒"的阴阳之道方法论问题初探——以《论语》两处"文"的汉英译解为例[J]. 外语与外语教学, 2017b, (5): 105-121.

蔡新乐. "圣人气象"如何再现?——论《论语》的"心源"导向的英译[J]. 外国语, 2020, (1): 83-93.

蔡新乐. 译论需要训诂的支持: 严复"三难"的历史遗产与重译[J]. 外国语, 2021, (3): 98-109.

曹灵美, 唐艳芳. 典籍英译中的"中国话语"研究——以赛珍珠《水浒传》英译为例[J]. 外语教学, 2017, (4): 89-92.

曹明伦. 中国当代译论对佛教典籍的失察和误读[J]. 四川大学学报（哲学社会科学版）, 2011, (6): 53-60.

陈大亮, 陈婉玉. 从类型学视角看中西译论的差异[J]. 外语与翻译, 2015, (1): 17-23.

陈福康. 中国译学理论史稿[M]. 上海: 上海外语教育出版社. 1992.

陈明. 价值论美学的历史起点——唯意志主义美学的评价[J]. 海南师范学院学报, 2005, (4): 118-121.

陈晓龙. 从广义认识论到智慧说——兼谈冯契哲学的基本精神[J]. 华东师范大学学报, 2005, (2): 9-14.

陈新汉. 论社会评价活动的机制[J]. 人文杂志, 1994, (1): 18-23.

陈新汉. 社会评价论[M]. 上海: 上海社会科学院出版社. 1997.

陈新汉. 关于评价论研究的几个问题之我见[J]. 天津社会科学, 2000, (2): 31-35.

陈新汉. 论社会评价活动的两种现实形式[J]. 天津社会科学, 2003, (1): 41-47.

陈真. 道德相对主义与道德的客观性[J]. 学术月刊, 2008, (12): 40-50.

程爱华. 翻译批评的困窘与抉择[J]. 山东师范大学学报, 2002, (6):

70-71.

邓联健. 翻译家马礼逊汉籍英译事业述评[J]. 外语教学, 2019, (6): 92-97.

董明伟.《中学西传:典籍翻译研究开新篇（2013—2018）》编辑出版侧记[J]. 燕山大学学报（哲学社会科学版）, 2018, (4): 48-53.

董秋斯. 翻译批评的标准和重点[J]. 翻译通报, 1950, (4): 2-4.

董琇. 赛珍珠以汉语为基础的思维模式——谈赛译《水浒传》[J]. 中国翻译, 2010, (2): 49-54.

董琇. 译者风格形成的多元辩证观——赛珍珠翻译风格探源[D]. 上海外国语大学博士论文. 2009.

董琇. 中国文学外译中"直译"表现形式的差异性及时代因素——以赛珍珠与罗慕士的翻译为例[J]. 同济大学学报（社会科学版）, 2017, (1): 114-124.

杜建慧等. 翻译学概论[M]. 北京：民族出版社. 1998.

范存忠. 漫谈翻译：翻译理论与技巧[M]. 北京：中国对外翻译出版公司. 1985.

范守义. 模糊数学与译文评价[A]. 杨自俭, 刘学云（编）. 翻译新论[C]. 武汉：湖北教育出版社. 1994.

范祥涛. 汉语文化典籍中的链式转喻及其英译研究[J]. 外语教学, 2017, (6): 84-88.

方梦之. 翻译新论与实践[M]. 青岛：青岛出版社. 1999.

方梦之. 译学词典[Z]. 上海：上海外语教育出版社. 2004.

方文涛. 面向21世纪的哲学沉思——评《交往实践与主体际》[J]. 江海学刊, 1999, (4): 189-190.

费周瑛, 辛红娟. 比较哲学视阈下陈荣捷中国哲学典籍外译路径研究[J]. 上海翻译, 2017, (5): 82-89.

冯丽君, 张威. 生态翻译视阈下民族典籍译介研究[J]. 外语教学, 2021, (5): 100-103.

冯平, 陈立春. 价值哲学的认识论转换——乌尔班价值理论研究[J]. 复旦学报, 2003, (5): 65-70.

冯平. 评价论[M]. 上海：东方出版社. 1995.

冯平. 价值判断的可证实性——杜威对逻辑实证主义反价值理论的批判[J]. 复旦学报，2006，(5)：112-119.

冯庆华. 实用翻译教程[M]. 上海：上海外语教育出版社. 1997.

冯友兰. 中国哲学简史[M]. 北京：外语教学与研究出版社. 2015.

傅道彬，于茀. 文学是什么？[M]. 北京：北京大学出版社. 2002.

傅惠生.《汉英对照大中华文库》英译文语言研究[J]. 外语教学理论与实践，2012，(3)：23-29.

傅敬民. 翻译研究的问题意识与学科边际[J]. 中国外语，2016，(5)：14-19.

傅小平. "新的译著精品太少了！"[N]. 文学报，2005年3月17日.

高立平. 教育价值与教育价值观[J]. 山东教育科研，2001，(6)：15-16.

辜正坤. 中西诗比较鉴赏与翻译理论[M]. 北京：清华大学出版. 2003.

管顺丰，曹南南，李燕敏. 艺术产品价值评价的原则与方法研究[J]. 创意与设计，2012，(5)：62-66.

郭建中. 当代美国翻译理论[M]. 武汉：湖北教育出版社. 2000.

郭尚兴. 论中国典籍英译的几个基本问题[J]. 安阳师范学院学报，2010，(1)：1-5.

郭尚兴. 论中国哲学典籍英译认知的多重历史视域融合[J]. 大连大学学报，2010，(1)：138-142.

郭尚兴. 论中国哲学典籍英译的目的与性质[J]. 语言教育，2013，(1)：58-63.

郭尚兴. 试论中国哲学典籍的英译原则[J]. 外文研究，2013，(3)：77-84.

郭尚兴. 中国传统哲学典籍英译范式初论[J]. 中国翻译，2014，(3)：30-35+128.

海芳. 归化、异化的统计与分析——《红楼梦》口语辞格英译研究[J]. 外语学刊，2003，(1)：99-103.

韩丹. 对相对主义批评的几点辩护[J]. 理论探讨，2009，(3)：161-165.

韩红建，蒋跃. 全球化语境下的赛珍珠《水浒传》英译, 西安外国语大学学报, 2013, (3): 116-119.

韩孟奇. 汉语典籍英译的语境补缺与明晰化[J]. 上海翻译, 2016, (4): 73-76.

韩明岱. 试谈等值翻译[J]. 山东外语教学, 1985, (1): 51-53.

韩淑芹. 我国翻译批评研究十年（2011-2021）: 探索与发展[J].外语与翻译, 2021, (4): 46-50.

韩子满. 典籍英译与专业翻译教学[J]. 解放军外国语学院学报, 2012, (2): 76-80+85.

何海兵，秦宏毅. 社会评价论研究的进程、问题与进路——近年来国内哲学界社会评价论研究述评[J]. 社会科学家, 2008, (4): 132-134.

何立芳，李丝贝. 道教典籍语言隐喻认知特征解析与翻译[J]. 外语学刊, 2017, (4): 99-103.

何伟，张娇. 典籍英译中的"显性语旨"和"隐性语旨"——以《论语·为政篇第六》为例[J]. 中国外语, 2014, (1): 78-84.

贺麟. 论翻译[A]. 翻译研究论文集: 1894-1948[C].北京: 外语教学与研究出版社. 1984.

贺娜娜，徐江雁，林法财等. "接受理论"视阈下中医典籍英译探析[J]. 中华中医药杂志, 2017, (5): 2104-2107.

胡德香. 翻译批评新思路：中西比较语境下的文化翻译批评[M]. 武汉: 武汉出版社.2006.

胡庚申. 生态翻译学——建构与诠释[M]. 北京: 商务印书馆. 2013.

胡开宝. 语料库翻译学概论[M]. 上海: 上海交通大学出版社. 2011.

胡妙丹. 汉诗英译中译者的审美移情——以两首《咏柳》的翻译为例[J]. 宜宾学院学报, 2012, (1): 112-113.

胡庭树. 翻译范式嬗变的哲学视角分析[J]. 西安外国语大学学报, 2017, (1): 115-120.

黄国文. 翻译研究的语言学探索[M]. 上海: 上海外语教育出版社. 2006.

黄国文. 典籍翻译: 从语内翻译到语际翻译——以《论语》英译为例[J].

中国外语，2012，(6)：64-71.

黄海翔. 论典籍中意识形态的翻译与文化功能对等——基于《孙子兵法》两个英译本的比较为基础的翻译批评研究[J]. 合肥工业大学学报（社会科学版），2009，(5)：126-130.

黄海翔. 典籍英译中的深度翻译质疑——以《孙子兵法》中文化空缺的英译为例[J]. 洛阳师范学院学报，2014，(9)：85-89.

黄继勇，邹俊平. 翻译批评的范式研究[J]. 湖南医科大学学报（社会科学版），2005，(3)：42-44.

黄凯锋. 价值论视野中的美学[M]. 上海：学林出版社. 2001.

黄书泉. 文学批评新论[M]. 合肥：安徽大学出版社. 2001.

黄焰结. 英译李太白——闻一多与小畑薰良译诗对话的文化考量[J]. 外语教学与研究，2014，(4)：605-615.

黄忠廉. 翻译本质论[M]. 武汉：华中师范大学出版社. 2000.

黄忠廉. 变译理论[M]. 北京：中国对外翻译出版公司. 2002.

季羡林. 翻译的危机[J]. 语文建设，1998，(10)：45-46.

贾文波. "一带一路"名下的汉语典籍外译：难以"合拍"的舞者[J]. 上海翻译，2018，(2)：58-63+95.

姜秋霞. 文学翻译中的审美过程：格式塔意象再造[M]. 北京：商务印书馆. 2002.

姜志文，文军. 翻译批评论[C]. 重庆：重庆大学出版社. 1999.

蒋辰雪. 文树德《黄帝内经》英译本的"深度翻译"探究[J]. 中国翻译，2019，(5)：112-120+190.

焦菊隐. 论翻译批评[J]. 翻译通报，1950，(6)：6-9.

金隄. 论等效翻译[J]. 外语教学与研究，1986，(6)：6-14.

金隄. 等效翻译探索[M]. 北京:中国对外翻译出版公司. 1998.

金圣华. 桥畔译谈——翻译散论八十篇[M]. 北京：中国对外翻译出版公司. 1997.

柯平. 英汉与汉英翻译教程[M]. 北京：北京大学出版社. 1993.

赖勤芳. 刘勰文质论再释[J]. 江淮论坛，2006，(1)：148-154.

蓝红军. 翻译学方法论基本概念：范式与模式[J]. 外语研究，2015，（5）：72-77.

蓝红军. 翻译批评何为：重塑批评的话语力量[J].外语教学，2020,（3）：84-88.

蓝红军. 面向问题的翻译理论研究[J]. 上海翻译，2018，（3）：1-6，94.

李德超. 从研究范式看文化研究对当代翻译研究的影响[J]. 解放军外国语学院学报，2005，（5）：54-59.

李德顺. 新价值论[M]. 昆明：云南人民出版社. 2004.

李德顺. "满足需要"有何错？——答王玉樑同志[J]. 马克思主义研究，2013，（3）：134-142.

李广荣. 德国功能翻译理论误读误用的反思[J]. 天津外国语学院学报，2010，（1）：42-48.

李国华. 文学批评学[M]. 石家庄：河北大学出版社. 1999.

李虹. 中医典籍英译的哲学阐释学解析[J]. 哲学研究，2015,（10）：70-74.

李连科. 价值哲学引论[M]. 北京：商务印书馆. 2003.

李林波. 对赛珍珠《水浒传》译本文化意义的再思[J]. 四川外语学院学报，2004，（6）：115-119.

李明. 翻译批评与赏析[M]. 武汉：武汉大学出版社. 2006.

李文中. 内文视角下典籍重译的共性与个性[J]. 外语与外语教学，2017，（6）：1-11+145.

李晓敏，杨自俭. 译文评价标准新探索[J]. 上海翻译，2003，（3）：17-20.

李正栓，叶红婷. 典籍英译应追求忠实对等——以《水树格言》英译为例[J].西安外国语大学学报，2016，（1）：107-112.

廖七一. 翻译的界定与翻译批评[J]. 中国外语，2020，（6）：77-82.

廖七一. 当代西方翻译理论探索[M]. 南京：译林出版社. 2000.

廖七一. 范式的演进与翻译的界定[J]. 中国翻译，2015a，（3）：16-17.

廖七一. 从研究范式看翻译的界定[J]. 东方翻译，2015b，（4）：4-9.

廖七一. 20世纪中国翻译批评话语研究[M]. 北京：北京大学出版

社.2020.

林煌天.中国翻译词典[Z].武汉：湖北教育出版社.1997.

凌晨光.当代文学批评学[M].济南：山东大学出版社.2001.

刘宓庆.中西翻译思想比较研究[M].北京：中国对外翻译出版公司.2005.

刘宓庆,章艳.翻译美学理论[M].北京：外语教学与研究出版社.2011.

刘明,范琳琳,汪顺等.中医典籍英译质量评价要素的探讨[J].世界中医药,2017,（5）：1182-1185.

刘伟,王宏.中国典籍英译：回顾与展望——王宏教授访谈录[J].外文研究,2013,（1）：77-83.

刘性峰,王宏.翻译学研究范式的嬗变、问题及对策[J].外语研究,2016,（2）：87-91.

刘性峰,王宏.中国古典科技翻译研究框架构建[J].上海翻译,2016,（4）：77-81.

刘性峰,王宏.走进绚丽多彩的翻译世界——王宏教授访谈录[J].当代外语研究,2016,（5）：1-5+31.

刘性峰,王宏.中国科技典籍翻译研究：现状与展望[J].西安外国语大学学报,2017,（4）：67-71.

刘性峰,王宏.再论中国古代科技典籍翻译理论框架构建[J].北京第二外国语学院学报,2020,（4）：69-77.

刘性峰.中国典籍英译批评范式研究综述[J].燕山大学学报（哲学社会科学版）,2015,（1）：107-111.

刘艳春,赵长江.国内民族典籍英译现状、成就、问题与对策[J].西藏民族大学学报,2017,（2）：140-145.

刘迎春,刘天昊.中国航海典籍中专有名词的分类与翻译研究[J].中国外语,2015,（2）：90-95.

刘云虹,许钧.翻译的定位与翻译价值的对谈——关于翻译价值的对谈[J].中国翻译,2017,（06）：54-61.

刘云虹,许钧.新时期翻译批评的走向、特征与未来发展[J].中国翻译，2022，（2）：5-13.

刘云虹，许钧. 异的考验——关于翻译伦理的对谈[J]. 外国语，2016，（2）：70-77.

刘云虹，许钧. 翻译批评与翻译理论建构——关于翻译批评的对谈[J]. 外语教学理论与实践，2014，（4）：1-8.

刘云虹，许钧. 翻译批评研究之路：理论、方法与途径[C]. 南京：南京大学出版社. 2015.

刘云虹. 翻译批评研究[M]. 南京：南京大学出版社. 2015.

刘泽权，刘超朋，朱虹.《红楼梦》四个英译本的译者风格初探——基于语料库的统计与分析[J]. 中国翻译，2011，（01）：60-64.

刘泽权，田璐.《红楼梦》叙事标记语及其英译——基于语料库的对比分析[J].外语学刊，2009，（01）：106-110.

刘泽权，张冰. 我国翻译质量评价研究的现状与趋势[J].燕山大学学报（哲学社会科学版），2012，（3）：96-100.

刘重德. 西方译论研究[M]. 北京：中国对外翻译出版公司. 2002.

卢军羽，刘宝才. 中国陶瓷典籍中窑名的分类及英译[J]. 长江大学学报，2017，（2）：93-97+101.

罗选民，李婕. 典籍翻译的内涵研究[J]. 外语教学,2020，（6）：83-88.

罗选民，杨文地. 文化自觉与典籍英译[J]. 外语与外语教学，2012，（5）：63-66.

吕俊，侯向群. 元翻译学的思考与翻译的多元性研究[J]. 外国语，1999，（5）：56-61

吕俊，侯向群. 翻译批评学引论[M]. 上海：上海外语教育出版社. 2009.

吕俊，侯向群. 范式转换抑或视角转变[J]. 中国翻译，2010，（1）：41-45.

吕俊，侯向群. 英汉翻译教程[M]. 上海：上海外语教育出版社. 2001.

吕俊，侯向群. 翻译学——一个建构主义的视角[M]. 上海：上海外语教育出版社. 2006.

吕俊. 结构 解构 建构——我国翻译研究的回顾与展望[J]. 中国翻译，

2001,（6）：8-11.

吕俊. 文学翻译：一种特殊的交往行为——交往行为理论的文学翻译观[J]. 解放军外国语学院学报，2002a,（1）：63-66.

吕俊. 翻译研究：从文本理论到权力话语[J]. 四川外语学院学报，2002b,（1）：106-109.

吕俊. 后现代文化语境下的翻译标准问题[J]. 外语与外语教学，2002c,（3）：41-45.

吕俊. 一部值得认真研读的译学力作——读许钧教授新作《翻译论》[J]. 外语与外语教学，2004,（4）：61-64.

吕俊. 价值哲学与翻译批评学[J]. 外国语，2006,（1）：52-59.

吕俊. 翻译批评的危机与翻译批评学的孕育[J]. 外语学刊，2007a,（1）：125-130.

吕俊. 对翻译批评标准的价值学思考[J]. 上海翻译，2007b,（1）：1-6.

吕俊. 翻译标准的多元性与评价的客观性——价值学视域下翻译批评标准问题的探讨[J]. 外国语，2007c,（2）：67-73.

吕俊. 吕俊翻译学选论[M]. 上海：复旦大学出版社. 2007d.

吕俊. 范式批评与问题意识——对译学研究的两种路径的批评研究[J]. 外国语，2008,（5）：55-63.

马红军. 翻译批评散论[M]. 北京：中国对外翻译出版公司. 2000.

马红军. 为赛珍珠的"误译"正名[J]. 四川外语学院学报，2003,（3）：122-126.

马俊峰. 评价活动论[M]. 北京：中国人民大学出版社. 1994.

马俊峰. 评价论研究的几个理论问题[J]. 理论与现代化，1999,（12）：4-8.

马祖毅. 中国翻译简史[M]. 北京：中国对外翻译出版公司. 1984.

芒迪（著）. 李德凤等（译）. 翻译学导论：理论与应用[M]. 北京：外语教育与研究出版社. 2014.

敏泽，党圣元. 文学价值论[M]. 北京：社会科学文献出版社. 1999.

穆雷. 翻译测试的定义与定位——英汉/汉英翻译测试研究系列（一）[J]. 外语教学，2007,（1）：82-86.

潘文国. 从"格义"到"正名"——翻译传播中华文化的必要一环[J]. 华东师范大学学报（哲学社会科学版），2017，（5）：141-147.

潘文国. 中籍英译通论（上、下）[M]. 上海：华东师范大学出版社. 2021.

潘文国. 典籍翻译：从理论到实践[J]. 上海翻译，2022，（3）：62-67.

潘智丹，杨俊峰. 论中国典籍翻译理论体系的建构——以明清传奇为例[J]. 中国外语，2013，（1）：96-102.

彭红艳. 翻译研究的哲学思考、研究范式与批评话语——廖七一教授访谈录[J]. 中国翻译，2020，（1）：103-110.

钱穆. 论语新解[M]. 上海：三联书店出版社. 2005.

任平. 交往实践观研究：对话历程与未来走向[J]. 求是学刊，2000，（3）：13-18.

任婷，李正栓. 从王维诗英译探讨典籍英译的批评标准[J]. 岭南师范学院学报，2017，（2）：154-159.

赛珍珠（著）. 尚营林等（译）. 我的中国世界[Z]. 长沙：湖南文艺出版社.1991.

桑仲刚. 叙事典籍翻译的"声音"策略：以敦煌遗书《孔子项讬相问书》的英译为例[J]. 外国语，2021，（4）：94-102.

商务印书馆.《现代汉语词典》（第五版）[Z]. 北京：商务印书馆，2005.

邵飞. 新时代典籍翻译的文化自觉与文化自信——兼论费孝通先生的翻译思想[J].上海翻译，2020，（3）：85-89.

申雨平. 西方翻译理论精选[C]. 北京：外语教学与研究出版社. 2002.

史福伟. 简论正确区分价值标准与评价标准的当代意义[J]. 中共四川省委党校学报，2006，（2）：99-101.

司显柱. 论功能语言学视角的翻译质量评估模式研究[J]. 外语教学，2004，（4）：45-50.

司显柱. 功能语言学视角的翻译标准再论[J]. 外语教学，2006，（2）：63-67.

司显柱. 翻译语篇质量评估模式再研究——功能语言学路向[J]. 中国翻

译，2008，（2）：57-60.

司显著. 功能语言学与翻译研究：翻译质量评估模式建构[M]. 北京:北京大学出版社. 2007.

宋晓春. 论典籍翻译中的"深度翻译"倾向——以21世纪初三种《中庸》英译本为例[J]. 外语教学与研究，2014，（6）：939-948+961.

苏富忠. 论评价及其标准[J]. 济南大学学报，2001，（6）：11-15.

孙迎春. 翻译标准多元互补论[J]. 研究外语与外语教学，2003，（8）：43-45.

孙致礼. 谈新时期的翻译批评[J]. 中国翻译，1999，（3）：2-6.

谭晓丽，吕剑兰. 安乐哲中国哲学典籍英译的国际译评反思[J]. 南通大学学报，2016，（6）：81-87.

谭晓丽. "文化自觉"的翻译观与《道德经》中"有无"的翻译——以安乐哲、郝大维《道德经》英译为例[J]. 亚太跨学科翻译研究，2016，（第二辑）：1-13.

谭载喜. 新编奈达论翻译[M]. 北京：中国对外翻译出版公司. 1999.

谭载喜. 翻译学[M]. 武汉：湖北教育出版社. 2005.

谭载喜. 翻译本质的绝对与相对属性[J]. 广东外语外贸大学学报，2007，（1）：5-9.

汤一介. 儒释道耶与中国文化[M]. 北京：外语教育与研究出版社. 2016.

唐艳芳. 赛珍珠《水浒传》翻译研究——后殖民理论的视角[M]. 上海：复旦大学出版社. 2010.

屠国元，吴莎.《孙子兵法》英译本的历时性描写研究[J]. 中南大学学报（社会科学版），2011，（4）：187-191.

屠国元，许雷. 立足于民族文化的彰显——转喻视角下辜鸿铭英译《论语》策略研究[J]. 中南大学学报（社会科学版），2012，（6）：211-215.

汪榕培，王宏. 中国典籍英译[M]. 上海：上海外语教育出版社. 2009.

汪榕培. 传神达意译《诗经》[J]. 外语与外语教学，1994，（4）：11-15.

汪顺宁. 权力意志与艺术——论尼采美学的基本问题[J]. 哲学研究，2002，（4）：61-67.

王大智. 翻译与翻译伦理[M]. 北京：北京大学出版社. 2012.

王东风. 解构"忠实"——翻译神话的终结[J]. 中国翻译, 2004, （6）: 3-9.

王恩科. 价值哲学路径下翻译批评主体研究[J]. 外语研究, 2020, （2）: 70-75+90.

王恩科. 价值哲学路径翻译批评研究[M]. 武汉：武汉大学出版社, 2022.

王恩冕. 论我国的翻译批评——回顾与展望[J]. 中国翻译, 1999, （4）: 7-10.

王福林. 论语（注译）[M]. 北京：世界图书出版公司. 1997.

王海明. 论伦理相对主义与伦理绝对主义[J]. 思想战线, 2004, （2）: 25-29.

王宏, 曹灵美. 图式理论视域下的少数民族典籍英译研究[J]. 解放军外国语学院学报, 2017, （6）: 45-52+77+158.

王宏, 刘性峰. 当代语境下的中国典籍英译研究[J]. 中国文化研究, 2015, （2）: 69-79.

王宏. 典籍英译教材建设的新尝试——介绍本科翻译专业教材《中国典籍英译》的编写[J]. 上海翻译, 2009, （1）: 41-44.

王宏印, 荣立宇. 典籍翻译, 任重道远——王宏印教授访谈录[J]. 燕山大学学报（哲学社会科学版）, 2013, （3）: 1-6.

王宏印. 红楼梦诗词曲赋英译比较研究[M]. 西安：陕西师范大学出版社. 2001.

王宏印. 文学翻译批评论稿[M]. 上海：上海外语教育出版社. 2006.

王宏印. 关于中国文化典籍翻译的若干问题与思考[J]. 中国文化研究, 2015, （2）: 59-68.

王宏印. 典籍翻译：三大阶段、三重境界——兼论汉语典籍、民族典籍与海外汉学的总体关系[J]. 中国翻译, 2017, （5）: 19-27+128.

王克非. 关于翻译本质的认识[J]. 外语与外语教学, 1997, （4）: 47-50.

王克非. 语料库翻译学探索[M]. 上海：上海交通大学出版社. 2012.

王良铭. 价值评价探析[J]. 东南大学学报（哲学社会科学版）, 2002,

(1)：24-27.

王良铭. 论价值评价及其标准[J]. 南京师大学报（社会科学版），2006，(4)：17-22.

王天明. 谈谈文学翻译中的等值[J]. 现代外语，1989，(4)：20-27.

王向远. "翻"、"译"的思想——中国古代"翻译"概念的建构[J]. 中国社会科学，2016，(2)：138-156.

王雪明，杨子. 典籍英译中深度翻译的类型与功能——以《中国翻译话语英译选集》（上）为例[J]. 中国翻译，2012，(3)：103-108.

王亚光. 刘殿爵典籍英译述评[J]. 上海翻译，2015，(3)：85-90.

王燕，李正栓. 《大中华文库》科技典籍英译与中国文化对外传播[J]. 上海翻译，2020，(5)：53-57.

王一川. 西方文论史教程[M]. 北京：北京大学出版社. 2009.

王玉樑. 价值标准科学性新论[J]. 西安政治学院学报，2000，(4)：80-82.

王玉樑. 论邓小平的实践价值哲学思想[J]. 天府新论，2006，(1)：13-22.

温秀颖. 翻译批评——从理论到实践[M]. 天津：南开大学出版社. 2007.

文军，刘萍. 中国翻译批评五十年：回顾与展望[J]. 甘肃社会科学，2006，(2)：38-43.

文军. 论社会学理论范式的危机及其整合[J]. 天津社会科学，2004，(6)：51-55.

文军. 科学翻译批评导论[M]. 北京：中国对外翻译出版公司. 2006.

文军. 中国翻译批评百年回眸[M]. 北京：北京航空航天大学出版社. 2006.

文军. 翻译批评：分类、作用、过程及标准[J]. 重庆大学学报（社会科学版），2000，(1)：65-68.

文军. 论《中国文学典籍英译词典》的编纂[J]. 外语教学，2012，(6)：88-92.

邬国平，邬晨云. 李白诗歌的第一部英文译本——小薰良译《李白诗集》、译者与冯友兰等人关系及其他[J]. 江海学刊，2009，(4)：192-198.

吴新祥，李宏安. 等值翻译论[M]. 南昌：江西教育出版社. 1990.

吴新样，李宏安. 等值翻译初探[J]. 外语教学与研究，1984，（3）：1-10.

吴志杰. 和合翻译学视野中的翻译价值观[J]. 翻译论坛，2015，（3）：1-5.

武光军. 翻译研究新范式：进化论范式——《缺失的一环：进化、现实及翻译范式》述评[J]. 外语研究，2008，（3）：106-108.

夏昭慧，曹合建. 文体翻译对等的量化评估[J]. 湖南大学学报，2003，（1）：84-87.

夏征农. 辞海（上卷）[Z]. 上海：上海辞书出版社. 1999.

肖维青. 翻译批评模式研究[M]. 上海：上海外语教育出版社. 2010.

肖新发. 评价要素论[J]. 武汉大学学报，2004，（5）：523-528.

谢天振. 中国文学走出去：问题与实质[J]. 中国比较文学，2014，（1）：1-10.

辛克莱尔. 柯林斯COBUILD英语词典[Z]. 上海：上海外语教育出版社. 2000.

许多，许钧. 中华典籍翻译主体辨——兼评《〈楚辞〉英译的中国传统翻译诗学观研究》[J]. 外语教学理论与实践，2017，（4）：76-82.

许多，许钧. 中华文化典籍的对外译介与传播——关于《大中华文库》的评价与思考[J]. 外语教学理论与实践，2015，（3）：13-17+94.

徐珺，霍跃红. 典籍英译：文化翻译观下的异化策略与中国英语[J]. 外语与外语教学，2008,（7）：45-48.

徐普. 安托瓦纳·贝尔曼翻译理论中的"伦理"问题[J]. 法国研究，2011,（2）：67-75.

许钧，高方. 网络与文学翻译批评[J]. 外语教学与研究，2006,（3）：216-220.

许钧，袁筱一. 当代法国翻译理论[M]. 武汉：湖北教育出版社. 2001.

许钧. 翻译论[M]. 武汉：湖北教育出版社.2003.

许钧. 文学翻译批评研究[M]. 南京：译林出版社. 1992.

许钧. 翻译价值简论[J]. 外语与外语教学，2004,（1）：35-39.

许钧. 翻译的危机与批评的缺席[J]. 中国图书评论，2005,（9）：12-15.

许钧. 文学翻译批评研究（增订本）[M]. 南京：译林出版社. 2012.

许钧. 关于外语学科翻译成果认定的几个问题[J]. 中国翻译, 2017, (2): 5-11.

许钧. 论翻译批评的介入性与导向性——兼评《翻译批评研究》[J].外语教学与研究, 2016, (3): 432-441.

许钧. 文学翻译的理论与实践——翻译对话录[M].南京：译林出版社. 2001.

许明武, 潘育彤.卜士礼《陶说》译本的译者行为批评分析[J]. 外语与翻译, 2022, (2): 19-24.

许明武, 王烟朦. 中国科技典籍英译研究（1997—2016）成绩、问题与建议[J]. 中国外语, 2017, (2): 96-103.

许渊冲. 翻译的艺术[M]. 北京：中国对外翻译出版公司. 1984.

许渊冲. 新世纪的新译论[J]. 中国翻译, 2000, (3): 2-6.

许渊冲. 文学翻译与科学翻译[J]. 上海科技翻译, 2002, (4): 1-4.

许渊冲. 文学翻译的心路历程[J]. 中国翻译, 2003, (4): 30-33.

许渊冲. 谈唐诗的英译[J]. 中国翻译, 1983, (3): 18-22.

许渊冲. 中国学派的古典诗词翻译理论[J]. 外语与外语教学, 2005, (11): 41-44.

杨大亮, 张志强. 翻译本质再认识[J]. 上海科技翻译, 2001, (3): 7-10.

杨国荣. 论冯契的广义认识论[J]. 中国哲学史, 2006, (1): 103-110.

杨平.《论语》的英译研究——总结与评价[J]. 东方丛刊, 2008, (2): 130-149.

杨晓荣. 翻译批评导论[M]. 北京：中国对外翻译出版公司.2005.

杨晓荣. 翻译标准的依据：条件[J]. 外国语, 2001, (4): 70-76.

杨义堂. 我们今天为什么还要祭祀孔子？——九评祭孔的当代意义[OL]. 2009. http://www.jnnews.tv/kongzi/2009-09/08/cms28358article.shtml

杨自俭, 刘学云. 翻译新论[C]. 武汉：湖北教育出版社. 1994.

杨自俭. 简论翻译批评——《文学翻译批评论稿》序[J]. 解放军外国语学院学报, 2006, (1): 52-54.

杨自俭. 对比语篇学与汉语典籍英译[J]. 外语与外语教学, 2005, (7):

60-62.

姚君伟. 文化相对主义：赛珍珠的中西文化观[M]. 南京：东南大学出版社.2001.

姚君伟. 我们今天研究赛珍珠什么？[J]. 江苏大学学报（社会科学版），2003，（4）：62-66.

姚君伟. 赛珍珠论中国小说[M]. 南京：南京大学出版社.2012.

姚君伟. 赛珍珠文化相对主义思想溯源[J]. 南京师大学报（社会科学版），2005，（6）：141-145.

姚君伟. 赛珍珠助推中国文化"走出去"的方法论启示[J]. 英美文学研究论丛，2016，（秋）：146-159.

姚锡佩. 从赛珍珠谈鲁迅说起——兼述赛珍珠其人其书[J]. 鲁迅研究月刊，1990，（6）：38-42.

姚志奋. 显化与辜鸿铭儒经英译[J]. 重庆交通大学学报（社科版），2010，（4）：122-124.

殷丽. 中医药典籍国内英译本海外接受状况调查及启示——以大中华文库《黄帝内经》英译本为例[J]. 外国语，2017，（5）：33-43.

余光中. 余光中谈翻译[M]. 北京：中国对外翻译出版公司.2002.

郁振华. 扩展认识论的两种进路[J]. 华东师范大学学报，2007，（2）：1-8.

喻旭东，傅敬民. 国外翻译理论著述汉译中的失范现象探析——以 The Scandals of Translation 汉译本为例[J]. 外国语文，2021，（2）：83-90.

翟振明. 论艺术的价值结构[J]. 哲学研究，2006，（1）：85-91.

张柏然，许钧. 面向21世纪的译学研究[C]. 北京：商务印书馆.2002.

张海波. 先秦官学佚籍探迹[J]. 寻根，2015，（3）：50-53.

张景华. 究竟是"翻译的耻辱"还是"翻译的窘境"？——论 The Scandals of Translation 的译名[J]. 上海翻译，2020，（4）：62-67.

张娟. 生态翻译学视阈下的孝文化典籍英译研究——以理雅各《孝经》英译本为例[J]. 湖北工程学院学报，2014，（2）：72-75.

张汨，文军. 中国科技典籍英译本概况研究：现状与建议[J]. 语言教育，2014，(4)：57-60.

张汨. 翻译学的范式与反思——Mary Snell-Hornby 教授访谈录[J]. 外文研究，2017，(3)：86-91.

张南峰. 中西译学批评[M]. 北京：清华大学出版社. 2004.

张培基等. 英汉翻译教程[M]. 上海：上海外语教育出版社. 1986.

张西平. 传教士汉学家的中国经典外译研究[J]. 中国翻译，2015，(1)：29-34.

张祥浩，陈怡. 王阳明心学的再认识[J]. 东南大学学报，2009，(2)：70-72.

张新民. 基于符号翻译学的中国典籍英译策略——从语言符号和非语言符号翻译之视角评《周易》三个英译本[J]. 上海翻译，2018，(3)：67-73+95.

张旭. 也谈网络翻译文学[J]. 中国比较文学，2002，(2)：16-22.

张艳琴. 网络时代文学翻译读者角色的多重化[J]. 广东外语外贸大学学报，2007，(6)：15-19.

张志强. 后殖民翻译理论观照下的赛珍珠《水浒传》译本[J]. 中国翻译，2010，(2)：44-48.

张志强. 赛珍珠研究中的辩证观[J]. 河南师范大学学报（哲学社会科学版），2006，(4)：110-113.

张志强，杨宁伟. 当今典籍翻译研究：成就、问题与方法[J]. 外语与翻译，2021，(4)：19-25.

张志强. 信息足度与文化移植[J]. 上海科技翻译，1998，(4)：28-30.

张志强. 语境与文化意象词语的翻译[J]. 西安外国语学院学报，2002，(1)：22-25.

张志强. 言语语境特征分析、翻译及翻译批评[J]. 译林，2008，(3)：205-209.

张志强，李世英. 赛珍珠著译中的"杂合"现象探析[J]. 江苏大学学报（社会科学版）2009，(4)：46-49.

张智中. 汉语诗歌在英国的译介[J]. 翻译界，2018，(3)：61-83.

张智中. 汉诗英译：诗体乎？散体乎？[J]. 复旦外国文学论丛，2013，（2）：94-98.

张智中. 汉诗英译美学研究[M].北京：商务印书馆.2015.

张智中. 李白绝句英译[M].北京：商务印书馆.2021.

赵敦华.赵敦华讲波泊尔[M].北京：北京大学出版社.2006.

赵彦春，吕丽荣. 国学经典英译的时代要求——基于外文出版社出版的《英韵：三字经·弟子规·千字文》[J]. 外语教学，2016a，（4）：96-99.

赵彦春，吕丽荣. 中国典籍英译的偏向与本质的回归[J]. 外国语文，2016b，（4）：95-100.

赵彦春，吴浩浩. 音译的尴尬——《庄子》英译中专有名词的处理及译学思考[J]. 外语学刊，2017，（6）：100-106.

赵彦春. 论中国古典诗词英译[J]. 现代外语，1996，（2）：31-36.

赵彦春. 翻译学归结论[M]. 上海：上海外语教育出版社.2005.

赵彦春.《三字经》英译诘难与译理发凡[J]. 天津外国语大学学报，2014，（2）：19-24.

赵长江. 19世纪中国文化典籍英译研究[D]. 天津：南开大学博士论文.2014.

郑海凌. 翻译标准新说：和谐说[J]. 中国翻译，1999，（4）：2-6.

郑海凌. 文学翻译学[M]. 郑州：文心出版社.2000.

中国对外翻译出版公司（编）. 翻译理论与翻译技巧论文集[C]. 北京：中国对外翻译出版公司.1983.

钟书能，杨康. 中华文化典籍中话题压制翻译技巧研究——中华文化典籍英译探微之七[J]. 中国翻译，2019，（2）：157-164.

钟再强. 刍议赛珍珠英译《水浒传》的国外影响[J]. 外语研究，2014，（3）：71-75.

钟再强. 合作翻译视阈中的赛译《水浒传》评价[J]. 南通大学学报·社会科学版，2017，（4）：86-92.

钟再强. 论赛珍珠英译《水浒传》的译者主体选择[J]. 山东外语教学，2018，（6）：103-109.

周敬山. 从"艺术偏至"到"政治偏至"——创造社文学批评研究[D]. 复旦大学博士论文. 2003.

周领顺. 译者行为批评：理论框架[M]. 北京：商务印书馆. 2014a.

周领顺. 译者行为批评：路径探索[M]. 北京：商务印书馆. 2014b.

周领顺. 译者行为批评是翻译批评的关键路径[N]. 中国社会科学报，2022-12-13.

周晓梅，吕俊. 我国的译学研究真的发生过文化转向吗？[J]. 中国外语，2009，（2）：93-98+104.

周晓梅. 试论中国文学译介的价值问题[J]. 小说评论，2015，（1）：78-85.

周仪，罗平. 翻译与批评[M]. 武汉：湖北教育出版社. 1999.

周兆祥. 翻译的准则与目标[J]. 中国翻译，1986，（3）：46-50.

朱纯深. 翻译探微[M]. 南京：译林出版社. 2008.

朱立元. 当代西方文艺理论[M]. 上海：华东师范大学出版社. 1997.

朱晓烽.《苗族史诗》英译的语境重构——基于副文本的解读[J]. 外语电化教学，2019，（4）：19-24.

祝畹瑾. 社会语言学概论[M]. 长沙：湖南教育出版. 1992.

庄华萍. 赛珍珠的《水浒传》翻译及其对西方的叛逆[J]. 浙江大学学报（人文社会科学版），2010，（6）：114-124.

卓振英. 汉诗英译论纲[M]. 杭州：浙江大学出版社. 2011.

卓振英. 汉诗英译方法比较研究[J]. 外语与外语教学，2002，（10）：32-36.

http://en.Wikipedia.org/wiki/Paradigm

http://en.wikipedia.org/wiki/Hermeneutics

http://plato.stanford.edu/entries/nietzsche

http://www.evaluationwiki.org/index.php/Evaluation_Definition:_What_is_Evaluation%3F

http://www.fit-europe.org/vault/deont/CODE_PROF_PRACTICE.pdf

http://www.fit-ift.org/en/charter.php

http://www.religioustolerance.org/parliame.htm

http://cpc.people.com.cn/n/2013/0821/c64094-22636876.html

后　　记

　　本书写作前后历经四载，是作者从事翻译和翻译批评实践、教学与研究三十余年的小结，承载了作者在翻译研究路途上经历的种种酸甜苦辣。

　　忘不了读博期间恩师吕俊教授的一次次耳提面命，引领我一步步走进了价值哲学和社会建构主义翻译学的殿堂，让我认识了一个个我以前听说和没听说过的哲学大师，让我对翻译研究，尤其是我本就钟爱的翻译批评研究，有了更开阔的视野，有了更深刻的理解。

　　忘不了吕俊老师每周到书店看书购书的好习惯，这一习惯也促使我经常跑去南京师大附近的先锋书店。先锋书店是我见到过的最大的书店了，比我到过的北京、上海的大书店都要大，那浩瀚的书海让人一进去就会立刻感觉到自己的渺小。店里时刻萦绕在耳边的音乐舒缓、圣洁，总能让我忘却尘世的烦恼，甚至饥饿，一呆就是大半天，因为在那里我几乎总能找到我想要看的书籍。站着看累了，就找个地方坐下看，人多找不到座位时就只好蹲一会儿，但大部分时间都是站着，直站得腰酸腿疼。买书是要有计划的，一则囊中羞涩，一则房间羞涩，一张购书打折卡一直存放到今天。

　　还记得2006年受国家留学基金资助到英国曼彻斯特大学翻译与跨文化研究中心做访问学者时，我一边旁听了大量翻译学硕士课程，包括当时较新的语料库翻译研究课程，一边参加了中心举办的各类学术研讨活动，包括我的访学导师国际知名翻译研究学者莫娜·贝克教授所带博士生的seminar，结识了到访讲学或参加seminar的朱丽安·豪斯、提奥·赫尔曼斯等知名学者，但大部分时间都泡在学校图书馆里。图书馆丰富的馆藏图书和线上资料，尤其是价值学、评价学、翻译学等方面国内找不到的藏书，让我常有如获至宝之感。由于想把那些资料带回国内，我花了差不多两百英镑（当时两个月的生活费）买了一个扫描仪，经常是先在图书馆阅览，挑选想要的书，遇到几本内容相似的书时就大致做个比较，挑选出我认为最好的，有些书是挑出想要扫描的章节，将选好的书借回住处连夜扫描，有时候扫得质量不好看不太清，还得再次返工。留学生活虽然紧张忙碌，看书常看得头晕眼花，但也乐在其中，大大开阔了眼界。

为了搞清楚遇到的一些学术问题，我还不揣冒昧，直接发电子邮件给素未谋面的美国著名社会语言学家戴尔·海姆斯、以色列的吉迪恩·图里等知名翻译研究学者，他们的及时回复和讨论中表现出的谦逊，也使我获益良多，感慨良多。

还有与我指导的研究生和外教——英语诗人、剑桥大学英语系约翰·德鲁（John Drew）博士一起，争论中国古典诗歌译为英语是否应该用韵的情景，他甚至写了一首打油诗来表达对我古诗英译用韵的不满，但在这个问题上，我至今仍然坚持能用则用的主张。

还有我在做过眼睛手术后，在纱布蒙眼状态下，凭感觉在纸片上潦草记下一时灵感的情景。

还有我在博士论文写作中，踏着星光从办公室深夜回家时，在空无一人的路上，为了让干涩的眼睛能得到片刻休息，闭着眼睛走路的情景。

还有……

打住！这不是回忆录，也还没到写回忆录的时候，and miles to go！

关于本书需要交代的，一是书中引用了大量国外文献，引文都是我自己翻译的，为了方便读者阅读与批评，我大都同时附上了英文原文；二是我对其他学者译评的评论，皆出自学术探讨之诚，只为探究翻译批评之评价学路径，而评价学取向的翻译批评是一条永无止境的路，一个评价总指向另一个新的评价，期待读者诸君的争鸣。

感谢在我研学路上给我众多帮助的各位译界前辈、师长、同好、同学，特别是我的博士论文答辩评委主席张柏然教授、评委辛斌教授、刘军平教授、蔡新乐教授、王宏教授，还有南京师大的张杰、姚君伟、马广惠、严志军、施光等几位教授和单炜老师，感谢上海财经大学的周晓梅教授。本书是在我主持的国家社科基金资助项目"评价学取向的典籍英译批评研究"结项成果的基础上修改完善而成,我的家人在本书写作过程中,在资料收集整理等方面做了大量工作,中国社会科学出版社编辑夏侠等同志为此书出版付出了巨大心血,在此一并致谢!

最后,还要感谢恩师吕俊教授不辞辛苦为此书作序,他严谨的治学态度和勇于开拓的治学精神,将永远激励着我在译学研究道路上不断前行。

卅年杏坛未敢憩,寄象真谛苦寻觅,通览译界中西论,遍阅评价古今言,名实厘定梳旧谈,典籍评译出新篇,章成感慨续后记,惶恐奉君期佳议。

2024 年 1 月 12 日